Gestão do conhecimento em organizações

Proposta de mapeamento conceitual integrativo

Rivadávia Correa Drummond de Alvarenga Neto

Gestão do conhecimento em organizações

Proposta de mapeamento conceitual integrativo

Editora Saraiva

Editora Saraiva

Rua Henrique Schaumann, 270
Pinheiros – São Paulo – SP – CEP: 05413-010
Fone PABX: (11) 3613-3000 • Fax: (11) 3611-3308
Televendas: (11) 3613-3344 • Fax vendas: (11) 3268-3268
Site: http://www.editorasaraiva.com.br

Filiais

AMAZONAS/RONDÔNIA/RORAIMA/ACRE
Rua Costa Azevedo, 56 – Centro
Fone/Fax: (92) 3633-4227 / 3633-4782 – Manaus

BAHIA/SERGIPE
Rua Agripino Dórea, 23 – Brotas
Fone: (71) 3381-5854 / 3381-5895 / 3381-0959 – Salvador

BAURU/SÃO PAULO (sala dos professores)
Rua Monsenhor Claro, 2-55/2-57 – Centro
Fone: (14) 3234-5643 – 3234-7401 – Bauru

CAMPINAS/SÃO PAULO (sala dos professores)
Rua Camargo Pimentel, 660 – Jd. Guanabara
Fone: (19) 3243-8004 / 3243-8259 – Campinas

CEARÁ/PIAUÍ/MARANHÃO
Av. Filomeno Gomes, 670 – Jacarecanga
Fone: (85) 3238-2323 / 3238-1331 – Fortaleza

DISTRITO FEDERAL
SIA/SUL Trecho 2, Lote 850 – Setor de Indústria e Abastecimento
Fone: (61) 3344-2920 / 3344-2951 / 3344-1709 – Brasília

GOIÁS/TOCANTINS
Av. Independência, 5330 – Setor Aeroporto
Fone: (62) 3225-2882 / 3212-2806 / 3224-3016 – Goiânia

MATO GROSSO DO SUL/MATO GROSSO
Rua 14 de Julho, 3148 – Centro
Fone: (67) 3382-3682 / 3382-0112 – Campo Grande

MINAS GERAIS
Rua Além Paraíba, 449 – Lagoinha
Fone: (31) 3429-8300 – Belo Horizonte

PARÁ/AMAPÁ
Travessa Apinagés, 186 – Batista Campos
Fone: (91) 3222-9034 / 3224-9038 / 3241-0499 – Belém

PARANÁ/SANTA CATARINA
Rua Conselheiro Laurindo, 2895 – Prado Velho
Fone: (41) 3332-4894 – Curitiba

PERNAMBUCO/ ALAGOAS/ PARAÍBA/ R. G. DO NORTE
Rua Corredor do Bispo, 185 – Boa Vista
Fone: (81) 3421-4246 / 3421-4510 – Recife

RIBEIRÃO PRETO/SÃO PAULO
Av. Francisco Junqueira, 1255 – Centro
Fone: (16) 3610-5843 / 3610-8284 – Ribeirão Preto

RIO DE JANEIRO/ESPÍRITO SANTO
Rua Visconde de Santa Isabel, 113 a 119 – Vila Isabel
Fone: (21) 2577-9494 / 2577-8867 / 2577-9565 – Rio de Janeiro

RIO GRANDE DO SUL
Av. A. J. Renner, 231 – Farrapos
Fone: (51) 3371- 4001 / 3371-1467 / 3371-1567 – Porto Alegre

SÃO JOSÉ DO RIO PRETO/SÃO PAULO (sala dos professores)
Av. Brig. Faria Lima, 6363 – Rio Preto Shopping Center – V. São José
Fone: (17) 3227-3819 / 3227-0982 / 3227-5249 – São José do Rio Preto

SÃO JOSÉ DOS CAMPOS/SÃO PAULO (sala dos professores)
Rua Santa Luzia, 106 – Jd. Santa Madalena
Fone: (12) 3921-0732 – São José dos Campos

SÃO PAULO
Av. Antártica, 92 – Barra Funda
Fone PABX: (11) 3613-3666 – São Paulo

356.507.001.006

ISBN 978-85-02-06449-2

CIP-BRASIL. CATALOGAÇÃO NA FONTE
SINDICATO NACIONAL DOS EDITORES DE LIVROS, RJ.

A471g

Alvarenga Neto, Rivadávia Correa Drummond de. Gestão de conhecimento em organizações : proposta de mapeamento conceitual integrativo / Rivadávia Correa Drummond de Alvarenga Neto. – São Paulo : Saraiva, 2008.

Anexos
Inclui bibliografia
ISBN 978-85-02-06449-2

1. Gestão do conhecimento. 2. Gestão do conhecimento - Estudo de casos. 3. Aprendizagem organizacional. 4. Gerenciamento de recursos da informação I. Título.

07-3532 CDD-658.4038
CDU-658.012.45

Direção editorial	Flávia Alves Bravin
Coordenação editorial	Rita de Cássia da Silva
Editorial Universitário	Luciana Cruz Patricia Quero
Editorial de Negócios	Gisele Folha Mós
Produção editorial	Daniela Nogueira Secondo Rosana Peroni Fazolari
Produção digital	Nathalia Setrini Luiz
Suporte editorial	Najla Cruz Silva
Arte e produção	Know-how Editorial
Capa	Know-how Editorial/Victor Bittow
Produção gráfica	Liliane Cristina Gomes
Impressão e acabamento	Bartira Gráfica

Contato com o editorial
editorialuniversitario@editorasaraiva.com.br

1ª edição
1ª tiragem: 2008
2ª tiragem: 2008
3ª tiragem: 2011
4ª tiragem: 2012
5ª tiragem: 2013
6ª tiragem: 2013

Agradecimentos

Muitas são as pessoas que me ajudaram a escrever este livro e a chegar até aqui.

Carem, exemplo de coragem e atitude para enfrentar a vida, meu amor incondicional.

Meus pais, Anisio e Maria do Socorro, que sempre incentivaram a minha curiosidade e procuravam responder as perguntas mais inusitadas.

Ken e Fran Fish, sempre perto, ainda que em hemisférios opostos.

Ricardo Rodrigues Barbosa, Jorge Tadeu de Ramos Neves, Beatriz Valadares Cendón e Renato Rocha Souza, pedras angulares e mentores intelectuais deste trabalho.

Aos grandes amigos do Centro Universitário UNA: Daniel Faccini Castanho, Maurício Escobar, Marcelo Bueno e Flávio Korn.

Aos companheiros de Reitoria da UNA, "nosso" querido Reitor Professor Padre Geraldo Magela Teixeira e Ricardo Cançado.

Professores, colegas e funcionários da Escola de Ciência da Informação da Universidade Federal de Minas Gerais (UFMG).

Agradeço também aos meus queridos alunos pela valiosa aprendizagem.

Aos amigos e alunos da FEAD Minas, particularmente a José Roberto Franco Tavares Paes e Ana Luisa de Moura Tavares Paes.

À Fundação Dom Cabral, em especial a Emerson de Almeida e Wagner Furtado Veloso.

Aos amigos e alunos do IBMEC Minas, especialmente a Vandyck Silveira.

Aos amigos e parceiros da SBGC — Sociedade Brasileira de Gestão do Conhecimento.

À Editora Saraiva, sobretudo a Marcio Coelho e Frederico Marchiori.

Por fim, gostaria de agradecer a Rogério Salles Loureiro, do Centro de Tecnologia Canavieira (CTC); a Wilson L. M. Leal e Filipe Cassapo, da Siemens; a Rogério Gollo, Silvia Marchetti e Eduado Pereira, da PricewaterhouseCoopers (PwC).

Meu muito obrigado a todos!

Um livro pode ser nosso sem nos pertencer.
Só um livro lido nos pertence realmente.
Teodoro Wanke

... não me peça que eu lhe faça uma canção como se deve: correta,
branca, suave, muito limpa, muito leve: sons — palavras são navalhas
e eu não posso cantar como convém, sem querer ferir ninguém...
Belchior

... mas se depois de cantar, você ainda quiser me atirar, mate-me logo,
à tarde, às três, que à noite eu tenho um compromisso e não posso faltar...
Belchior

Life is what happens to you when you are busy making other plans.
John Lennon

Os nossos pensamentos são nossos, mas os seus fins não nos pertencem.
Shakespeare

I feel good, so good!
James Brown

Sobre o autor

Rivadávia Correa Drummond de Alvarenga Neto é doutor e mestre em Ciência da Informação pela Universidade Federal de Minas Gerais (UFMG), especialista em Negócios Internacionais pela PUC Minas e bacharel em Administração (UFMG). É Diretor Executivo do GC2 — Grupo de Consultores em Gestão do Conhecimento — e atua também como sócio da ArtManagers — Drummond Consultores Associados —, empresa especializada em marketing cultural e agenciamento.

É Professor Titular do curso de Mestrado Profissionalizante em Administração da FEAD Minas, Professor e Pesquisador Convidado da Fundação Dom Cabral e do Programa de Pós-Graduação em Ciência da Informação da UFMG.

Autor de vários artigos, ministra regularmente palestras nas áreas da Gestão do Conhecimento, Gestão Estratégica da Informação, Aprendizagem Organizacional, Comunidades de Prática e Gestão Educacional.

Entre outras atribuições, foi Pró-Reitor de Pós-Graduação, Pesquisa e Extensão do Centro Universitário UNA (Belo Horizonte, MG), Diretor do Instituto Tecnológico da Unimonte (Santos, SP), Vice-presidente do Conselho Científico e Diretor do Pólo Minas Gerais da Sociedade Brasileira de Gestão do Conhecimento (SBGC).

Contato com o autor:
rivadavia@editorasaraiva.com.br

Prefácio

Nós nos conhecemos após uma conversa de duas horas. Inicialmente, ele achava que seria desligado em razão das críticas (construtivas) diárias que fazia sobre as condições da instituição que tínhamos acabado de assumir. Foi assim que um dos nossos melhores e mais homenageados professores, mestre (na época) em Ciência da Informação pela UFMG e autor de mais de 40 artigos sobre gestão do conhecimento e conhecimento organizacional trocou a possibilidade de fazer o doutorado no Canadá para assumir a Pró-Reitoria de Pós-Graduação, Pesquisa e Extensão do Centro Universitário UNA. Era uma mudança radical na sua brilhante trajetória profissional. Após refletir durante três dias, o Professor Rivadávia aceitou o desafio de assumir uma pós-graduação sem nenhum prestígio, com apenas 27 alunos em cinco cursos.

Não demorou muito para que a pós-graduação sob sua tutela estivesse entre as melhores do país (revista *Você S/A* — Guia dos melhores MBAs do Brasil 2005 e 2006). O Riva, como todos o chamamos, não é de ficar na arquibancada vendo o mundo passar. Ele joga, e joga muito bem. Durante esses anos todos conheci um exemplo de integridade, fibra, indignação, verve e coragem! E foi isso que fez com que esse ex-baterista profissional (hoje toca apenas por lazer, às vezes até nas formaturas dos alunos) não fosse responsável apenas pela reinvenção de toda a pós-graduação, mas também essencial na revolução interna da UNA.

Como executivo, o fortalecimento do pessoal da linha de frente para resolver problemas é um dos seus principais ingredientes. A valorização da intuição, da emoção e da criatividade, somada a sua perfeita habilidade para se comunicar — com alma — torna a sua liderança algo nada convencional. Comprometido com o sonho, e não com os detalhes da execução, acredita que as pessoas brilham quando as exigências são muito grandes. Tem a meritocracia como componente básico de liderança, sempre valorizando as pessoas que trabalham com ele, e não para ele, como faz um grande educador. É responsável, desde 2002, pelo tutorial de abertura do KM Brasil — evento anual da SBGC — Sociedade Brasileira de Gestão do Conhecimento, da qual foi vice-presidente do conselho científico e diretor-presidente do pólo Minas.

Como acadêmico, sempre valorizou a oportunidade de ensinar regularmente, porque a docência lhe fornece um estímulo constante para clarear suas próprias idéias e para modificá-las à luz de sua interação com os estudantes e de suas próprias experiências. Criou seu próprio método para comunicar o material de suas aulas, envolvendo os alunos em um processo de verdadeiro crescimento e desenvolvimento. Suas atividades docentes na UNA, FEAD, UFMG, Fundação Unimed, Fundação Dom Cabral e Ibmec Minas são parte integrante de seu próprio desenvolvimento.

Fruto de sua tese de doutorado aprovada com distinção, este livro se fundamenta em anos de pesquisa, palestras, conferências e mesas-redondas sobre Gestão do Conhecimento — mais de 100 em todo o país — em empresas como CVRD, Votorantim, Petrobras, Fundação Unimed, Ministério da Agricultura, AMCHAM, Documentar, BHTrans, Centro Universitário UNA, Unimonte, Fundação Dom Cabral, Ibmec, UFMG, Colegiado Nacional da Rede Pitágoras, EMATER-MG, Fundação João Pinheiro, Unisul Business School, Interlogos, INFOCON-SUCESU, KM Brasil/SBGC, entre outras, além de entrevistas para a Globo Minas, Estado de Minas, Diário do Comércio, Hoje em Dia, TV Horizontes e TV UFMG.

Abordando de forma clara e objetiva o conceito da área que vem sendo chamada de Gestão do Conhecimento (GC), o livro desperta uma nova forma de se pensar e olhar a organização. Apesar de toda polêmica e controvérsia a respeito do termo GC, essa área tem surpreendido aqueles que apostaram em um modismo e tornou-se uma diretriz gerencial essencial para as organizações.

O termo gestão do conhecimento é, na realidade, um repensar da gestão para as organizações da era do conhecimento, e deve ser apreendido como promoção ou estímulo ao conhecimento, assumindo o significado de uma gestão *de* e *para* o conhecimento. Nas páginas a seguir, entende-se que GC, embora não possa ser igualada à tecnologia da informação, pode ser vista como um conjunto de práticas sustentadas — ou não — por tecnologia da informação.

GC não deveria ser uma área, e sim um processo no interior das organizações. O conhecimento organizacional ou, ainda, o aprendizado nas organizações deve suplantar apenas um núcleo de gestão do conhecimento. É muito menos uma ferramenta e muito mais um espaço que deve permear todos os processos da organização.

O que se gerencia efetivamente são as condições favoráveis à inovação, à aprendizagem, à criatividade e ao compartilhamento de informações e conhecimentos relevantes, pois o conhecimento pode ser apenas promovido ou estimulado. Isso é o que se comprovou com os casos de três empresas brasileiras que implementam programas e iniciativas de GC, representando os três setores da economia brasileira: Centro de Tecnologia Canavieira (CTC), Siemens do Brasil e PricewaterhouseCoopers (PwC).

Acadêmico, executivo, pesquisador e, sobretudo, apaixonado e comprometido com tudo o que faz, o Riva é uma pessoa que acredita que a única forma de realizar seus sonhos é trabalhar para que eles se concretizem. Como pesquisador, sempre buscou a perfeição, ou melhor, o desafio! O resultado desses anos de pesquisa, somado a sua capacidade ímpar de expressão, torna este livro indispensável para aquelas pessoas e empresas cuja ambição não é apenas lutar pela sobrevivência, mas fazer a diferença e transpor os arquétipos da gestão atual.

Daniel Faccini Castanho
Presidente do
Centro Universitário UNA e do
Centro Universitário Unimonte

Apresentação

Este livro investiga a temática denominada Gestão do Conhecimento (GC) no contexto organizacional brasileiro, procurando discutir seu conceito, elementos constituintes, áreas fronteiriças e interfaces, bem como origens, cenários e perspectivas, práticas, abordagens gerenciais e ferramentas, dinâmica e demais aspectos, paralelamente ao distanciamento da discussão puramente terminológica, de viés ingênuo, ensimesmado e inócuo. Os pressupostos básicos para tal investigação foram:

- Grande parte do que se convenciona chamar — ou atribuir-se — o nome de Gestão do Conhecimento é, na verdade, gestão da informação, que é apenas um dos componentes daquela. Assim, acredita-se que a gestão que aqui analisaremos vai além da pura gestão da informação, por incluir e incorporar outros aspectos, temas, abordagens e preocupações, tais como questões de criação, uso e compartilhamento de informações e conhecimentos, criação do contexto adequado ou contexto capacitante, entre outros.
- Um modelo conceitual pode ser formulado com base em três concepções básicas, formadoras das estruturas ou pilares nas quais esse mesmo modelo se fundamenta e se sustenta. São elas: 1) uma concepção estratégica da informação e do conhecimento, fatores de competitividade para organizações e nações; 2) a introdução de tal estratégia nos níveis tático e operacional por meio das várias abordagens gerenciais e de ferramentas orientadas para as questões da informação e do conhecimento nas organizações — questões estas chamadas continuamente ao diálogo, imbricadas e passíveis de orquestração; e 3) a criação de um espaço

organizacional para o conhecimento, o "Ba"[1] ou o contexto capacitante — que são as condições favoráveis que devem ser criadas pelas organizações para favorecer o compartilhamento, a aprendizagem, as idéias e inovações, a tolerância a erros honestos e a solução colaborativa de problemas, entre outros.

Com esta obra, objetiva-se investigar e analisar, baseando-se em uma perspectiva sistêmica e com o intuito de elaborar um mapa conceitual integrativo, as concepções, estratégias, motivações, abordagens, práticas, efeitos e resultados de áreas, programas ou projetos de gestão do conhecimento efetivamente implementados e utilizados no contexto organizacional brasileiro. A estratégia de pesquisa qualitativa utilizada foi o estudo de caso e dois critérios foram observados para o julgamento da qualidade do projeto de pesquisa: a validade do construto e a confiabilidade. Fontes múltiplas de evidências foram utilizadas e, para a análise dos dados coletados em campo, optou-se pela proposta de Miles e Huberman (1984), os quais sugerem que a análise qualitativa consiste de três fluxos concomitantes de atividades, a saber: redução de dados; *display* ou exibição de dados; e verificação/conclusões com base em inferências e evidências ou premissas. Os resultados confirmaram os pressupostos e a proposta de mapeamento conceitual integrativo foi validada em campo. As conclusões sugerem que não se gerencia conhecimento, apenas se promove ou se estimula o conhecimento através da criação de contextos organizacionais favoráveis. O termo GC tem significado similar ao termo gestão para as organizações da era industrial, sendo possível, assim, afirmar que a GC significa um repensar a gestão para as organizações da Era do Conhecimento. Tal enfoque deriva do entendimento de que, atualmente, a informação e o conhecimento são os principais fatores de competitividade para organizações e nações. A pesquisa para este livro permitiu identificar que os principais desafios impostos às organizações comprometidas com a gestão do conhecimento concentram-se na gestão de mudanças culturais e comportamentais, bem como na criação de um contexto organizacional favorável à criação, uso e compartilhamento de informações e conhecimentos.

---

[1] Segundo Von Krogh, Ichijo e Nonaka (2001), a eficácia da criação do conhecimento depende de um contexto capacitante — um espaço compartilhado que fomente novos relacionamentos; a idéia japonesa do *ba* (ou lugar) ou espaço do conhecimento: pode ser físico, virtual, mental, ou — mais provavelmente — todos os três.

Sumário

Introdução 1

Parte I — GESTÃO DO CONHECIMENTO

Capítulo 1 — Aspectos teóricos, conjunturais e organizacionais 17

1.1 O *continuum* dado-informação-conhecimento-sabedoria-ação-resultado 17

1.2 A nova dinâmica tecnoeconômica: breve análise da transição Era Industrial — Era da Informação 21

1.3 Os princípios da organização do conhecimento 32

1.4 Da Gestão da Informação à Gestão do Conhecimento — da gênese à revelação 37

1.4.1 A gênese — Gestão de Recursos Informacionais (GRI) 41

1.4.2 A evolução — da Gestão de Recursos Informacionais (GRI) à Gestão do Conhecimento (GC) 47

1.4.3 A revelação — práticas organizacionais, garantias literárias e o fenômeno social 58

Capítulo 2 — Aspectos intrínsecos 79

2.1 Marco teórico — o modelo proposto por Choo (1998) 79

2.2 *Sensemaking* ou a construção de sentido organizacional 82

2.2.1 A organização inteligente — organizações como sistemas de interpretação e como sistemas de processamento de informações 85

2.3 Criação de conhecimento por meio da aprendizagem organizacional 104
2.3.1 Teoria da criação do conhecimento 104
2.3.2 Conhecimento organizacional — criação, codificação e coordenação, transferência de conhecimento 115
2.3.3 Aprendizagem organizacional 121
2.3.4 Comunidades de prática — reais e virtuais 125
2.3.5 Gestão estratégica do capital intelectual 128
2.3.6 Gestão estratégica da informação e ecologias informacionais 134
2.3.7 Análise da caixa de ferramentas do conhecimento — os modelos EVA, IC, HRA e BSC 138
2.4 Processo decisório e tomada de decisão com base no princípio da racionalidade limitada 145

Parte II — PROCEDIMENTOS METODOLÓGICOS

Capítulo 3 — Estudo de caso: planejamento e métodos **151**

Capítulo 4 — Pesquisa de campo **165**
4.1 Centro de Tecnologia Canavieira (CTC) 168

Parte III — ANÁLISE E DISCUSSÃO DOS RESULTADOS

Capítulo 5 — A gestão do conhecimento no Centro de Tecnologia Canavieira (CTC) **175**
5.1 Síntese dos principais resultados 175
5.1.1 Categoria Analítica 1 — motivadores para a GC 176
5.1.2 Categoria Analítica 2 — compreensão e definição organizacional de GC 177
5.1.3 Categoria Analítica 3 — aspectos ou abordagens consideradas pela GC: metáfora do "guarda-chuva conceitual de GC" 178
5.1.4 Categoria Analítica 4 — cenários — perspectivas — melhores práticas organizacionais de GC 181
5.1.5 Categoria Analítica 5 — questões de *sensemaking* ou construção de sentido 182
5.1.6 Categoria Analítica 6 — questões relativas à criação de conhecimento 184

5.1.7 Categoria Analítica 7 — questões relativas à tomada de decisão 188
5.1.8 Categoria Analítica 8 — questões relativas ao contexto capacitante 189
5.1.9 Principais resultados 192
5.2 Práticas de GC no Centro de Tecnologia Canavieira (CTC) 192
5.2.1 Gestão estratégica da informação, gestão eletrônica de documentos (GED), mapeamento de processos 193
5.2.2 Gestão do capital intelectual, competências, pessoas e ativos intangíveis 195
5.2.3 Monitoração ambiental, inteligência competitiva, pesquisa de mercado 197
5.2.4 Criação do contexto capacitante 197
5.2.5 Principais resultados 199

Considerações finais **201**

Referências **213**

Anexos

Anexo 1 — Relação de documentos analisados — Pesquisa documental **223**

Anexo 2 — *Raw Data:* dados analisados por categoria de análise em modelo matriz **227**

Anexo 3 — Protocolo de estudo de caso **229**

Anexo 4 — Modelo de análise **235**

Introdução

A transição da "velha rigidez dos átomos para a fluidez dos *bits*" nas organizações vem suscitando inúmeras discussões a respeito da miríade de novas terminologias, abordagens gerenciais e ferramentas criadas na denominada Era da Informação ou Era do Conhecimento. Observa-se, hoje, que as organizações modernas investem enormes quantias em tecnologia da informação, com muito foco na tecnologia e pouca ou quase nenhuma atenção na informação, nas pessoas e seus conhecimentos, ou na cultura organizacional. Uma breve análise do cenário atual permite algumas constatações pertinentes — que serão discutidas em profundidade ao longo do livro —, a saber:

- A emergência de um novo paradigma tecnoeconômico baseado em informação, conhecimento e inovação em conjunto com a consignação de que as organizações contemporâneas investem mais em bens e ativos típicos da era informacional (*hardware*, *software*, telecomunicações e redes) que em bens e ativos típicos da era industrial (máquinas e equipamentos para engenharia de produção).
- A percepção de que a informação e o conhecimento consolidam-se como os principais fatores de diferenciação para a competitividade organizacional, bem como o surgimento de um sem-número de novas abordagens e/ou ferramentas gerenciais atinentes às questões da informação e do conhecimento nas organizações, sob a égide da denominada Gestão do Conhecimento Organizacional, ou seja, gestão integrada de recursos informacionais e gestão estratégica da informação, gestão do capital intelectual, aprendizagem organizacional e *e-learning*, inteligência competitiva e monitoração ambiental,

sistemas de informação gerenciais e *balanced scorecard*, memória organizacional e gestão de conteúdo, entre outros.

- A existência de certa indefinição conceitual e toda a controvérsia da discussão sobre a epistemologia da área que vem sendo denominada Gestão do Conhecimento (ou *Knowledge Management*).

O presente trabalho procura discutir o conceito da Gestão do Conhecimento (GC) e as experiências de organizações atuantes no Brasil com tal temática, afastando-se da discussão puramente terminológica. A discussão terminológica acerca da GC alimenta-se da indefinição, da discussão e de toda a controvérsia sobre os conceitos, limites ou linhas divisórias entre dado, informação, conhecimento e sabedoria — questões já discutidas, sem consenso, por áreas de conhecimento consolidadas, como a Sociologia e a Filosofia, e por outras áreas, como a Ciência da Informação, a Ciência da Computação e a Administração. Tal discussão epistemológica não é o objetivo deste trabalho, embora reconheça-se que seu cunho filosófico seja interessante, relevante, instigante e intelectualmente estimulante. Assevera-se que a denominação ou terminologia da área, embora soe inadequada para muitos, deva ser exclusivamente resultante da discussão conceitual, uma vez que só é compreendida e apreendida após estudo meticuloso acerca do fenômeno e de suas partes constituintes, de mergulho no tema e intervenção competente na realidade. Fato é que a GC passou a ser vista como inovação organizacional, requerendo assim uma nova forma de olhar e pensar a organização.

Reconhece-se, também, que a Gestão do Conhecimento é fenômeno complexo e multifacetado; seu conceito, polêmico e controverso, e sua expressão, embora largamente utilizada, apresenta ênfases, enfoques e interfaces diferenciadas, merecedoras de análises mais meticulosas, profundas e articuladas. Infere-se que, talvez, tais análises possam ser mapeadas e integradas em um modelo conceitual, arquétipo ou mapa, mas sem a pretensão ao hermetismo e congruente aos propósitos metodológicos de definição e redefinição à exaustão.

Nossa premissa é que o conhecimento só existe na mente humana e entre as mentes. O conhecimento fora desse contexto é visto como informação e a GC ganha terreno a partir da compreensão de que sua terminologia é metafórica, uma vez que o conhecimento é inerente aos seres humanos e não se transfere ou se compartilha com facilidade ou espontaneidade.

A GC deve ser aqui compreendida como o conjunto de atividades voltadas para a promoção do conhecimento organizacional, possibilitando que as organizações e seus colaboradores sempre utilizem as melhores informações e os melhores conhecimentos disponíveis, a fim de alcançar os objetivos organizacionais e maximizar a competitividade. Uma gestão com esse objetivo é capaz de estabelecer uma visão estratégica para o uso da informação e do conhecimento, bem como promover a aquisição, a criação, a codificação parcial e a transferência de conhecimentos tácitos e explícitos, estimular e promover a criatividade, a inovação, a aprendizagem e a educação continuada, além de propiciar um contexto organizacional adequado — ao se reconhecer o papel fundamental da cultura organizacional, das pessoas, seus comportamentos e atitudes — em tempos nos quais a informação e o conhecimento são os únicos fatores capazes de fortalecer as competências essenciais das organizações e contribuir para a consolidação de vantagens competitivas sustentáveis.

A GC é aqui vista e denominada também a partir da metáfora de uma área "guarda-chuva", incorporadora de várias abordagens gerenciais e ferramentas que são analogamente distintas e imbricadas e constantemente convidadas ao diálogo e à intercomunicação. Infere-se, também, que o termo GC deva ser compreendido como Gestão de Organizações da Era do Conhecimento e, com base nesse viés, algumas questões, como a cultura organizacional e a gestão de mudanças, vêm à tona como corolários imperativos. Alguns autores e obras enfatizam e corroboram as assertivas introdutórias mencionadas até aqui.

Em Drucker (1993), há a assertiva de que o conhecimento, em detrimento dos fatores de produção capital e trabalho, é a fonte do único recurso significativo na sociedade pós-capitalista. Davenport e Prusak (1998) acrescentam que a única vantagem sustentável que uma empresa tem é aquilo que ela coletivamente sabe, a eficiência com que usa o que sabe e a prontidão com que adquire e usa novos conhecimentos. Stewart (1998, p. xiii) inicia seus trabalhos sobre o capital intelectual com a assertiva de que "a informação e o conhecimento são as armas termonucleares competitivas de nossa era".

Em contraposição, Senge (1990) sugere que as empresas são incapazes de funcionar como organizações baseadas no conhecimento, e Stewart (2002), ao apontar para o gasto excessivo das empresas em programas de gestão do conhecimento, afirma que elas falham em descobrir qual é o conhecimento de que necessitam e como administrá-lo. Alvarenga Neto (2002), por sua vez, concluiu que as organizações que afirmavam ter programas de gestão do conhecimento praticavam, na verdade, a gestão estratégica da informação, a qual também é conceito rico em significado. Contudo, esse autor afirma que, apesar de toda a polêmica e controvérsia a respeito do termo Gestão do Conhecimento, motivo de discussões, debates, artigos e teses acaloradas, os resultados de sua pesquisa demonstram que a área conhecida como GC tem surpreendido os que apostaram em um modismo, além de ter se estabelecido como um consistente paradigma gerencial deste século. Esse ponto de partida — a gestão estratégica da informação — norteia e valida amplamente outras atividades e temas de grande importância vinculados à GC, como gestão do capital intelectual, aprendizagem organizacional, criação e transferência do conhecimento, gestão da inovação e gestão tecnológica, comunidades de prática e inteligência competitiva, entre outros.

Marchand e Davenport (2004) reconhecem que há um importante componente de gestão da informação na gestão do conhecimento, e que grande parte do que se faz passar por gestão do conhecimento é, na verdade, gestão da informação. Contudo, ainda segundo esses autores, ao endereçar aspectos como a criação e o uso do conhecimento, a verdadeira gestão do conhecimento vai muito além da gestão da informação.

Wilson (2002) examinou a miríade de conceitos atribuídos à GC, reafirmando toda a polêmica e controvérsia terminológica. Esse autor constatou o crescimento vertiginoso e exponencial do uso da expressão Gestão do Conhecimento ao analisar *sites* de empresas de consultoria, literatura da área e apresentações institucionais de escolas de negócio.

Souza e Alvarenga Neto (2003), em abordagem similar, procuraram analisar e delimitar o escopo conceitual da gestão do conhecimento e comprovaram a revelação, a consolidação e a perenidade do tema por meio de três estratégias distintas: análise da literatura, análise das práticas organizacionais e constatação de um fenômeno, cristalizado em conferências, simpósios, seminários, feiras e produtos e serviços, como *softwares* e sistemas de gestão. Essa proposta analítica tripartite, doravante denominada "práticas organizacionais, garantias literárias e o fenômeno social", sugere, uma vez mais, que o que merece e deve ser discutido não é simples e ingenuamente a denominação terminológica para a área, mas a discussão conceitual, seus fundamentos, significados, componentes, abordagens e áreas fronteiriças. Insistir-se-á que é fundamental a distinção entre interpretação terminológica — purista e hermenêutica — e processo de construção social e coletiva do fenômeno e do conceito da Gestão do Conhecimento, cujo jargão é amplamente reconhecido e largamente utilizado pelas organizações.

Davenport e Cronin (2000), após profícua discussão sobre a GC — na qual avaliam e questionam a gestão do conhecimento a partir do dualismo *deriva semântica* ou *mudança conceitual* —, concluíram que a denominada "tríade da GC"[1] é instrumento

---

[1] A tríade da GC é resultado da análise de três domínios da gestão do conhecimento nas organizações contemporâneas: GC-1 ou gestão de informações; GC-2 ou tecnologia da informação, e GC-3 ou iterações entre as dinâmicas do conhecimento tácito e explícito. Tal análise será discutida e detalhada ao longo do livro.

de análise útil na exploração das tensões que possam surgir em quaisquer organizações comprometidas com a gestão do conhecimento, nas quais diferentes domínios possuem diferentes compreensões. Tal "tríade" pode ser utilizada para identificar conflitos ou embates territoriais e contribuir para um entendimento coletivo entre os atores do espaço da GC nas organizações. Ainda de acordo com esses autores, a abordagem iterativa entre as dinâmicas do conhecimento — tácito e explícito — é um conceito-chave para os gestores do conhecimento — e um conceito que os profissionais da Biblioteconomia e da Ciência da Informação devem tratar com seriedade.

Os distintos temas emergentes já mencionados discutem perspectivas como gestão integrada de recursos informacionais centrada no ser humano; avaliação do valor do colaborador à luz das idéias, do capital humano e da inovação; possibilidade de criação de conhecimento nas empresas e, ainda, análises criteriosas e sofisticadas de como a informação e o conhecimento alteram o enfoque tradicional da empresa. Nessa seara, surgem várias ramificações diferentes, derivadas da especialização e do desdobramento natural dos assuntos e enfoques atinentes à informação e ao conhecimento, como a inteligência competitiva, que focaliza o mercado, a concorrência e outros atores ambientais; a gestão de competências, que aborda a capacitação do capital humano da organização; e a memória organizacional, que integra as tecnologias da informação e da comunicação às novas metodologias de gestão de documentos, *workflow* e bases de dados. Muita ênfase também foi dada aos processos de conversão dos tipos de conhecimento tácitos e explícitos, a partir do texto clássico de Nonaka e Takeuchi (1997).

A partir dos recortes delineados, são dois os pressupostos deste trabalho:

- Grande parte do que se convenciona chamar — ou atribuir-se — o nome de Gestão do Conhecimento é na verdade gestão da informação, que é apenas um dos componentes daquela. Assim, acredita-se que a gestão que aqui analisaremos vai além da pura gestão da informação, por incluir e incorporar outros aspectos, temas, abordagens e preocupações, tais como questões de criação, uso e compartilhamento de informações e conhecimentos, criação do contexto adequado ou contexto capacitante, entre outros.
- Um modelo ou mapa conceitual integrativo de GC pode ser formulado com base em três concepções básicas, formadoras das estruturas ou pilares nas quais esse mesmo modelo se fundamenta e se sustenta. São elas: 1) uma concepção estratégica da informação e do conhecimento, fatores de competitividade para organizações e nações; 2) a introdução de tal estratégia nos níveis

> tático e operacional através das várias abordagens gerenciais e de ferramentas orientadas para as questões da informação e do conhecimento nas organizações, — questões estas chamadas continuamente ao diálogo, sendo imbricadas e passíveis de orquestração; e 3) a criação de um espaço organizacional para o conhecimento, o "Ba" ou o contexto capacitante — que são as condições favoráveis que devem ser criadas pelas organizações para favorecer o compartilhamento, a aprendizagem, as idéias e inovações, a tolerância a erros honestos e a solução colaborativa de problemas, entre outros.

Infere-se que um gradiente conceitual possa ser formado a partir da compreensão da proposta de mapeamento supracitada. Em outras palavras, tal proposta de mapeamento pode ser expressa por meio da convergência de três pilares: 1) o modelo proposto por Choo (1998); 2) a idéia de contexto capacitante sugerido por Von Krogh et al. (2001); e 3) a metáfora do "guarda-chuva conceitual da GC".

De acordo com Choo (1998), as organizações do conhecimento utilizam estrategicamente a informação e o conhecimento para atuar em três arenas distintas, porém imbricadas: construção de sentido, criação de conhecimento e tomada de decisão.

A criação do conhecimento organizacional é a ampliação do conhecimento criado pelos indivíduos, se satisfeitas as condições contextuais que devem ser propiciadas pela organização. Isso é o que Von Krogh et al. (2001) denominam "contexto capacitante", e seus vários aspectos e componentes devem ser delimitados e levados em consideração, como a cultura organizacional e o comportamento humano nas organizações, as questões da criação, compartilhamento e uso/aplicação, a política de informação e a visão organizacional do conhecimento, até mesmo as questões referentes aos locais de encontro e as políticas de seleção, contratação e manutenção do capital humano. É necessária uma análise profunda acerca do que são o trabalho e a gestão na era da informação, da inovação perpétua e do conhecimento.

Dessa ótica, a compreensão da palavra gestão, quando associada à palavra conhecimento, não deve ser apreendida como controle. Gestão, no contexto capacitante, significa promoção de atividades criadoras de conhecimento no âmbito organizacional. A compreensão do contexto capacitante propicia à organização a possibilidade de fazer emergir as melhores informações e conhecimentos disponíveis. A questão crucial que se coloca é como criar o contexto organizacional adequado para o compartilhamento de informações e conhecimentos, para a aprendizagem coletiva, para que se possa repensar o trabalho e as práticas de gestão na "sociedade da informação", e até mesmo atinar para questões como *layout* e política de remuneração pró-produtividade e vendas.

Acredita-se que a resposta deva ser dada por cada gerente a partir da análise de seu contexto laboral específico. Pessoas são contratadas pelas organizações por suas habilidades, conhecimentos e atitudes (destarte reunidas em modelos de competências), e principalmente por sua capacidade analítica para solucionar problemas. A organização deve criar condições apropriadas e fornecer a oportunidade de discutir os assuntos e problemas que surgem de maneira aprofundada, além de disponibilizar espaço e locais de encontro para a socialização de colaboradores e pesquisadores. Tal socialização permite o compartilhamento de informações e conhecimentos, *insights*, opiniões, pontos de vista multidisciplinares (que são frutos de "diferentes olhares acerca do mesmo problema"), *sensemaking* retrospectivo, além de reflexão, análise e síntese coletiva. A ciência se constrói nessa perspectiva de socialização, que possibilitará a ampliação da base de conhecimentos dos partícipes, fornecendo fundamentação teórica que os ajude a pensar e a compreender melhor seus respectivos problemas organizacionais e, assim, caminhar melhor pela área.

Finalmente, a metáfora do "guarda-chuva conceitual da GC" pressupõe que, debaixo dele, são abarcados vários temas, idéias, abordagens gerenciais e ferramentas orientadas para questões da informação e do conhecimento organizacionais, concomitantemente distintos e imbricados: gestão estratégica da informação, gestão do capital intelectual, aprendizagem organizacional, inteligência competitiva, comunidades de prática, memória organizacional, entre outros. Assim, gestão do conhecimento é uma grande área "guarda-chuva", que envolve e incorpora diferentes abordagens comunicantes que dialogam entre si. É justamente a inter-relação, a interpolação e a permeabilidade entre esses vários temas, aliados aos outros pilares citados anteriormente, que possibilitam e delimitam a formação de um possível referencial teórico de sustentação, ao qual intitular-se-á Gestão do Conhecimento. O *feedback* do modelo se dá pela classificação dos temas inseridos no guarda-chuva a partir do modelo de Choo (1998). A inteligência competitiva é uma iniciativa de *sensemaking* ou construção de sentido; a gestão estratégica da informação e as comunidades de prática encaixam-se na temática da criação de conhecimento, e assim por diante. A proposição do mapa conceitual integrativo com base nesses pilares será ainda amplamente discutida nos próximos capítulos.

Acredita-se que a Ciência da Informação, mesmo sendo ainda uma ciência em construção, deva coordenar os esforços e responder aos questionamentos propostos. Os novos rumos das teorias de gestão apontam para uma aproximação inexorável com esta ciência, uma vez que essas mesmas teorias necessitam suplantar e responder ao hiato gerencial criado com a nova relação entre ativos industriais e ativos informacionais. Para corroborar e reforçar ainda mais essa relação aqui proposta, cabe mencionar Saracevic (1992), que, em sua análise do problema proposto pela Ciência da Informação, de ter para si a tarefa de tornar mais acessível um acervo crescente de conhecimento, reconhece a necessidade da interação de vários campos e áreas de conhecimento, com a única ressalva de que o problema seja enfocado em termos humanos, não tecnológicos.

É nesse novo cenário de explosão informacional que se situa a necessidade de criação de um ambiente propício para o estudo e para uma ampla e saudável discussão a respeito da gestão da informação e do conhecimento nas organizações, principalmente no ambiente empresarial. A Ciência da Informação, campo da interdisciplinaridade por excelência, dispõe de base conceitual e teórica que servirá de suporte para relacionar informação, conhecimento, inovação e gestão. Na análise de termos pertinentes a essa ciência, como gestão estratégica da informação, ou mesmo Gestão do Conhecimento, pode-se delinear algumas das muitas disciplinas convergentes — administração de empresas, gestão de recursos humanos ou de pessoas, economia, gestão estratégica, comportamento organizacional, gestão de mudanças, contabilidade, gestão da informação e biblioteconomia, ciência da computação, tecnologias da informação, sistemas de informação e inteligência artificial —, que fornecem referencial teórico para a construção desse novo campo interdisciplinar de estudos.

A transição da era industrial para a era informacional e a ascensão de um novo paradigma tecnoeconômico baseado em informação, inovação e conhecimento trazem questões delicadas, complexas e multifacetadas para as organizações, seus gerentes e tomadores de decisão. É preciso que se perceba que essa nova dimensão dada à informação e ao conhecimento não significa simplesmente uma alteração das regras do jogo. Configura-se, na verdade, como um novo jogo, cujas diretrizes e regras não estão claramente dispostas nos livros e manuais.

O problema central gira em torno de um tripé de constatações precípuas, a saber:

- A existência de uma indefinição conceitual e toda a controvérsia acerca da GC, aliadas à inexistência de um modelo, mapa ou proposta teórico-conceitual capaz de organizar as idéias subjacentes ao tema, bem como a necessidade de observação meticulosa e relacional a respeito da GC. Dessa maneira, manifesta-se a necessidade de uma intervenção competente na realidade a fim de obter uma compreensão ampla, sistêmica e consolidada da GC.

- A percepção de que as organizações são incapazes de funcionar baseadas na informação e no conhecimento, visto que falham em descobrir as informações e conhecimentos de que necessitam e como administrá-los. Tal constatação peremptória é condizente com o fato imprescindível de repensar a gestão de organizações da Era do Conhecimento e de compreender como as organizações contemporâneas entendem, definem, praticam e avaliam a GC.
- O fato de que as organizações afirmam praticar a gestão do conhecimento quando na verdade praticam apenas a gestão estratégica da informação, constatação derivada, uma vez mais, da indefinição conceitual e de toda a controvérsia gerada pela discussão terminológica da área denominada Gestão do Conhecimento. A emergência de organizações baseadas no conhecimento tem se traduzido em pesquisas e propostas ainda não consistentes com uma visão sistêmica de gestão do conhecimento e é necessário que se proponha bases conceituais ou arquiteturas organizacionais de um modelo de gestão para organizações baseadas no conhecimento.

É importante frisar novamente que nem a academia nem as organizações fazem quaisquer distinções amplamente aceitas e validadas entre dado, informação, conhecimento e sabedoria, apesar de ser essa uma discussão saudável e de cunho filosófico bastante interessante. É exatamente esse o "nó górdio": a controvérsia acerca do termo Gestão do Conhecimento alimenta-se da indefinição conceitual entre dado, informação e conhecimento que vem sendo debatida, sem consenso, desde os filósofos pré-socráticos — como os sofistas, Heráclito e Parmênides —, até hoje. Os reflexos na área conhecida como Gestão do Conhecimento são imediatos e tal denominação terminológica é imediatamente questionada. Contudo, como já foi dito anteriormente, é mister que a discussão terminológica se desloque para a discussão conceitual, uma vez que a discussão puramente terminológica sobre o termo Gestão do Conhecimento não se mostra capaz de ajudar na formulação de um entendimento amplo da área, bem como de suas fronteiras e abrangências. Com base no levantamento bibliográfico, esses questionamentos transformam-se, diante da problemática proposta, em perguntas de pesquisa:

- Como as organizações brasileiras entendem, definem, implementam, praticam e avaliam a Gestão do Conhecimento?
- Quais foram os motivos que levaram as organizações brasileiras a implementarem a Gestão do Conhecimento e o que elas esperavam alcançar?
- Quais são as características, propostas, abordagens gerenciais, ferramentas e resultados de programas de Gestão do Conhecimento implementados em organizações brasileiras?
- Como essa implementação ocorreu ou vem ocorrendo?
- Quais aspectos ou facetas da Gestão do Conhecimento são priorizados pelas organizações brasileiras?
- Quais os resultados auferidos por tais organizações desde a implantação da GC e o que se vislumbra à frente?
- Com base nessas análises e contraposições, é possível delinear diretrizes ou enunciados que poderão servir de suporte para o surgimento ou proposição de um mapa, modelo ou marco teórico-conceitual para a área denominada Gestão do Conhecimento?

O objetivo geral desta obra é investigar e analisar, com base em uma perspectiva sistêmica, as concepções, estratégias, motivações, abordagens, práticas, efeitos e resultados de áreas, programas ou projetos de Gestão do Conhecimento efetivamente implementados e utilizados no contexto organizacional brasileiro, a fim de elaborar um modelo ou mapa conceitual integrativo.

Como critério para a escolha das organizações brasileiras optou-se pela formação de amostra não probabilística e intencional. Após a realização do referido estudo, espera-se que seja possível compilar e enunciar diretrizes básicas que poderão servir de suporte para a formulação de um modelo ou mapa conceitual integrativo da gestão do conhecimento. Ressalta-se que dada a abrangência dessa proposta, é mister que se explore ou mapeie as várias partes componentes de tal mapa ou modelo — e essa constatação exige um referencial teórico que satisfaça os critérios de extensão, densidade e abrangência. Por tautologia, a indefinição conceitual em relação à GC requer um enfoque abrangente, impositivo do desafio de integração das várias vertentes em um modelo ou mapa integrativo.

Os objetivos específicos e seus naturais desdobramentos em categorias de análise são descritos a seguir:

- Investigar e descrever, a partir de um modelo de análise (Anexo 4), as práticas de gestão do conhecimento realmente efetivadas no contexto organizacional brasileiro, em aspectos com *sensemaking* ou construção de sentido organizacional, criação de conhecimento, processo decisório e contexto capacitante.
- Investigar e relatar como a empresa percebe, entende, define e pratica a gestão da informação e do conhecimento, além dos motivadores que a levou a adotar esse tipo de gestão.
- Compilar as melhores práticas observadas de gestão da informação e do conhecimento no contexto organizacional brasileiro.
- Examinar os indicadores de desempenho propostos e relatados na literatura e em organizações, bem como a utilização de ferramentas, métricas e modelos complementares de gestão — aprofundamento em indicadores de desempenho concernentes à avaliação de ativos intangíveis de informação e conhecimento e patrimônios de conhecimento —, descrevendo e discutindo o modo pelo qual se dá a hierarquização dos indicadores de desempenho e métricas quando confrontados com a hierarquização dos objetivos estratégicos empresariais.

Após essas considerações, justifica-se a idéia de levar o tema adiante com base nas seguintes constatações e formulações.

- Exígua existência de pesquisas de natureza qualitativa em organizações brasileiras acerca do tema — são poucos os estudos no Brasil e pouco se conhece sobre as questões culturais e o comportamento informacional em organizações brasileiras.
- Existência de poucos estudos em profundidade que versem sobre a implementação de programas ou projetos de Gestão do Conhecimento.
- Provável utilidade deste estudo para a compreensão de quais aspectos da Gestão do Conhecimento são priorizados em organizações brasileiras, visto que a proposta aqui apresentada analisará em profundidade o projeto implementado, bem como seus aspectos prioritários e partes constituintes de um fenômeno multifacetado, complexo e dinâmico.
- Retomar a pesquisa conduzida por Alvarenga Neto (2002) para a extrapolação dos resultados, validação do modelo e conseguinte proposição de um arquétipo

para o gerenciamento da informação e do conhecimento. Um breve relato desse trabalho será também discutido ao longo do livro.

- Possibilidade de aplicação do modelo ou mapa conceitual integrativo à realidade de organizações brasileiras, o que, uma vez mais, revelará componentes culturais bastante expressivos. O estudo desses componentes e da realidade dessas organizações é um dever da academia brasileira.

O pensamento relacional, proposto sob a égide do trabalho de Bourdieu (1998), acena para a possibilidade de enxergar além da pura discussão terminológica do termo Gestão do Conhecimento. Em outras palavras, a questão desloca-se para a discussão conceitual sobre o termo e para a proposição de um modelo, mapa ou marco teórico-conceitual que nunca se fecha ou se esgota, e que permita uma melhor compreensão da expressão Gestão do Conhecimento e de suas áreas de abrangência. Sem a pretensão de estabelecer limites e verdades, almeja-se iniciar um debate que possa ser ampliado em futuras reflexões. Se o problema é puramente a terminologia, que o termo seja alterado, então, para Gestão para o Conhecimento, Promoção do Conhecimento Organizacional, Gestão da Informação ou outro qualquer. O que há por trás da dissensão terminológica é a falta de um modelo, mapa ou proposta teórico-conceitual capaz de organizar as idéias subjacentes ao tema — além da necessidade de uma observação meticulosa e relacional a respeito da GC.

A discussão terminológica deve se configurar como o resultado de um grande e amplo debate sobre a discussão conceitual, não podendo ser colocada como o cerne da questão. O resultado da elaboração conceitual e do mergulho no tema poderia constituir-se, como já foi dito, na ousadia de tentar propor um modelo teórico ou mapa que organizasse a área e permitisse uma melhor compreensão de seus fundamentos, além de um caminhar mais apurado pelos diversos temas e subtemas sem que se perca o fio condutor. Finalmente, reforça-se a possibilidade de contribuições para o fortalecimento de elos ao relacionar os termos gestão, informação, inovação e conhecimento. Longe de propor um fechamento, pretende-se, aqui, iniciar a proposição de um modelo que nunca termina, nunca alcança um fim, pois sempre se define e redefine exaustivamente.

Do ponto de vista da forma de abordagem do problema, a linha de pesquisa adotada neste livro é a da pesquisa qualitativa, e a estratégia de pesquisa utilizada revela-se por meio da realização de um estudo de caso do tipo histórico-organizacional. A unidade de análise constitui-se em programas, áreas ou projetos de gestão do conhecimento e, por sua vez, as subunidades de análise ou unidades de observação serão investigadas a partir de:

- Documentos e arquivos da organização — pesquisa documental.
- Pessoas — colaboradores considerados em uma estrutura tripartite, tais como: membros da alta direção, gestores do projeto de gestão do conhecimento e pessoas beneficiadas ou não por esses projetos — entrevistas semi-estruturadas.
- A organização (o contexto e o espaço organizacional) — observação direta. Os procedimentos metodológicos serão meticulosamente abordados e discutidos no Capítulo 3.

Este livro está assim organizado:

- Capítulo 1 — aborda a Gestão do Conhecimento em seus aspectos teóricos, conjunturais e organizacionais. Inicia-se com discussões acerca de dado, informação e conhecimento por meio de um *continuum* de valores, buscando, logo em seguida, a compreensão sobre a transição do paradigma industrial para o paradigma do conhecimento, desembocando na abordagem da organização do conhecimento paralelamente à enumeração de seus princípios constitutivos. Em seguida, analisam-se as origens da Gestão do Conhecimento, estabelecendo sua gênese na gerência de recursos informacionais, bem como sua evolução com base na incorporação de teorias e abordagens oriundas de outras áreas do conhecimento e a sua revelação e consolidação como inovação organizacional.
- Capítulo 2 — expõe e discute os aspectos intrínsecos da Gestão do Conhecimento com base no uso estratégico da informação e do conhecimento nas organizações; identifica e delimita as várias abordagens gerenciais e ferramentas propostas para as questões da informação e do conhecimento nas organizações; também aborda a questão fundamental do espaço do conhecimento, contexto capacitante ou o "Ba" organizacional.
- Capítulo 3 — discorre sobre os procedimentos e recortes metodológicos da pesquisa realizada.
- Capítulo 4 — relata a pesquisa de campo, incorporando considerações e análises preliminares.

- Capítulo 5 — apresenta a análise e a discussão de resultados da pesquisa de campo.
- Considerações finais — relata e discute as conclusões e recomendações para estudos futuros.

Por fim, são listadas as referências e disponibilizados os seguintes anexos:

- Relação de documentos analisados na pesquisa documental.
- Exemplo do processo de análise de dados por categoria de análise em modelo matriz (*raw data*).
- Protocolo de estudo de caso.
- Modelo de análise.

parte I

GESTÃO DO CONHECIMENTO

1

Aspectos teóricos, conjunturais e organizacionais

1.1 O *continuum* dado-informação-conhecimento-sabedoria-ação-resultado

É fundamental a discussão epistemológica e conceitual acerca dos fatores-chave da competitividade organizacional dos tempos atuais: informação e conhecimento. As definições de dado, informação e conhecimento são os marcos teóricos conceituais iniciais e primordiais balizadores das formulações, proposições e discussões atinentes às organizações do conhecimento e à gestão da informação e do conhecimento. Não obstante, trata-se de um esforço hercúleo que ainda não alcançou consenso ou definições amplamente aceitas nem em áreas do conhecimento consolidadas das chamadas humanidades, como a filosofia e a sociologia. Ainda assim, alguns autores das áreas de ciência da informação e administração procuram estabelecer definições, análises e comparações. Tais esforços, aliados à análise da literatura da área, articulada em uma miríade de publicações, livros, artigos e teses, revelam que os recortes teóricos para a discussão aqui citada ocupam-se, em sua maioria, de duas vertentes principais.

- Da discussão monocórdica de cada um dos termos isoladamente.
- De algumas tentativas de análise dos termos a partir do delineamento de processos conjugados e/ou seqüenciais entre dado-informação-conhecimento.

Davenport (1998) reconhece a dificuldade de definir, por exemplo, o termo "informação" isoladamente, e reitera que as tentativas de fazê-lo por meio da distinção entre dado e conhecimento são nitidamente imprecisas. Sua proposta compreensiva consolida-se pela elaboração de um processo dados-informação-conhecimento, como é possível observar no Quadro 1.1:

Quadro 1.1 Dados, informação e conhecimento

Dados	Informação	Conhecimento
Simples observações sobre o estado do mundo: • facilmente estruturados; • facilmente obtidos por máquinas; • freqüentemente quantificados; • facilmente transferíveis.	Dados dotados de relevância e propósito: • requer unidade de análise; • exige consenso em relação ao significado; • exige necessariamente a mediação humana.	Informação valiosa da mente humana. Inclui reflexão, síntese, contexto: • de difícil estruturação; • de difícil captura em máquinas; • freqüentemente tácito; • de difícil transferência.

Fonte: DAVENPORT, T. H. *Ecologia da informação:* porque só a tecnologia não basta para o sucesso na era da informação. São Paulo: Futura, 1998a. p. 18.

Dados são simples observações sobre o estado do mundo, por exemplo: "Existem 1.024 monitores de computador". A simples observação desses dados brutos pode ser realizada por pessoas ou tecnologias apropriadas, muitas das quais empregadas em funções logísticas de chão de fábrica. Arrisca-se afirmar que dado é algo sem significado, que independe do contexto e da assimilação por parte das pessoas.

Drucker (1988) define informação como "dados dotados de relevância e propósito" e são as pessoas que dotam os dados com atributos de relevância e propósito. Portanto, se há a atribuição de significado e contexto, pressupõe-se que o receptor assimile e entenda e, desse modo, avança-se do conceito de dado para a informação e/ou conhecimento, conceitos imediatamente subseqüentes. A escolha de como representar os dados das quantidades de monitores em estoque exige análise e mediação humana. Outro atributo da informação revela-se na dificuldade de transferência com absoluta fidelidade, como comprovado na brincadeira infantil do "telefone em fio". Davenport e Prusak (1998) acreditam que é possível transformar dado em informação por meio da agregação de valores de diversas maneiras, e enumeram métodos importantes para tal:

- *Contextualização* — sabe-se qual a finalidade dos dados coletados.
- *Categorização* — conhecem-se as unidades de análise ou os componentes essenciais dos dados.
- *Cálculo* — os dados podem ser analisados matemática ou estatisticamente.

- *Correção* — os erros podem ser eliminados dos dados.
- *Condensação* — os dados podem ser resumidos em uma forma concisa.

Já o conhecimento é a informação mais valiosa, visto que exige análise, síntese, reflexão e contextualização. Sveiby (1998), baseando-se em Polanyi (1967) e em Wittgenstein (1962), define conhecimento como a capacidade de agir, e conclui imediatamente que o conhecimento é algo extremamente valioso, visto que está próximo da ação ou leva a ela. Dixon (2000) afirma que conhecimento se resume aos elos significativos que as pessoas fazem nas suas cabeças entre informação e sua respectiva aplicação em ação, quando em um dado contexto. Cabe aqui mencionar que o conhecimento possui três dimensões — tácito, explícito e cultural — que merecem análise cuidadosa e serão objeto de discussão ao longo do livro. Davenport e Prusak (1998, p. 6) sugerem que a vantagem do conhecimento é uma vantagem competitiva sustentável, e definem conhecimento como:

> "[...] uma mistura fluida de experiência condensada, valores, informação contextual e *insight* experimentado, a qual proporciona uma estrutura para a avaliação e incorporação de novas experiências e informações. Ele tem origem e é aplicado na mente dos conhecedores."

O conhecimento representa a soma das experiências de uma pessoa e/ou organização e só existe na mente humana. Para que a informação se transforme em conhecimento, a intervenção ativa de seres humanos é condição *sine qua non* — e uma premissa desta obra é que o conhecimento só existe na mente humana e na fronteira entre as mentes. Davenport e Prusak (1998) sugerem métodos úteis para que a informação seja transformada em conhecimento:

- *Comparação* — de que formas as informações relativas a essa situação se comparam a outras situações conhecidas?
- *Conseqüências* — que implicações essas informações trazem para as decisões e tomadas de ação?
- *Conexões* — quais as relações desse novo conhecimento com o conhecimento já acumulado?
- *Conversação* — o que as outras pessoas pensam dessa informação?

A tentativa conceitual de comparação proposta por esses autores recai, uma vez mais, na dificuldade de distinção entre dado-informação-conhecimento com o estabelecimento de linhas divisórias nítidas, distintas, e precisas. Choo (2002) ilumina o debate apostando em uma nova perspectiva para compreender as distinções entre dado, informação e conhecimento: esses três elementos devem ser vistos e analisados da perspectiva de um *continuum* de valores fundamentalmente marcados pela contribuição humana crescente — processamento, gestão, ação, resultado, aprendizagem e retroalimentação. Choo (2002) afirma que o resultado do gerenciamento do *continuum* dado-informação-conhecimento é a capacitação organizacional para ações que gerem os resultados desejados no âmbito organizacional. O *continuum* é retroalimentado, uma vez que as ações e os resultados geram novos sinais e mensagens (novos dados a serem processados), repetidos ciclos de processamento de informações, e a criação de conhecimento que propicia aprendizagem e adaptação organizacional ao longo do tempo. O Quadro 1.2 ilustra com propriedade esse *continuum*:

Quadro 1.2 O *continuum* dado-informação-conhecimento e ação

	Processamento de Dados	Gestão da Informação	Gestão do Conhecimento	Ações/ Resultados
Atividades	• Captura de dados • Definição de dados • Armazenamento de dados • Modelagem de dados	• Necessidades de informação • Aquisição da informação • Organização da informação • Distribuição da informação	• Criação do conhecimento • Compartilhamento do conhecimento • Uso do conhecimento	• Estratégias, alianças e iniciativas • Produtos e serviços • Processos, sistemas, estruturas
Valores	• Precisão • Eficiência	• Acesso • Relevância	• Possibilita a ação • Geração de valores	• Inovação • Aprendizagem
	"Uma vez que temos os dados, podemos analisá-los."	"Levando a informação certa para a pessoa certa."	"Se somente soubéssemos aquilo que sabemos."	"A capacidade de aprender é a única vantagem sustentável."

Fonte: Adaptado de CHOO, C. W. *Information management for the intelligent organization:* the art of scanning the environment. 3rd ed. New Jersey: Information Today, 2002. p. 258.

Choo (2002) assevera que os objetivos principais do processamento de dados são a maximização da velocidade, da acurácia e da eficiência no processamento e manutenção de grandes quantidades de arquivos e registros gerados por muitos tipos de transações. Os tipos e áreas de dados a serem capturados são definidos como parte do *design* e arquitetura de sistemas, e a ação da captura de dados marca o início da atividade de processamento de dados. Os dados são então armazenados em estruturas de arquivos que reduzem a redundância e permitem a recuperação e o processamento eficientes. Já o objetivo da gestão da informação é maximizar a utilidade e a contribuição dos recursos e capacidades de informação da organização na perseguição dos objetivos organizacionais. No âmbito operacional, a equipe responsável pela gestão da informação aloca a maior parte de seu tempo provendo acesso à informação e agregando valor a essa informação, com o propósito de aumentar sua relevância e utilização. Uma frase comum e amplamente utilizada é "levar a informação correta, para a pessoa correta, no formato correto e na hora certa". Questões importantes giram em torno de um ciclo de atividades interconectadas e vão desde a determinação das necessidades de informação dos usuários, operacionalizada por um diagnóstico de necessidades de informação, até o desenvolvimento de produtos e serviços de informação. Esse ciclo é definido e dimensionado a partir da política de informação organizacional. Ainda em Choo (2002), o objetivo geral da gestão do conhecimento é a concepção da estratégia organizacional, sua estrutura, processos e sistemas, para que a organização possa usar o que ela sabe a fim de criar valor para seus clientes e a sociedade.

Como já mencionado anteriormente, o objetivo do *continuum* é a ação que leva a resultados, visto que organizações agem para resolver problemas, explorar oportunidades e evitar ou enfrentar crises e ameaças. O escopo das possíveis ações é extremamente amplo e inclui o desenvolvimento de estratégias, alianças e novas iniciativas, além de inovações em produtos, serviços e processos organizacionais.

A partir das considerações e das abordagens deste capítulo, terão prosseguimento as discussões que iluminam o debate sobre a transição da era industrial para a Era da Informação ou Era do Conhecimento. Também se explicará por que e como a informação e o conhecimento tornam-se diferenciais competitivos sustentáveis para nações e organizações.

1.2 A nova dinâmica tecnoeconômica: breve análise da transição Era Industrial — Era da Informação

As tecnologias de informação e de comunicação propiciam e aceleram o desenvolvimento de novas formas de geração, tratamento e distribuição de informação. A informação, o conhecimento, a inovação e a educação continuada configuram-se hoje como temas centrais dos debates internacionais, uma vez que a mais-valia e a formação de vantagens competitivas sustentáveis dos tempos atuais alicerçam-se nesses novos insumos econômicos. Com base nessas premissas, o objetivo deste capítulo é contextualizar o cenário sócio-histórico-político-econômico da era que se seguiu à Era Industrial; iluminar e recrudescer o debate, que aqui se inicia, sobre o que se conhece atualmente como "sociedade do conhecimento"; e, por último e não menos importante, discorrer acerca da gênese que revela a relevância e a importância da informação e do conhecimento como os fatores mais significativos para a sobrevivência e competitividade das sociedades e das organizações contemporâneas. O período atual da história é, segundo Santos (2000), um "período que é uma crise".

O pós-industrialismo instiga uma reflexão a respeito da nova ordem econômica mundial, suas causas, implicações e análise da emergência de um novo paradigma tecnoeconômico (PTE), baseado em inovação, informação e conhecimento. De acordo com Stewart (1998), o ano 1 da Era da Informação ou do pós-industrialismo é 1991. A análise desse autor tomou como base os dispêndios de capital registrados pela Agência de Análise Econômica do Departamento de Comércio Norte-Americano no período entre 1965 e 1991. Comparou-se o dispêndio de capital em bens de capital típicos da Era Industrial — motores e turbinas, equipamentos de controle e de distribuição elétrica, máquinas para trabalho em metal, equipamentos para tratamento de materiais e equipamentos industriais em geral, máquinas para serviços, equipamentos para campos de mineração e petrolíferos, máquinas agrícolas e de construção — com o dispêndio de capital com equipamentos de informação — computadores e equipamentos de telecomunicação. Plotadas em um gráfico, as duas linhas — dispêndios de capital na Era Industrial e dispêndios de capital na Era da Informação — se cruzam em 1991.Conclui-se, então, que, a partir de 1991, as empresas passam a gastar mais com equipamentos que coletam, processam, analisam e disseminam informações, e a gastar menos com equipamentos típicos da Era Industrial. A Tabela 1.1 e o Gráfico 1.1, a seguir, ilustram tal análise.

Tabela 1.1 1991 — Ano 1 da Era da Informação

Ano	Gastos com tecnologia de produção (em bilhões de US$)	Gastos com tecnologia de informação (em bilhões de US$)	Relação entre gastos com tecnologia de informação e com tecnologia de produção
1965	60,3	18,8	0,31
1970	63,4	28,6	0,45
1975	68,6	27,4	0,40
1980	96,7	52,0	0,54
1983	77,2	61,5	0,80
1991	107	112	1,05

Fonte: Adaptado de STEWART, Thomas A. *Capital intelectual*. Rio de Janeiro: Campus,1998.

Gráfico 1.1 Dispêndios de capital — Empresas norte-americanas — 1965-1991 (em bilhões de US$)

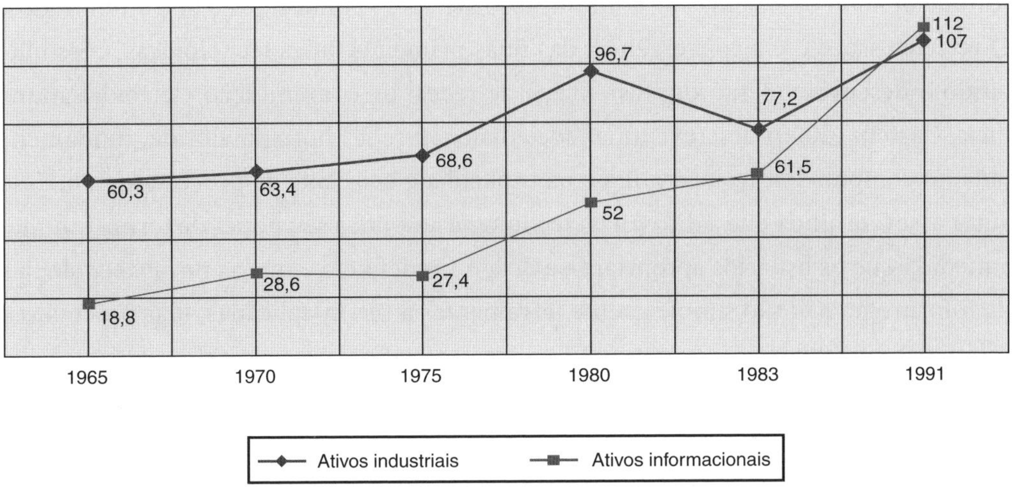

Fonte: Adaptado de Stewart (1998).

Castells (2000) pondera que se a primeira Revolução Industrial foi britânica, a primeira revolução da tecnologia da informação foi norte-americana e postula o papel fundamental do Estado como iniciador dessa revolução, tanto nos Estados Unidos quanto no restante do mundo. Tal assertiva desmistifica a idéia do empreendedor de inovações em garagens, trabalhando isoladamente e a esmo, e elucida que a consolidação de um paradigma sócio-técnico só é possível pelo agrupamento de tecnologias em torno de redes de empresas, organizações, instituições e com vigorosa e pujante presença estatal.

Contudo, é mister observar que a migração do setor secundário para o setor terciário da economia mundial não representa apenas um ciclo natural ou um *next step* evolucionista, mas um processo resultante do grande potencial científico-tecnológico alcançado nos últimos anos. Segundo Lemos (1999), três aspectos devem ser destacados no que se refere a essas novas tecnologias. O primeiro aspecto são os avanços observados na microeletrônica, área em que se destaca a revolução da informática e a popularização do microcomputador[1] e dos *softwares*[2]. O segundo aspecto são as tele-

[1] Segundo Lévy (2000, p. 46), observa-se um certo caso de "miopia em marketing". Nas palavras do autor: "[...] é preciso perdoar os informatas, pois não perceberam de imediato o significado da microinformática, ou seja, que o computador estava se tornando uma mídia de massa [...]".

[2] Lévy (2000) afirma que a multiplicação das interfaces lógicas (os programas) abriu um campo de usos e conexões práticas aparentemente sem limites.

comunicações, viabilizando e disponibilizando satélites e fibras óticas e, desse modo, revolucionando os sistemas de comunicação até então conhecidos e disponibilizados. O terceiro aspecto é a convergência das duas primeiras bases tecnológicas, possibilitando o desenvolvimento dos sistemas e de redes[3] de comunicação eletrônica mundiais. Castells (2000) descreve uma "sociedade em rede", horizontalizada, fundamentada no computador, no *microchip* e na capacidade crescente de processamento. Esse autor assevera ainda que a difusão da tecnologia amplifica seu poder de forma infinita, à medida que os usuários apropriam-se dela e a redefinem e que as novas tecnologias da informação não são simplesmente ferramentas a serem aplicadas, mas processos a serem desenvolvidos.

Entretanto, só a tecnologia não é o bastante. Um agente econômico competitivo é aquele capaz de gerar e absorver inovações e de estar constantemente promovendo e intensificando a capacidade contínua de aprender. Essa Era Pós-industrial, Era do Conhecimento, Era do Aprendizado ou Era da Inovação Perpétua alicerça-se nos ensinamentos de Schumpeter (1942)[4]. Em Dobb (1987), a releitura de Schumpeter conduz à afirmação de que a formação da riqueza de um país é um processo de "destruição criativa". Pode-se deduzir, então, que a inovação pode e deve ser vista como um processo de criatividade, o qual gera constantemente novos produtos, novos métodos de produção e novos mercados, e, desse modo, revolucionando sempre a estrutura econômica, destrói sem cessar a antiga e, continuamente, cria uma nova. Lemos (1999) estabelece uma tipologia da inovação, diferenciando inovações radicais, incrementais e também inovações tecnológicas e organizacionais. Entende-se como inovação radical o desenvolvimento e introdução de um novo produto, processo ou forma de organização da produção inteiramente nova. É o ineditismo em evidência e uma ruptura estrutural com o padrão tecnológico anterior, fazendo surgir novas indústrias, setores e mercados, possibilitando a redução de custos e o aumento da qualidade. Exemplos

---

[3] Milton Santos (2000) alude a conceitos como ubiqüidade, onisciência e onipresença. Segundo ele, a unicidade técnica dos tempos atuais é a chegada da técnica da informação, no tripé cibernética-informática-eletrônica. Segue-se daí que as diversas técnicas existentes passam a se comunicar entre si, exercendo um papel determinante sobre o tempo e permitindo, em todos os lugares, a convergência dos momentos e assegurando a simultaneidade das ações, e, por conseguinte, acelerando o processo histórico.

[4] SCHUMPETER, Joseph A. *Capitalism, socialism and democracy.* New York: Harper and Brothers, 1942. Nessa obra, o autor vê a inovação como "[...] o impulso fundamental que aciona e mantém em marcha o motor capitalista [...]".

de inovações radicais cristalizam-se na introdução da máquina a vapor no final do século XVIII e com o desenvolvimento da microeletrônica na década de 1950. Uma inovação incremental implica a introdução de qualquer tipo de melhoria em produto, processo ou organização da produção, sem alteração na estrutura industrial. Leia-se como "um fazer melhor" e apreende-se que tais inovações se mostram, às vezes, imperceptíveis aos olhos do consumidor, uma vez que podem representar, isoladamente ou em conjunto, redução de custos, aumento de eficiência técnica, qualidade, durabilidade, resistência ou segurança, e até mesmo uma revitalização por modificações no *design* ou no estilo. Conclui-se que o investimento em educação e capacitação contínuas é condição *sine qua non* para as economias da Era do Conhecimento, e que a mente humana tornou-se uma força direta de produção, não apenas um elemento decisivo no sistema produtivo.

A compreensão do processo de inovação é influenciada pelas características dominantes de contextos histórico-econômicos específicos. Em Lastres e Albagli (1999), essa compreensão é facilitada pelo entendimento dos paradigmas tecnoeconômicos e suas principais características. Kuhn (1962), por sua vez, evidenciou que a ciência avança pela vitória de novos paradigmas sobre verdades estabelecidas, e tal asserto não é diferente quando concernente aos paradigmas tecnoeconômicos.

Um paradigma tecnoeconômico, de acordo Lastres e Albagli (1999), indica o resultado do processo de seleção de uma série de combinações viáveis de inovações (técnicas, organizacionais e institucionais), provocando transformações que permeiam toda a economia e exercendo importante influência no comportamento desta. Três características definem um conjunto de inovações que estão no cerne de cada paradigma: amplas possibilidades de aplicação; demanda crescente; e queda persistente do seu custo unitário.

É importante compreender que cada novo paradigma tecnoeconômico traz novas combinações de vantagens, sejam elas políticas, sociais, econômicas e/ou técnicas. Cabe aqui, então, questionar, antes de enumerar historicamente os paradigmas tecnoeconômicos, as razões que levam ao desenvolvimento e à ascensão de um novo PTE. Segundo Lastres e Albagli (1999), esse impulso resulta de avanços da ciência e pressões competitivas e sociais persistentes, objetivando, respectivamente: superar os limites ao crescimento dados pelo padrão estabelecido; inaugurar novas frentes de expansão e sustentar a lucratividade e a produtividade. São cinco os paradigmas tecnoeconômicos apresentados, em ordem crescente, no Quadro 1.3, a seguir.

Quadro 1.3 Principais características dos sucessivos paradigmas tecnoeconômicos

Fase	Primeiro	Segundo	Terceiro	Quarto	Quinto
Início e término	1770/1780 a 1830/1840	1830/1840 a 1880/1890	1880/1890 a 1920/1930	1920/1930 a 1970/1980	1970/1980 a ?
Descrição	Mecanização	Força a vapor e ferrovia	Energia elétrica e engenharia pesada	Produção em massa, "fordismo"	Tecnologias da informação
Fator-chave[5]	Algodão e ferro fundido	Carvão e transporte	Aço	Petróleo e derivados	Microeletrônica, tecnologia digital
Setores alavancadores de conhecimento	Têxteis e seus equipamentos; fundição e moldagem de ferro; energia hidráulica	Máquinas e navios a vapor; máquinas, ferramentas e equipamentos ferroviários	Engenharia e equipamentos elétricos; engenharia e equipamentos pesados[6]	Automóveis e caminhões; tratores e tanques; indústria aeroespacial; bens duráveis; petroquímicos	Equipamentos de informática e telecomunicações; robótica; serviços infointensivos; *softwares*
Infra-estrutura	Canais, estradas	Ferrovias; navegação mundial	Energia elétrica	Auto-estradas; aeroportos; caminhos aéreos	Redes e sistemas; *information highways*
Outros setores crescendo rapidamente	Máquinas a vapor, maquinaria	Aço; eletricidade; gás; corantes sintéticos; engenharia pesada	Indústria automobilística e aeroespacial; rádio e telecomunicações; metais e ligas leves; bens duráveis; petróleo e plásticos	Fármacos; energia nuclear; microeletrônica e telecomunicações	Biotecnologia; nanotecnologia; atividades espaciais
Países líderes	Grã-Bretanha, França e Bélgica	Grã-Bretanha, França, Bélgica, Alemanha e EUA	Alemanha, EUA, Grã-Bretanha, França, Bélgica, Suíça e Holanda	EUA, Alemanha, outros países da CEE, Japão, Rússia, Suécia, Suíça	Japão, EUA, Alemanha, Suécia, outros países da CEE, Taiwan e Coréia
Países em desenvolvimento	Alemanha e Holanda	Itália, Holanda, Suíça, Áustria-Hungria	Itália, Áustria-Hungria, Canadá, Suécia, Dinamarca, Japão e Rússia	Países do Leste Europeu, Brasil, México, Argentina, Coréia, China, Índia, Taiwan	Brasil, México, Argentina, China, Índia, Indonésia, Turquia, Venezuela, Egito

Fonte: LASTRES, H. M. M.; ALBAGLI, S. *Informação e globalização na era do conhecimento.* Rio de Janeiro: Campus, 1999. p. 34.

5 Fator-chave abundante e com preço declinante.

6 Transporte marítimo, armamentos e química.

Lastres & Albagli (1999) também enumeram as características mais importantes do novo paradigma da tecnologia de informação e os efeitos da difusão das tecnologias de informação e comunicação por meio da economia. Dentre as mais importantes, destacam-se:

- A crescente complexidade dos novos conhecimentos e tecnologias utilizadas pela sociedade.
- A aceleração do processo de geração de novos conhecimentos e de fusão de conhecimentos, assim como a intensificação do processo de adoção e difusão de inovações, implicando ainda mais veloz redução dos ciclos de vida de produtos e processos.
- A crescente capacidade de codificação de conhecimentos e a maior velocidade, confiabilidade e baixo custo de transmissão, armazenamento e processamento de enormes quantidades dos mesmos e de outros tipos de informação.
- O aprofundamento do nível de conhecimentos tácitos (não codificáveis e específicos de cada unidade produtiva e seu ambiente), implicando a necessidade do investimento em treinamento e qualificação, organização e coordenação de processos.
- As mudanças fundamentais nas formas de gestão e organização empresarial, gerando maior flexibilidade e maior integração das diferentes funções da empresa (pesquisa, produção, administração, marketing etc.), bem como maior interligação entre as empresas e entre estas e outras instituições, estabelecendo-se, assim, novos padrões de relacionamento entre os envolvidos.
- As mudanças no perfil dos diferentes agentes econômicos, assim como dos recursos humanos, passando-se a exigir um nível de qualificação muito mais amplo dos trabalhadores.

O Quadro 1.4 apresenta, em maior profundidade, a comparação entre as principais características dos dois últimos paradigmas tecnoeconômicos, possibilitando uma análise mais criteriosa da transição da Era Industrial para a Era da Informação.

Quadro 1.4 Comparação das principais características dos dois últimos paradigmas tecnoeconômicos

Paradigma	Fordismo	Tecnologias da informação
Início e término	1920/1930 a 1970/1980	1970/1980 a ?
Principais inovações técnicas	Motores a explosão; prospecção; extração e refino de petróleo e de minerais, e produção de derivados	Microeletrônica; tecnologia digital; tecnologias da informação
Principais inovações organizacionais	Sistemas de produção em massa; "fordismo"; "fordismo periférico[7]"; automação	Computadorização; "sistematização" e flexibilização; interligações em redes; *just-in-time*; inteligência competitiva; gestão do conhecimento
Lógica de produção quanto ao uso de fatores-chave	Intensiva em energia e materiais	Intensiva em informação e conhecimento, preservação ambiental e de recursos
Padrões de produção preponderantes	Aumento significativo da oferta de bens e de serviços; padronização; hierarquização; departamentalização; veloz obsolescência de processos e produtos; cultura do descartável; concorrência individual e formação de cartéis	Transmissão e acesso rápido a enormes volumes de informação; customização; interligação em redes; cooperativismo; aceleração da obsolescência de processos, bens e serviços; experiências virtuais; aceleração do processo de globalização sob domínio do "oligopólio mundial", com maior hegemonia dos Estados Unidos
Setores alavancadores de crescimento	Indústria de automóveis, caminhões e tanques; indústria petroquímica; indústria aeroespacial; indústria de bens duráveis	Informática e telecomunicações; equipamentos eletrônicos, de telecomunicações e robótica; serviços de informação e outros telesserviços
Infra-estrutura	Auto-estradas, aeroportos	Infovias, redes, sistemas e *softwares* dedicados
Outras áreas crescendo rapidamente	Microeletrônica; energia nuclear; fármacos; telecomunicações	Biotecnologia; atividades espaciais; nanotecnologia
Principais setores atingidos negativamente pelas mudanças e que estão sofrendo importantes transformações	Setores produtores de materiais naturais (madeira, vidro e outros de origem vegetal e mineral); formas e vias de transporte convencionais (navegação fluvial e marítima)	Setores intensivos em energia, minerais e outros recursos não renováveis (geologia, mineração e produção de materiais convencionais); meios de comunicação tradicionais (correio, telefone)
Forma de intervenção e políticas governamentais	Controle, planejamento, propriedade, regulação e *welfare state*	Monitoração e orientação; coordenação de informações e de ações e promoção de interações; desregulação e nova regulação; novo *New Deal*

Fonte: Adaptado de Lastres e Albagli (1999).

[7] Fordismo periférico, de acordo com Nabuco (1996), é definido como a segmentação do mercado de trabalho fordista, separando-se geograficamente, entre centro e periferia, as fases de concepção e fabricação qualificada, da fase de montagem e execução desqualificada. Esta última, evidentemente, sempre que possível, tem sido transferida às regiões menos desenvolvidas, onde o grau de exploração do trabalho é institucionalmente maior e as políticas reguladoras, quer sejam trabalhistas, ambientais, técnicas, legais ou institucionais, dentre outras, são turvas e facilmente manipuláveis e mutáveis.

Percebe-se o reconhecimento, por parte de um grande número de estudiosos, de que a informação e o conhecimento são os elementos centrais, cruciais e fundamentais da nova ordem mundial. Tapscott (1997) captou, sistematizou e descreveu as 12 grandes tendências da chamada *nova economia*, e, segundo esse autor, o conhecimento é a primeira megatendência, bem como a chave para a realização de mudanças significativas, relevantes, duradouras e diferenciadoras em termos de competitividade de organizações e nações. O Quadro 1.5, a seguir, resume os 12 temas da nova economia e suas principais características.

Assim como outros estudiosos já mencionados, Shapiro e Varian (1999) salientam a importância de repensar e aplicar os princípios econômicos à Era da Internet e à economia da informação. Entre os vários aspectos abordados, os autores destacam questões como o alto custo para produzir a informação e o baixo custo para sua reprodução[8], a gestão da propriedade intelectual e as chamadas formas de "privatização" da informação e do conhecimento, além dos custos de aprisionamento[9], oportunidade[10], retenção e troca — imperativos no setor de informação —, e, finalmente, aspectos da economia da atenção, em relação à qual Davenport e Beck (2001) são também bastante enfáticos ao postularem que a compreensão e o gerenciamento do fator atenção são hoje os determinantes isolados mais importantes para o êxito nos negócios.

Dada a explosão informacional ocorrida principalmente a partir da década de 1990, tanto Shapiro e Varian (1999) quanto Davenport e Beck (2001) asseveram a máxima postulada pelo economista Herbert Simon: "a riqueza da informação cria a pobreza da atenção". De acordo com Davenport e Beck (2001, p. 14), o *New York Times* de domingo contém mais informações numa única edição que todo o material escrito de que dispunham os leitores do século XV. Lyman e Varian (2003), em estudo denominado "How much information? 2003", propuseram-se a estimar o número de novas informações criadas a cada ano. Concluíram que as novas informações criadas são distribuídas em quatro tipos de mídias de armazenagem — impressa, filme, magnética[11] e ótica[12] — e são vistas e/ou ouvidas em quatro tipos de fluxos de informação — telefone, rádio, TV e internet.

---

[8] Os custos marginais de reprodução de produtos e serviços de informação, após a primeira versão, tendem a zero.

[9] Ocorre quando o custo de mudar de uma marca ou tecnologia para outra é substancial.

[10] Montante que um recurso poderia render no melhor de seus usos alternativos; a alternativa que é preterida quando algo é produzido.

[11] Fita magnética ou disco magnético: disco rígido e disco flexível.

[12] CD e DVD.

Quadro 1.5 As 12 tendências da nova economia e suas características

Conhecimento — na economia baseada no conhecimento, a geração de valor não depende tanto do produto físico em si, mas do conteúdo de conhecimento que ele carrega, bem como da participação crescente da criatividade humana na geração de valor, e dos produtos e serviços intensivos em conhecimento.	*Convergência* — tendência à convergência de múltiplas tecnologias em um único aparelho ou sistema, como a integração de celular, máquina fotográfica, filmadora, computador pessoal e televisão interativa.
Digitalização — tendência à digitalização de todas as informações em outros suportes: mais qualidade, maior facilidade de recuperação, transmissão, disseminação seletiva e reprodução.	*Inovação* — necessidade precípua de inovações; redução do ciclo de vida de produtos; redução do *time to market* (diminuição do tempo de entrega e soluções ao mercado); "torne seu produto obsoleto antes que o seu concorrente o faça!".
Virtualização — tendência à existência no mundo virtual em detrimento do mundo real, físico: lojas virtuais, escritórios e bancos virtuais, escolas virtuais, e até mesmo empresas estrangeiras virtuais.	*Produconsumo* — inexistência de separação entre produção e consumo, que passam a ser concomitantes. Em comunidades virtuais na internet, o mesmo usuário que produz conteúdos consome conteúdos enviados por outros partícipes; participação do consumidor no processo criativo e produtivo; elo com a tendência de "molecularização".
Molecularização — contraste com a produção em massa; customização; personalização; micromarketing ou marketing individual.	*Imediatismo* — conceito de operação em tempo real, *on demand*, *just-in-time*. Atendimento instantâneo: usuário de sistemas de informação e de comunicações móveis não mais toleram a paralisação de seus sistemas ou a falta de informação em tempo real.
Integração — as tecnologias de informação e comunicação propiciam a integração de negócios em grandes redes de parceria; formação de *clusters*; estruturas em rede; eliminação de distâncias; instantaneidade; *presence awareness*.	*Globalização* — quebra de barreiras de tempo e espaço; o conceito de mercado é anacrônico; compras virtuais de produtos tangíveis e intangíveis produzidos em qualquer parte do planeta; países em desenvolvimento questionam o processo de globalização adotando posturas críticas.
Desintermediação — eliminação de intermediários, já observáveis em setores como aviação civil e hotelaria. Intermediário que não agrega valor à cadeia de negócios e geração de mais valor para o cliente será substituído por sistemas de informação.	*Discordância* — trabalhadores do conhecimento (*knowledge workers*) recebem ou têm acesso a um volume maior de informações. Questões de inclusão, inclusão digital, participação social e direitos humanos: postura menos passiva, mais crítica, mais inquisitiva e contestadora; movimentos sociais organizados e dirigidos pela sociedade civil organizada, por organizações não-governamentais (ONGs) e por organizações da sociedade civil de interesse público (OSCIP).

Fonte: Adaptado de TAPSCOTT, D. *The digital economy:* promise and peril in the age of networked intelligence. New York: McGraw-Hill, 1997.

Em estudo anterior, datado de 2000 e baseado em dados de 1999, esses mesmos autores concluíram que a produção mundial total anual, nos suportes impresso, filme, magnético e ótico, requereria aproximadamente 1,5 bilhão de gigabytes de armazenamento. Isso equivaleria a 250 megabytes[13] por pessoa (para cada homem, mulher ou criança) na face da Terra. Em concordância com as assertivas de Tapscott (1997), o referido estudo relata que 93% da informação produzida em 1999 estava em formato digital e revela ainda a ubiqüidade dos Estados Unidos, responsáveis por 35% da produção impressa, 40% da produção de imagens e um pouco mais de 50% de todo o conteúdo digital produzido no mundo a cada ano. Os resultados de 2003, obtidos a partir de dados coletados em 2002, revelam que a quantidade de novas informações armazenadas nas mencionadas mídias mais que dobrou nos últimos três anos, com uma taxa de crescimento anual em torno de 30%.

Tal mídia armazenada significou a produção de cinco exabytes[14] de novas informações em 2002, ao passo que o fluxo de informações por meio de canais eletrônicos continha quase 18 exabytes de novas informações. Por fim, a pesquisa de 2003 revela que a atual quantidade de informação armazenada produzida por pessoa[15] é de 800 megabytes. A explosão da produção informacional revela que o desafio organizacional contemporâneo é aprender a nadar em um oceano de informações, prospectando e coletando informações relevantes para a sobrevivência da empresa e para a compreensão de um ambiente de negócios cada vez mais dinâmico e mutável.

Contudo, é em Castells (2000) que se encontra uma conceituação oportuna, uma análise que delimita a mudança contemporânea de paradigma. Segundo esse autor, tal mudança pode ser vista como a transferência de uma tecnologia baseada principalmente em insumos baratos de energia para uma outra que se baseia predominantemente em insumos baratos de informação, derivados do avanço da tecnologia em microeletrônica e telecomunicações. Ao apontar para a economia informacional, esse autor assevera a importância do conhecimento e da informação ao destacá-los como as principais características dos novos sistemas econômicos avançados, transcendendo, inclusive, a importância econômica de outras eras. Para finalizar esta seção, apresen-

---

13 1 megabyte equivale a 1 milhão de bytes. Um CD-ROM tem capacidade de armazenagem de 500MB.

14 1 exabyte é o equivalente a 1 quintilhão de bytes; 5 exabytes correspondem ao total de todas as palavras faladas por todos os seres humanos (Lyman e Varian, 2003).

15 Estimativas sugerem que a população mundial atual gira em torno dos 6,3 bilhões de pessoas (dados do Population Reference Bureau).

tam-se os aspectos centrais e as principais características do paradigma da tecnologia da informação, de acordo com Castells (2000):

- A primeira característica do novo paradigma é que a informação é sua matéria-prima: "são tecnologias para agir sobre a informação". Deve-se ressaltar que, no caso das revoluções tecnológicas anteriores, a tônica era "informação para agir sobre a tecnologia".
- O segundo aspecto refere-se à penetrabilidade dos efeitos das novas tecnologias: uma vez que a informação é parte integral de toda atividade humana, todos os processos de existência individual e coletiva são diretamente moldados, ainda que não determinados, pelo novo meio tecnológico.
- A terceira característica relaciona-se à lógica das redes, bastante apropriada para a complexidade de interação e estruturação do não estruturado, mantendo, porém, sua flexibilidade.
- Como quarta característica, conforme mencionado anteriormente, o paradigma da tecnologia da informação é baseado na flexibilidade: não somente os processos são reversíveis, mas também organizações e instituições são passíveis de modificações e alterações pela reorganização de seus componentes. Em uma sociedade na qual imperam a mudança e a fluidez organizacional, a capacidade de reconfiguração destaca-se como um aspecto distintivo do novo paradigma tecnológico. É possível mudar ou inverter regras sem destruir a organização, uma vez que a base material da organização pode ser reprogramada e reaparelhada.
- A quinta característica revela-se pela crescente convergência de tecnologias específicas para sistemas altamente integrados.

Este capítulo e o texto de introdução buscaram elucidar os aspectos conjunturais e contextuais que evidenciam, ilustram e propiciam não apenas o surgimento, mas também a consolidação da magnitude e importância da informação e do conhecimento como os principais fatores de competitividade para organizações e nações. Isto posto, podemos avançar, nos próximos itens, para uma maior compreensão das organizações do conhecimento e para questões concernentes ao uso desses novos insumos econômicos nas empresas inseridas nesse novo paradigma tecnoeconômico.

1.3 Os princípios da organização do conhecimento

As organizações do conhecimento são, de acordo com Choo (2003), organizações que possuem informações e conhecimentos que as tornam capazes de percepção e discernimento. Já Garvin (1993) sugere que uma empresa baseada em conhecimento é uma organização de aprendizagem que o reconhece como um recurso estratégico. Além disso, ela cria conhecimento que pode ser processado internamente e utilizado externamente, aproveitando o potencial de seu capital intelectual, no qual o trabalhador do conhecimento é o componente crítico.

Os trabalhadores da organização do conhecimento são profissionais altamente qualificados e com alto grau de escolaridade e, entre suas habilidades reunidas em modelos ou portfólios de competências, destacam-se o desenvolvimento e a consolidação de boas habilidades organizacionais, boas habilidades em tecnologia da informação, além de capacidade analítica para a solução de problemas. As habilidades cognitivas e comportamentais desses trabalhadores contribuem para a formação e o fortalecimento de competências de conhecimento que, aliadas à criatividade e à inteligência, conferem à organização atributos distintivos únicos e específicos. A ação organizacional tem suas origens na prospecção do ambiente organizacional — interno e externo — em busca de informações relevantes para a compreensão dos negócios, clientes e demais atores ambientais. Tal informação pode reduzir ou aumentar a incerteza e, na hipótese da ocorrência desta, cabe à organização a tarefa de promover rodadas sucessivas de negociação e interpretação até que uma construção coletiva ou entendimento compartilhado seja alcançado. A informação retida pelo processo de construção de sentido vitorioso cristaliza-se na proposição ou melhoria de produtos e serviços, bem como na análise rigorosa, meticulosa e incessante dos processos organizacionais. Tal processo contribui para a melhoria dos processos decisórios e resulta no comprometimento organizacional com determinados cursos de ação.

Os benefícios da administração dos recursos e processos de informação para as organizações do conhecimento são enumerados por Choo (2003). Segundo esse autor, tais organizações:

- Tornam-se capazes de adaptação às mudanças do ambiente no momento adequado e de maneira eficaz, hábeis na oferta de respostas rápidas em ambientes dinâmicos, mutáveis e imprevisíveis.
- Empenham-se na aprendizagem constante e tal aprendizagem inclui não somente o "aprender a aprender", mas também o "aprender a desaprender" (desaprender pressupostos, normas e crenças que perderam validade).
- Mobilizam o conhecimento e a experiência de seus membros para gerar inovação e criatividade, e focalizam seu conhecimento em ações racionais e decisivas.

Choo propõe uma visão holística da organização do conhecimento representada na Figura 1.1:

Figura 1.1 A organização do conhecimento

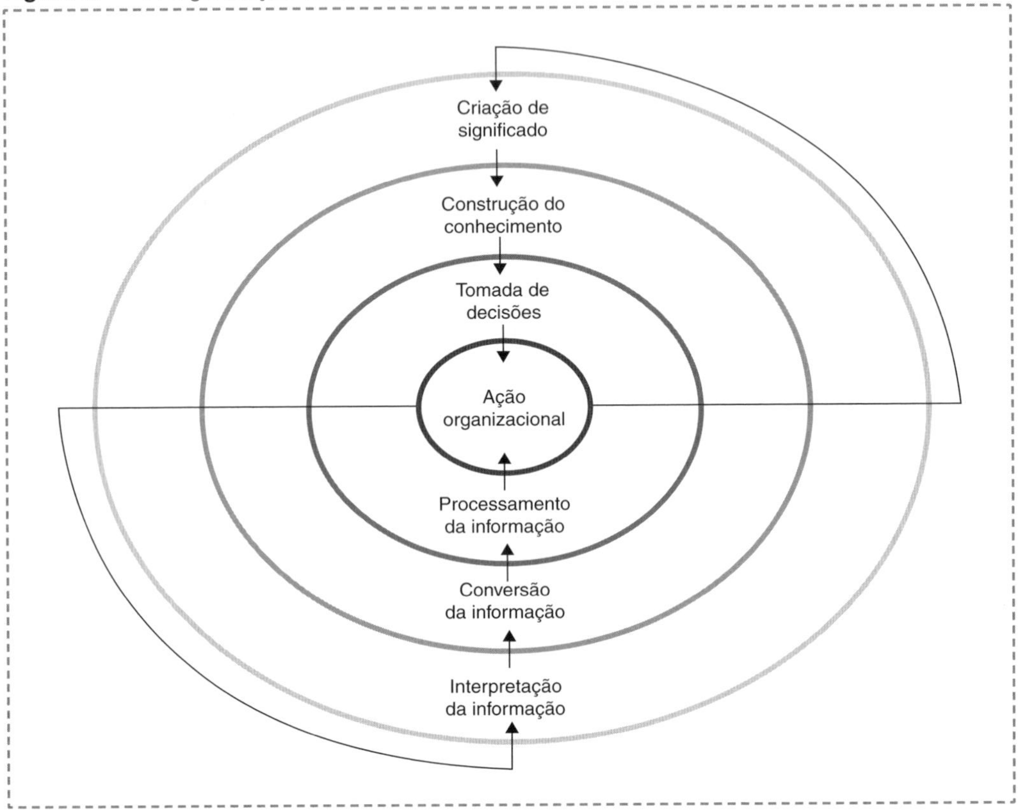

Fonte: CHOO, C. W. *A organização do conhecimento:* como as organizações usam a informação para criar significado, construir conhecimento e tomar decisões. São Paulo: Editora Senac, 2003. p. 31.

Sveiby (1998) tipifica as organizações do conhecimento com base em algumas características precípuas. A primeira delas é a que se refere à qualificação do corpo de colaboradores, responsáveis pela conversão da informação em conhecimento, os quais utilizam suas próprias competências, com ou sem auxílio de fornecedores de informação ou de conhecimento especializado. Uma segunda característica dessas organizações é o fato de que elas possuem poucos ativos tangíveis, ao passo que seus ativos intangíveis representam mais valor ou o verdadeiro valor. O Quadro 1.6 e a Figura 1.2 elucidam tal assertiva, e a classificação dos ativos intangíveis obedece a uma estrutura tripartite, constituída pela estrutura externa, estrutura interna e competência individual.

Quadro 1.6 Valor total de mercado de uma empresa: patrimônio visível e ativos intangíveis

Patrimônio visível (valor contábil) Ativos tangíveis menos a dívida visível	Ativos intangíveis (ágio sobre o preço das ações)		
	Estrutura externa — marcas, relações com clientes e fornecedores	*Estrutura interna* — a organização (gerência, estrutura legal, sistemas manuais, atitudes, P&D, *software*)	*Competência individual* — escolaridade, experiência

Fonte: SVEIBY, K. E. *A nova riqueza das organizações:* gerenciando e avaliando patrimônios do conhecimento. Rio de Janeiro: Campus, 1998. p. 14.

Figura 1.2 Valor total de mercado de uma empresa: patrimônio visível e ativos intangíveis

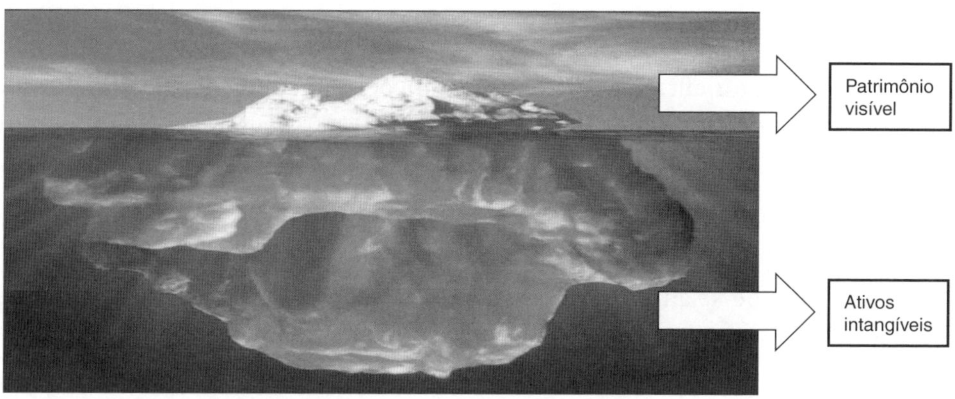

Fonte: Sociedade Brasileira de Gestão do Conhecimento (2003).

Tais organizações não são ilhas, mas redes de nós e conexões aparentemente sem limites que constituem redes de significações, conhecimentos e negócios. O conteúdo do trabalho também experimenta mudanças significativas, uma vez que informação e conhecimento são tanto a matéria-prima quanto o resultado do trabalho.

Os produtos da organização do conhecimento são intensivos em conhecimento e, via de regra, experimentam custos de desenvolvimento muito altos, além de custos de produção relativamente baixos, com custos marginais decrescentes. As mais recentes drogas da indústria farmacêutica possuem pouca matéria-prima e muito conhecimento implícito, resultado de processos de Planejamento e Desenvolvimento (P&D) intensivos, bem como de conhecimentos multidisciplinares combinados. A máquina a vapor, uma inovação radical à sua época, demandava muita matéria-prima, consumia horas de trabalho em sua construção e continha relativamente pouco conhecimento[16] quando comparado ao conteúdo de conhecimento implícito nos produtos modernos.

Pereira (2002) propõe bases conceituais de um modelo de gestão para organizações baseadas no conhecimento, e seu ponto de partida é uma proposta de arquitetura organizacional estruturada em quatro pilares:

- *estratégia* — foca o conhecimento como a competência essencial da organização;
- *estrutura* — busca a flexibilidade para a criação e disseminação do conhecimento;
- *tecnologia/processos* — incluem as seguintes funções da gestão do conhecimento: identificação, captura, seleção e validação, organização e armazenagem, compartilhamento, acesso e distribuição, aplicação e criação;
- *pessoas.*

Esse mesmo autor afirma ainda que tais funções são operacionalizadas por meio de práticas de gestão do conhecimento como aprendizagem organizacional, gestão do capital intelectual, inteligência empresarial etc., e que o modelo anteriormente mencionado inclui e integra tais conceitos em uma visão sistêmica da gestão do conhecimento. Esses e outros temas serão aprofundados ao longo do livro.

Por fim, percebe-se ainda a introdução de novas estratégias de atuação, o desenvolvimento e a adoção de novos desenhos organizacionais, novas ferramentas, instrumentos e metodologias operacionais. O Quadro 1.7 instila os princípios da organização do conhecimento *pari passu* à comparação com os princípios organizacionais do paradigma industrial.

Objetivou-se, nesta seção, elucidar e demonstrar que a nova organização do conhecimento necessita de um novo olhar e de um profundo repensar de seus processos de gestão, dado o avanço do paradigma industrial para o paradigma do conhecimento. Alguns temas e abordagens introduzidos neste capítulo são componentes essenciais desta pesquisa: inovação, aprendizagem, conhecimento, ativos intangíveis, redes pessoais e de relacionamento, entre outros. Após essas considerações, e partindo da premissa de que organizações do conhecimento são voltadas para a gestão do conhecimento, exploraremos esse tema na próxima seção, desde sua gênese até sua revelação.

---

16 A invenção do motor a vapor resultava na geração de força mecânica. Nos primeiros navios a vapor, o combustível ocupava uma área tão grande que sobrava pouco espaço para passageiros e carga.

Quadro 1.7 Os princípios da organização do conhecimento

Item	Visto pelo paradigma industrial	Visto pelo paradigma do conhecimento
Pessoas	Geradores de custos ou recursos	Geradores de receita
Base de poder dos gerentes	Nível relativo na hierarquia organizacional	Nível relativo de conhecimento
Luta de poder	Trabalhadores físicos *versus* capitalistas	Trabalhadores do conhecimento *versus* gerentes
Principal tarefa da gerência	Supervisão de subordinados	Apoio aos colegas
Informação	Instrumento de controle	Ferramenta para o recurso da comunicação
Produção	Trabalhadores físicos processando recursos físicos para criar recursos tangíveis	Trabalhadores do conhecimento convertendo conhecimento em estruturas intangíveis
Fluxo de informações	Via hierarquia organizacional	Via redes colegiadas
Forma básica de receita	Tangível (dinheiro)	Intangível (aprendizado, novas idéias, novos clientes, P&D)
Estrangulamentos na produção	Capital financeiro e habilidades humanas	Tempo e conhecimento
Manifestação da produção	Produtos tangíveis (*hardware*)	Estruturas intangíveis (conceitos e *software*)
Fluxo de produção	Regido pela máquina, seqüencial	Regido pelas idéias, caótico
Efeito de porte	Economia de escala no processo de produção	Economia de escopo nas redes
Relacionamento com o cliente	Unilateral pelos mercados	Interativo pelas redes pessoais
Conhecimento	Uma ferramenta ou um recurso entre outros	O foco empresarial
Finalidade de aprendizado	Aplicação de novas ferramentas	Criação de novos ativos
Valores do mercado acionário	Regidos pelos ativos tangíveis	Regidos pelos ativos intangíveis
Economia	De redução de lucros	De aumento e redução de lucros

Fonte: SVEIBY, 1998, p. 32.

1.4 Da Gestão da Informação à Gestão do Conhecimento — da gênese à revelação

Um dos pressupostos deste livro é que a gestão do conhecimento vai, de muitos modos, muito além da gestão de informações. Grande parte do que se convenciona chamar ou atribui-se o nome de gestão do conhecimento é na verdade gestão da informação (ALVARENGA NETO, 2002), mas a verdadeira gestão do conhecimento vai além por se preocupar com uma miríade de outros temas pertinentes às questões da informação e do conhecimento nas organizações, tais como:

- A criação e o uso do conhecimento.
- A gestão da inovação e da criatividade.
- O compartilhamento de informações.
- A aprendizagem organizacional e a preocupação com os registros e documentos que levam à criação e manutenção de repositórios de conhecimento e memória organizacional.
- A mensuração e consolidação do capital intelectual encontrado nos capitais humano, estrutural e do cliente.
- A criação de condições favoráveis que devem ser propiciadas pela organização — doravante denominado "contexto capacitante" ou "*ba*"[17] — e que englobam, entre outros, muitos aspectos: definições estratégicas quanto à política de informação; a visão do conhecimento que é bem-vindo e que será nutrido pela organização; a cultura organizacional e políticas de seleção e contratações de novos colaboradores; e a criação de locais ou espaços — reais ou virtuais — de encontro e troca de informações.

Um dos objetivos da gestão do conhecimento organizacional aqui compreendida também como *gestão para o conhecimento, capacitação para o conhecimento* ou *promoção do conhecimento* é favorecer ou criar condições para que a organização possa sempre utilizar a melhor informação e conhecimento disponíveis.

Um outro aspecto de capital importância é o reconhecimento de que o surgimento de organizações baseadas no conhecimento não tem se coadunado com propostas consistentes de gestão de tais organizações[18]. É fato que as organizações ampliaram seus conceitos de capital, antes restritos aos ativos tangíveis — físico e financeiros, para incluir também o capital intangível. Contudo, questionamentos insurgentes impingem questões atinentes às organizações do conhecimento, e tais questionamentos

---

[17] Segundo Von Krogh, Ichijo e Nonaka (2001), a eficácia da criação do conhecimento depende de um contexto capacitante, ou seja, de um espaço compartilhado que fomente novos relacionamentos. A idéia japonesa do *ba* (ou lugar) ou espaço do conhecimento pode ser física, virtual, mental, ou — mais provavelmente — todos os três.

[18] A gestão do conhecimento vem se consolidando como uma inovação organizacional.

conduzem a uma reavaliação de aspectos, como estrutura organizacional, estilos gerenciais e cultura, modelos de gestão, arquiteturas organizacionais e comportamento informacional, dentre uma profusão de outros. Outras inquirições voltam-se para estudos em organizações brasileiras — das quais se constatam poucas pesquisas qualitativas em profundidade —, suscitando uma infinidade de questões agrupadas em um envoltório de necessidades de informação e pesquisas com objetivos diversificados que buscam, por exemplo, além de respostas aos questionamentos anteriormente mencionados, entendimentos acerca do compartilhamento na cultura informacional brasileira e estudos de implementação de projetos e aferição de resultados, entre outros.

Esta seção será divida em três subseções, que logram compreender a gestão do conhecimento por meio de uma estratégia analítica tripartite: a gênese; os aspectos evolutivos; e a revelação e consolidação como inovação organizacional. Deve-se considerar que, nos tempos atuais, a informação e o conhecimento são os principais fatores de vantagens competitivas sustentáveis para nações e organizações.

Para iluminar o debate aqui proposto, partiremos do princípio de que a Gestão do Conhecimento (GC) tem suas origens na Gestão de Recursos Informacionais (GRI), ou seja, acredita-se que a GC é uma evolução da gerência de recursos informacionais. A partir dessa premissa, a primeira subseção apenas discorre e analisa a GRI em sua plenitude, discutindo conceitos, estratégias, filosofias, perspectivas e atributos multidisciplinares. De acordo com Barbosa e Paim (2003), a GRI[19], já no início da década de 1970, procurava projetar e implementar modelos de gestão com base na integração entre administração, ciência da computação e ciência da informação.

A segunda subseção aborda os aspectos evolutivos da GC, nos quais novas adesões, oriundas de outras áreas do conhecimento, são incorporadas. Com o passar dos anos e com a transição da Era Industrial para a Era da Informação, a GC constitui-se em uma evolução da GRI e passa a incorporar novas abordagens e ferramentas gerenciais, tais como a gestão do capital intelectual, a aprendizagem organizacional, as comunidades de prática e a inteligência competitiva, entre outras. Destaca-se, então, que a preocupação com a aprendizagem organizacional é um divisor de águas entre GRI e GC, uma vez que a literatura de GRI não torna tal assunto evidente ou explícito.

Outra faceta de análise procura demonstrar que o fenômeno e a preocupação com as questões da informação e do conhecimento no contexto organizacional não são recentes. Barbosa e Paim (2003) afirmam que o que tem mudado ao longo do tempo

---

[19] Cronin (1990) corrobora tal visão.

é a importância que se tem atribuído à informação e ao conhecimento nos planos social e econômico e, conseqüentemente, às suas manifestações organizacionais. Outra abordagem interessante revela que a GC assume diferentes perspectivas no contexto organizacional. Delong e Seeman (2000) acreditam que existem quatro diferentes perspectivas a respeito da GC analisadas nesse contexto: a perspectiva estratégica, na qual o conhecimento é visto como ativo intangível capaz de potencializar os objetivos estratégicos do negócio; a perspectiva tático-gerencial, que destaca os conteúdos de conhecimento e como estes devem ser aplicados em situações práticas; a perspectiva tecnológica, que considera a GC resultado do uso das tecnologias da informação e da comunicação; a perspectiva da gestão de mudanças[20], advogada pelos profissionais da área de recursos humanos, que prioriza inovações no contexto do trabalho, na estrutura e cultura organizacionais. Nesse mesmo sentido, Davenport e Cronin (2000) analisam três facetas da GC, explorando as tensões existentes na denominada tríade de GC: gestão da informação, tecnologia da informação e conversões entre conhecimentos organizacionais tácitos e explícitos.

A terceira e última subseção procura demonstrar a revelação da GC em toda a sua plenitude, força e vigor. Insistiremos, uma vez mais, que a simples discussão terminológica é ingênua e infrutífera: a discussão conceitual também deve procurar cercar os elementos constituintes de um conceito macro, complexo e multifacetado. Souza e Alvarenga Neto (2003) propõem a delimitação do escopo conceitual da gestão do conhecimento e comprovam a revelação, a consolidação e a perenidade do tema por meio de três estratégias distintas: garantias literárias, práticas organizacionais e o fenômeno social.

As garantias literárias revelam-se pela exuberância de publicações, no Brasil e no mundo, na forma de livros, artigos, teses e dissertações, entre outros. As práticas organizacionais são abordadas pelo trabalho de pesquisa de Alvarenga Neto (2002), que analisou um painel com 20 casos de gestão do conhecimento relatados na literatura. A análise do fenômeno sustenta-se pela convergência entre as duas estratégias anteriormente citadas, desnudando um fenômeno social revelador do interesse pelo tema em um sem fim de eventos — simpósios, fóruns, congressos, seminários —, listas de discussão, *sites* na internet e produtos e serviços, como *softwares* e consultorias.

Além disso, o breve relato de uma pesquisa realizada pelo Strategy Research Center (2004) — centro de pesquisas em estratégia da E-Consulting Corp — revela o

---

[20] Do termo original em inglês: *change management*.

panorama da GC no Brasil e corrobora a percepção da consolidação da GC também em terras brasileiras. Por fim, encerra-se esta subseção apresentando a janela da GC: abordagem de Choo (2002) inspirada na já conhecida janela de Johari. Tal abordagem pode ser aplicada para descrever o estado do conhecimento de uma organização a respeito do que ela sabe e é útil para iluminar o sobre as várias abordagens gerenciais e ferramentas incorporadas à GC, uma área metaforicamente denominada neste livro de "área guarda-chuva".

Examinaremos, a seguir, meticulosamente, o processo evolutivo GRI/GC.

1.4.1 A gênese — Gestão de Recursos Informacionais (GRI)

Bergeron (1996) sugere que há um reconhecimento crescente de que a informação, como qualquer outro recurso organizacional — financeiro, material e humano —, é um recurso que necessita ser gerenciado para ajudar as organizações a melhorar sua produtividade, competitividade e performance geral. Em razão da crescente importância do processo decisório, bem como da inovação, do gerenciamento de processos e da aquisição e distribuição da informação na sociedade pós-industrial, a Gestão de Recursos Informacionais (GRI) surge como uma estratégia aperfeiçoada para o gerenciamento eficaz da informação — e como uma resposta aos problemas informacionais das organizações: obter a informação correta na hora certa, na forma/meio correto e endereçá-la à pessoa certa.

Tais informações podem se relacionar a atividades organizacionais — presentes e/ou passadas — ou a fatores ambientais, e podem ser gravadas em qualquer tipo de mídia, dentro ou fora da organização. A qualidade das decisões tomadas em uma organização pode ser afetada pela disponibilidade — para os tomadores de decisões — de informações temporais, relevantes e qualitativamente suficientes para a resolução do(s) problema(s) proposto(s). Dessa maneira, as organizações devem estabelecer mecanismos necessários para a maximização da disponibilidade desse tipo de informações.

Barbosa e Paim (2003) sugerem que a GRI é um campo interdisciplinar de conhecimento e que, em seus primórdios, eram três seus campos constituintes, respectivamente:

- O campo da administração, incorporando noções de planejamento, organização, controle e orçamento.
- O campo da ciência da computação, incorporando aspectos de organização, distribuição e armazenamento da informação.
- O campo da ciência da informação, incorporando contribuições importantes sobre armazenamento, recuperação e utilização de documentos e dados.

A idéia de GRI como uma função integrada havia sido proposta inicialmente na década de 1960 por Robert S. Taylor. No final dos anos 1970 e durante os anos 1980, o conceito ficou mais visível na literatura em razão, em parte, da adoção nos Estados Unidos do PRA/1980 (Paperwork Reduction Act — Lei da Redução da Papelada —, de 1980). A adoção e implementação do PRA/1980 despertou um grande interesse nos estudantes e profissionais liberais de estudos de informação, sistemas de informação gerencial, gestão pública e demais grupos de interesse público e governamental. Bergeron (1996) sugere que o termo GRI é usado para descrever um fenômeno que alguns outros autores chamam de gestão da informação ou gestão estratégica da informação. Duas visões emergem da literatura: a perspectiva tecnológica e a integrativa.

Bergeron (1996) apresenta, ainda, essas duas abordagens, mas o foco do seu trabalho recai na perspectiva mantida pela comunidade de ciência da informação e biblioteconomia, a perspectiva integrativa: abordagem gerencial aplicada a organizações, não a indivíduos ou à sociedades em geral. A GRI é apresentada por vários autores como um termo ou a combinação de vários termos: um conceito, uma estratégia, uma filosofia, uma teoria ou uma função. Bergeron (1996) afirma que muitos estudiosos de várias disciplinas abordaram o tema, mas com pouco trabalho interdisciplinar. Afinal, qual a origem da GRI? Ela é uma subdisciplina da ciência da informação ou da biblioteconomia? As definições de GRI são apresentadas a partir da sobreposição de dois pontos de vista: a perspectiva da tecnologia da informação e a perspectiva integrativa.

A partir da perspectiva da tecnologia da informação, os autores examinam a GRI como uma expansão ou uma subdisciplina de sistemas de informação gerencial. É mister perceber que essa perspectiva enfatiza o aspecto técnico da GRI, no qual a informação é frequentemente igualada à tecnologia da informação ou simplesmente à tecnologia. O foco reside em informações baseadas em computadores e produzidas internamente como o único provedor da informação organizacional. As atividades previstas da GRI sob esse enforque são as seguintes:

- Planejamento de dados, de capacidade e de aplicação.
- Planejamento e desenvolvimento de sistemas de informação.
- Gerenciamento de projetos.
- Aquisição de *hardware* e *software*.
- Integração sistema-tecnologia e administração de dados.

Quanto maior e mais complexa uma organização, menor a probabilidade de encontrar a melhor informação e o melhor conhecimento. À medida que a economia industrial se expandia, a problemática do registro e da transmissão de quantidades cada vez maiores de informação ganha vulto e pertinência — e as organizações partem para buscas frenéticas por tecnologias para processamento e organização de informações. Feraud (2004) assevera que a maneira como as informações são gerenciadas depende da tecnologia disponível. Em seu artigo "Um século de gestão da informação", essa autora ilustra a problemática ao longo do século XX até os tempos atuais, analisando alguns aspectos pontuais:

- *Taylorismo de escritório* — gestores preocupados com maneiras de racionalizar o trabalho de escritório. Secretários implementavam sistemas rigorosamente organizados e cadenciados de gestão de informações e dispunham de máquinas de somar e dispositivos de classificação, ancestrais dos modernos sistemas de escritório.
- *Cartão perfurado* — utilizado pela primeira vez nos primórdios do século XIX em teares automatizados e nas máquinas de calcular construídas por Charles Babbage, pioneiro da computação. Herman Hollerith, que trabalhava no US Census Office, adotou a idéia e, em 1884, patenteou uma Census Machine. O governo norte-americano resolveu adotar a idéia de Hollerith para o censo de 1890 e o resultado obteve tempo recorde de apuração — seis semanas de contagem, em comparação com os sete anos que o censo de 1880 levou para ficar pronto, gerando uma economia de cinco milhões de dólares para o governo. Além disso, a facilidade de armazenagem propiciava outras análises e inferências com relativa facilidade. Hollerith, aproveitando o sucesso da empreitada, criou a Tabulating Machine Company para a fabricação do equipamento necessário para a leitura de cartões perfurados e, após sucessivas fusões, tal empresa tornou-se a International Business Machine Company, mundialmente conhecida como IBM.
- *Os primeiros computadores* — o *Electronic Numerical Integrator And Calculator* (ENIAC), construído entre 1943 e 1946, pesava 30 toneladas, tinha 70 mil resistores e 18 mil válvulas. As luzes da cidade de Filadélfia, nos Estados Unidos, piscavam quando o ENIAC era ligado. O UNIVAC, criado em 1951, é considerado o primeiro computador comercial.
- *A Era do mainframe* — a maioria dos *mainframes* utilizava cartões perfurados como mecanismo de entrada de dados e armazenava as informações em fitas magnéticas. Os terminais eram distribuídos em áreas separadas da empresa e o modelo organizacional era centralizado e hierárquico. Inicialmente, o foco

dessas aplicações era exclusivamente a automatização de procedimentos e processos[21] organizacionais já existentes (mais rápido e em volumes maiores). Feraud (2004) salienta dois aspectos importantes desses computadores: não projetavam, modelavam ou simulavam — eram basicamente calculadoras gigantes que engoliam dados e executavam cálculos de aritmética; e o pessoal do departamento de processamento de dados era um enclave de iniciados que preferiam apenas a comunicação entre si, ignorando as necessidades de informação das outras pessoas na organização. Laudon e Laudon (1999) afirmam que o nascimento da moderna internet aconteceu na Era do *Mainframe*, mais especificamente em 1969, com a criação da Arpanet — rede única criada em 1969 pela Advanced Research Projects Agency (ARPA) e o Departament of Defense (DOD), que objetivava a criação de um sistema de comunicações que pudesse sobreviver a um ataque nuclear e tinha a convicção de que uma rede descentralizada seria menos vulnerável que um sistema com um único centro nervoso. O sistema favorecia o compartilhamento de dados e criou o correio eletrônico (e-mail).

- *A Era distribuída* — com o surgimento dos microprocessadores em 1970, surgem computadores menores e, no início dos anos 1980, os terminais ligados a *mainframes* foram substituídos por computadores pessoais. Esses computadores e seus sistemas de informação suportavam aplicações maiores e mais complexas e tinham maior grau de confiabilidade. Os sistemas de tomada de decisões já ampliavam as funções computacionais, visto que modelavam, simulavam e construíam cenários. As aplicações não ficam mais restritas somente à área de contabilidade: elas são levadas também para as funções de vendas, marketing, recursos humanos, produção e logística.
- *A Era da ubiqüidade* — a evolução do processamento de dados — informática (informação automática) — tecnologia da informação consolida-se por meio da compreensão de que um conceito fundamental associado é o de sua disseminação. Algumas marcas registradas dessa era são os sofisticados sistemas de informação: sistemas de informação gerenciais, sistemas de informação executiva e sistemas de suporte à decisão, além da possibilidade de customização de aplicações e *softwares* e do advento da sociedade em rede, entre outros.

---

[21] Processos empresariais refletem as maneiras específicas pelas quais as organizações coordenam o trabalho, a informação e o conhecimento. Exemplos de processos empresariais são gerar e atender a um pedido de cliente, emitir notas fiscais e recibos de pagamento, e contratar um novo colaborador.

A limitação da perspectiva tecnológica consiste no fato de que ela é restrita às fontes de informação baseada em computadores, e também no fato de que ela lida, se não exclusivamente, com dados produzidos internamente. A informação interna é fundamental em todos os níveis — estratégico, tático ou operacional —, mas não é o suficiente. É necessário o escaneamento ambiental sistemático para dar suporte ao processo decisório. Há indícios de que, pelo menos teórica e conceitualmente, a perspectiva tecnológica esteja caminhando para a perspectiva integrativa.

A perspectiva integrativa vê a GRI como um caminho convergente para problemas informacionais, e essa visão é encontrada principalmente no campo de estudos da informação. Trata-se de uma função e de uma aproximação gerencial que procura integrar e harmonizar as fontes, os serviços e os sistemas de informações corporativos, bem como criar uma sinergia entre fontes internas e externas de informação organizacional. Essa perspectiva é ainda duplamente importante porque coloca a GRI no contexto do processamento de informações organizacionais e no contexto das necessidades de informação.

Segundo Taylor (1986), o objetivo da GRI é estabelecer os mecanismos necessários para que uma organização possa criar ou adquirir, processar e armazenar dados e informações que sejam adequados, oportunos e precisos para embasar, a custos mínimos, os objetivos organizacionais. Nessa perspectiva, a GRI é uma arquitetura integrativa baseada no usuário da informação, nos níveis disciplinares, metodológicos, funcionais e tecnológicos. Sua preocupação concentra-se nos fluxos e ações formais de informação na organização, a partir de informações internas e externas e em sistemas de informação baseados ou não em computadores. A GRI pode ser vista também como um elo entre os recursos informacionais da organização e o planejamento estratégico, na medida da utilização dos recursos citados *vis-à-vis* ao desenvolvimento e à execução da estratégia empresarial. Bergeron (1996) observa anteriormente que o que une a comunidade informacional são os tipos e os problemas informacionais identificados, não a similitude das tecnologias utilizadas. Desse modo, as crenças da perspectiva integrativa são as seguintes:

- Reconhecimento da informação como recurso.
- GRI é um caminho para a gestão integrativa.
- É necessário gerenciar o ciclo de vida da informação, definindo questões como tabelas de temporalidade, políticas de descarte de informações e documentos, e gestão integrada de recursos informacionais.
- A informação deve apoiar os objetivos organizacionais e estar intimamente ligada ao planejamento estratégico.
- É necessário um "agente vinculador", que atuará como intermediário de valor entre necessidades e fontes de informação.

Bergeron (1996) destaca que alguns autores distinguem recursos informacionais — equipamentos, serviços e pessoas — de ativos informacionais — o conteúdo da informação. Mesmo que esta seja considerada um recurso, algumas de suas características a tornam complexa e difícil de medir, custear e avaliar nas mesmas bases de outros recursos. Quando nos referimos às questões de mensuração, a relação entrada/saída é de difícil previsão: como atribuir à informação incremental sua parcela de ajuda na resolução de problemas organizacionais? Segundo Hayes e Erickson (1982), seis fatores principais influenciam o valor percebido da informação:

- Custo evidente — compras, equipamentos e pessoal.
- Retorno incerto — a informação só tem valor quando é utilizada e a organização deve decidir se os benefícios trazidos pela informação compensam os custos envolvidos para providenciá-la.
- Retorno de curto prazo *vis-à-vis* retorno de longo prazo.
- Não diretamente produtivo — ausência de ligação entre informação e *core-business.*
- Informação vista como despesas gerais.
- Uso diferencial — poucas pessoas diretamente usam ou têm contato pessoal com funções de informação.

Taylor (1986) argumenta que o valor de recursos de informação deve ser julgado a partir da perspectiva do usuário. Cronin e Davenport (1991) corroboram tal visão ao sugerir que a GRI deveria enfatizar o aspecto subjetivo do valor da informação. Feldman e March (1981) sugerem que as organizações fornecem subsídios para que seus colaboradores subestimem o custo da informação em relação aos seus benefícios. Eles afirmam que a informação é usada como símbolo ou sinal, nutrindo a atitude de quanto mais informação melhor.

A conclusão é a assertiva de que existe uma tendência em direção à abordagem integrativa da GRI em termos de processos de valor agregado. Para tanto, é pertinente observar questões de importância capital, como a cultura organizacional, seu sistema de valores e o estabelecimento de um elo com a gestão estratégica organizacional, na qual a GRI deve apoiar e fortalecer os objetivos corporativos, além de fornecer opções estratégicas. Após a análise dos conceitos da GRI, exploraremos o processo evolutivo em direção à gestão do conhecimento.

1.4.2 A evolução — da Gestão de Recursos Informacionais (GRI) à Gestão do Conhecimento (GC)

Os aspectos evolutivos da GRI para a consolidação do que hoje se conhece como GC merecem ser analisados por meio das várias contribuições de outros campos de conhecimento, incluindo-se aí, também, as abordagens e as ferramentas gerenciais que foram incorporadas com o passar do tempo. Em outras palavras, a gestão do conhecimento tem suas origens na GRI e esta, integrada a outras contribuições de diversas áreas e campos de conhecimento, constitui os fundamentos ou pilares nos quais se estrutura o que hoje se denomina gestão do conhecimento. A Figura 1.3 elucida os relacionamentos entre as diversas abordagens que constituem as bases conceituais da gestão do conhecimento.

Figura 1.3 Bases conceituais da gestão do conhecimento

Fonte: BARBOSA, R. R.; PAIM, I. Da GRI à gestão do conhecimento. In: PAIM, I. (Org.) *A gestão da informação e do conhecimento*. Belo Horizonte: Escola de Ciência da Informação da UFMG, 2003. p.16.

Barbosa e Paim (2003) acreditam que a gestão do conhecimento deva seu nome, em grande parte, à produção acadêmica e técnica da ciência da computação, em especial à inteligência artificial. Segundo esses autores, no bojo do desenvolvimento microeletrônica-computador-inteligência artificial, foram criados inúmeros sistemas capazes de estruturar informações de maneira a salientar e explorar os relacionamentos entre conjuntos de dados.

É mister afirmar que a preocupação com aspectos relativos à informação e ao conhecimento não constitui novidade no campo da administração. Tal afirmação deriva-se de análise das teorias administrativas/organizacionais (Quadro 1.8) e de disciplinas de mercadologia, planejamento estratégico, produção e logística. Fato é que essa preocupação se deu, na maior parte das vezes, com as questões do uso da informação — pouca atenção foi conferida às questões de coleta, tratamento, organização e disseminação.

Quadro 1.8 As três eras da administração no século XX

Era Clássica 1900-1950	• início da industrialização; • estabilidade; • pouca mudança; • previsibilidade; • regularidade e certeza.	• administração científica; • teoria clássica; • relações humanas; • teoria da burocracia.
Era Neoclássica 1950-1990	• desenvolvimento industrial; • aumento da mudança; • fim da previsibilidade; • necessidade de inovação.	• teoria neoclássica; • teoria estruturalista; • teoria comportamental; • teoria de sistemas; • teoria da contingência.
Era da Informação Após 1990	• tecnologia da informação (TI); • globalização; • ênfase nos serviços; • aceleração da mudança; • imprevisibilidade; • instabilidade e incerteza.	Ênfase na: • produtividade; • qualidade; • competitividade; • cliente; • globalização.

Fonte: CHIAVENATO, I. *Introdução à teoria geral da administração.* Rio de Janeiro: Campus, 2000. p. 430.

Na teoria organizacional, destacam-se algumas contribuições que versam sobre os temas, e a percepção do ambiente como fonte de informação emerge ainda na era neoclássica, envolvendo questões de análise e interpretação do ambiente organizacional. Aliás, a temática que envolve a análise ambiental é talvez a mais comum em uma profusão de publicações dentro das chamadas ciências administrativas e econômicas. Contudo, apesar da miríade de publicações sobre o tema, a análise ambiental permanece obscura para grande parte das organizações e seus executivos.

Em vista disso, a teoria da contingência das ciências administrativas delimita o que se conhece como a mais recente das pesquisas administrativas, e advoga que as características presentes nas organizações são decorrentes de fora dela, ou seja, de seus ambientes. Outra prerrogativa importante preconizada pelos autores da chamada teoria contingencial, como Chandler (1976), Lawrence e Lorsch (1973), Woodward

(1958), Burns e Stalker (1961), em seus respectivos trabalhos, é a de que a teoria até então disponível era insuficiente para explicar os mecanismos de ajustamento das organizações aos seus ambientes de maneira proativa e dinâmica.

A partir dessa premissa, passou-se a estudar as interações e a interdependência entre as organizações e seus ambientes — e a tecnologia assume papel de destaque na teoria administrativa. É nesse momento que surge o termo "imperativo tecnológico" em relação à estrutura organizacional e o entendimento de que as contingências externas oferecem oportunidades e imperativos e/ou restrições e ameaças que influenciam tanto as estruturas organizacionais quanto seus processos internos. As pesquisas de Burns e Stalker (1961) conduzem à conclusão de que o imperativo ambiental é condicionador da organização, ou seja, é o ambiente que determina a estrutura e o funcionamento das organizações. Esses autores pesquisaram 20 indústrias britânicas com o intuito de verificar a relação entre as práticas administrativas e o ambiente externo dessas mesmas indústrias. Tais organizações foram classificadas em dois tipos: "mecanísticas" — burocráticas, hierarquizadas, centralizadoras, com fluxos verticais de comunicação interna, e "orgânicas" — estruturadas em redes, horizontalizadas, flexíveis, mutáveis, adaptativas, com autoridade baseada no conhecimento e com fluxos de comunicação horizontais.

A conclusão da pesquisa, em linhas gerais, é que a forma mecanística de organização é apropriada para condições ambientais estáveis, ao passo que a forma orgânica é adequada para condições ambientais de mudança e inovação. Toffler (1972) reafirma essas conclusões ao salientar que a nova sociedade do futuro será bastante dinâmica, flexível, e também mutável. As organizações voltam suas atenções para questões concernentes à informação e ao conhecimento, visto que operavam, até pouco tempo, em ambientes simples e estáveis — e, nos dias atuais, se deparam com ambientes cada vez mais complexos, dinâmicos e voláteis. Percebe-se, hoje, o surgimento e a consolidação de grandes mercados de informação e conhecimento. A releitura da teoria contingencial para este trabalho possibilitou o reencontro dos primórdios de termos como "forças-tarefa", "equipes multidisciplinares", "flexibilidade", "inovação" e *empowerment*, expressões também muito usadas na atual literatura da ciência da informação, principalmente em tópicos como gestão estratégica da informação e gestão do conhecimento.

Na área de administração mercadológica, Kotler e Armstrong (1998), Semenik e Bamossy (1996) e Czinkota et al. (2001) afirmam, há muito tempo, que os profissionais de marketing usam informações geradas a partir de três fontes: registros internos da empresa — coletados dentro da empresa para avaliar o desempenho de marketing e identificar seus problemas e oportunidades, podendo vir da contabilidade, do financeiro, da produção, da força de vendas, do marketing, do *call center*, entre outros; sistemas de informação e inteligência de marketing — compostos de informações diárias sobre o desenvolvimento do ambiente de marketing; e pesquisa de marketing — definida como o instrumento que liga o consumidor, o cliente e o público ao profissional da área por meio de informações utilizadas para identificar e definir as oportunidades e os problemas de marketing, bem como gerar, refinar e avaliar suas atividades, monitorar seu desempenho e aumentar a compreensão do seu próprio processo. Atribui-se a Kotler e Armstrong (1998) contribuições informacionais importantes na área de mercadologia, como o conceito de disseminação seletiva da informação e o entendimento do propósito fundamental de um sistema de informações de marketing: reunir, selecionar, avaliar e distribuir informações necessárias, atuais e precisas para que os profissionais tomem suas decisões.

A abordagem ou o gerenciamento da qualidade total tem como uma de suas estratégias a implementação dos Círculos de Controle da Qualidade (CCQ). Nesses círculos, os colaboradores de uma organização se reúnem, após o fim do expediente, voluntariamente e sem qualquer tipo de remuneração, com o intuito de compartilhar informações, experiências e conhecimentos para a solução colaborativa de problemas. Percebe-se, nesses círculos, a origem do que hoje se conhece como comunidades de prática, que podem ser reais e/ou virtuais — e que serão discutidas mais à frente. Outras preocupações revelavam-se pela introdução de conceitos como os de autonomia e delegação de poderes, além da obsessão pela otimização do ciclo de produção e pela disseminação de informações.

Por fim, outra abordagem estratégica em relação à informação e ao conhecimento está na teoria neoclássica da administração, mais especificamente na denominada Administração por Objetivos (APO), proposta por Peter Drucker, em 1954, com a publicação de livro homônimo. A análise do autor inaugura as discussões sobre planejamento estratégico e o ambiente organizacional é fonte de informações que permitem análise, reflexão, crítica e propostas acerca dos pontos fortes e fracos, ameaças e oportunidades[22] que confrontam a organização e que são fatores necessários e críticos para que esta alcance seus objetivos.

---

[22] Análise SWOT (termo em inglês) ou análise FOFA — análise do ambiente interno da organização (pontos fracos e fortes) e análise do ambiente externo da organização (identificação de oportunidades e, ameaças).

As questões relativas à aprendizagem organizacional eram inicialmente abordadas, em caráter implícito e velado, na literatura sobre inovação tecnológica. Nesse contexto, a aprendizagem organizacional era resultado do desenvolvimento e introdução de novos produtos, serviços e/ou processos. Tal abordagem ganha força e evidência a partir de trabalhos clássicos como os de Senge (1990) e Nonaka e Takeuchi (1997). A questão do capital intelectual se amplia para incluir também a temática da identificação, manutenção e mensuração dos ativos intangíveis das organizações, encontrada nas pessoas, patentes, marcas, propriedade intelectual, entre outros. Uma cronologia dessas novas abordagens na administração, que inclui também a crescente preocupação de caráter teórico e prático com as questões da informação e do conhecimento, é a que se apresenta no Quadro 1.9.

Quadro 1.9 Cronologia das novas abordagens da administração e da gestão da informação e do conhecimento

Ano	Autores	Livros
1951	J. M. Juran	*Quality control handbook*
1967	Francis Joseph Aguilar	*Scanning the business environment*
1978	C. Argyris e D. Schön	*Organizational learning*
1980	Michael Porter	*Competitive advantage*
1982	T. J. Peter e R. M. Waterman	*Search of excelence*
1983	Rosabeth Moss Kanter J. Edward Deming	*The change master* *Out of the crisis*
1985	J. M. Juran	*Juran on planning for quality*
1986	Karl E. Sveiby David Teece	*The know how company* *Profiting from technological innovation*
1989	Karl E. Sveiby Charles Handy	*The invisible balance sheet* *The age of unreason*
1990	Peter Senge Kenichi Ohmal	*The fifth discipline* *The borderless world*
1991	Thomas Stewart Charles Handy	*Brain power* *The age of paradox*
1993	W. J. Hudson M. Hammer e J. Champy J. McGee e Laurence Prusak	*Intellectual capital: how to build it, enhance it, use it* *Reengineering corporation* *Managing information strategically*
1994	Thomas Stewart Peter Senge Henry Mintzberg G. Hamel e C. K. Prahalad J. Collins e J. Porras David Nadler	*Intellectual capital* *The fifth discipline fieldbook* *The rise and fall of strategic planning* *Competing for the future* *Built to last* *Organization designs*

continua

continuação

1995	Dorothy Leonard-Barton Ikujiro Nonaka e Hirotaka Takeuchi	*Wellsprings of knowledge:* building and sustaining the sources of innovation *The knowledge-creating company*
1996	A. Brooking Leif Edvinsson e M. Malone Art Kleiner	*Intellectual capital:* core asset for the third millenium *Intellectual capital:* realizing your company true value by finding its hidden brainpower *Synchronicity*
1997	Thomas Stewart Karl E. Sveiby Aries de Geus Thomas Koulopoulos, Richard Spinello e Tom Wayne Thomas H. Davenport Kaplan e Norton	*Intellectual capital:* the new organizational wealth *The new organizational wealth:* managing and measuring knowledge-based assets *The living company* *Corporate instinct:* building a knowing enterprise for the 21st century *Information ecology* *A estratégia em ação:* balanced scorecard
1998	Patrick Sullivan Thomas H. Davenport e Lawrence Prusak David A. Klein Chun Wei Choo	*Profiting from intellectual capital:* extracting value from innovation *Working knowledge:* how organizations manage what they know *The strategic management of intellectual capital* *The knowing organization:* how organizations use information for construct meaning, create *knowledge and make decisions*
1999	Peter Senge et al. Don Tapscott W. Bukowitz e R. Williams	*The dance of change:* the challenges of sustaining momentum in learning organizations *Creating value in the economy network* *The knowledge management fieldbook*
2000	Donald A. Marchand e Thomas H. Davenport G. von Krogh, K. Ichijo e I. Nonaka Peter Senge et al. Jerry P. Miller Jayme Teixeira Filho	*Mastering information management* *Enabling knowledge creation* *Schools that learn* *Millenium intelligence:* understanding and conducting competitive intelligence in the digital age *Gerenciando conhecimento*
2001	Thomas Stewart Thomas Davenport e John C. Beck John E. Prescott e S. H. Miller Fleury e Oliveira Jr. J. C. C. Terra Kira Tarapanoff	*The wealth of knowledge* *The attention economy* *Proven strategies in competitive intelligence* *Gestão estratégica do conhecimento:* integrando aprendizagem, conhecimento e competências *Gestão do conhecimento:* o grande desafio empresarial *Inteligência organizacional e competitiva*
2002	Chun Wei Choo	*Information management for the intelligent organization:* the art of scanning the environment
2003	Isis Paim et al. J. C. C. Terra J. C. C. Terra	*A gestão da informação e do conhecimento* *Gestão do conhecimento e e-learning na prática* *Gestão do conhecimento em pequenas e médias empresas*

Fonte: Elaborado pelo autor e adaptado de Chiavenato (2000).

Por fim, do campo da ciência da informação emanam contribuições genuínas e relevantes sobre *as propriedades e o comportamento da informação, as forças que dirigem o fluxo e o uso da informação, e as técnicas, tanto manuais quanto mecânicas, de processar a informação visando a sua armazenagem, recuperação e disseminação* (BORKO, 1968, p. 3). Da miríade de contribuições da ciência da informação destacam-se ainda o estudo de usos e usuários da informação; fontes de informação e bases de dados; serviços e produtos de informação; e organização e tratamento da informação, que incluem temáticas que versam sobre indexação, recuperação, taxonomias, vocabulários controlados, ontologias, tesauros e esquemas classificatórios, representação do conhecimento, entre muitos outros.

Conclui-se que a gestão do conhecimento consolidou-se como uma grande área, metaforicamente denominada "área guarda-chuva", que incorpora várias abordagens gerenciais, observadas as interfaces, comunicações, relacionamentos e imbricações: a gestão e a ciência da informação [Davenport e Cronin (2000), Davenport (1998a), Bergeron (1996), Borko (1968), Saracevic (1992), Gordon (1997), McGee e Prusak (1995), entre outros] — aspectos relativos à coleta, tratamento, organização, indexação, recuperação, disseminação e aspectos intrinsecamente ligados às questões técnicas: tesauros, taxonomias, ontologias, vocabulários controlados, descritores, mapas conceituais, entre outros; gestão de recursos humanos, gestão de competências e gestão dos talentos humanos [Stewart (1998), Senge (1990), Garvin (1993), Fleury e Oliveira Jr. (2001), Duguid e Brown (2000, 2001), Wenger e Snyder (2001), Argyris e Schön (1978), Nevis, Dibella e Gould (1998), entre outros] — capital intelectual, capital humano, aprendizagem organizacional; a contabilidade e a área financeira [Stewart (1998), Edvinsson e Malone (1998), Bontis, Dragonneti, Jacobsen e Roos (1999), Sveiby (1998), entre outros] — métricas e mensuração de ativos intangíveis, contabilização do valor do capital intelectual, reconhecimento do capital estrutural; a inteligência empresarial e competitiva [Choo (2002), Aguilar (1967), Choo e Auster (1993), Daft e Weick (1984), Miller (2002), Cronin e Davenport (2002), entre outros] — ambiente organizacional como fonte de informações, inteligência do concorrente, competitividade empresarial, social e gerenciamento de questões estratégicas; e a criação de conhecimento e gestão da inovação [Leonard-Barton (1998), Nonaka e Takeuchi (1997), Davenport e Prusak (1998), Von Krogh, Ichijo e Nonaka (2001)].

A gestão do conhecimento, além da gestão da informação, envolve também questões de criação, compartilhamento e uso/aplicação (MARCHAND; DAVENPORT, 2004). A criação de um contexto favorável pela organização é condição *sine qua non* para as atividades de gestão do conhecimento — e é a partir dessa constatação que se reafirma que a palavra gestão, quando da sua associação com a palavra conhecimento, deve ser compreendida como promoção, não como controle. As empresas vitoriosas em seus projetos de gestão do conhecimento compreendem a necessidade de trabalhar não só a gestão da informação, mas também e principalmente a gestão das pessoas e dos talentos humanos, entre alguns outros aspectos.

Tais afirmações inconcussas revelam-se também e principalmente em recente publicação de autores considerados *mainstream* das áreas de biblioteconomia e ciência da informação, como Davenport e Cronin (2000). Esses autores sugerem que, embora muita atenção acadêmica e profissional tenha sido devotada à GC na última década, o conceito ainda não é estável: o termo aparenta ser usado de maneiras diferentes em vários domínios, e cada domínio clama para si que a compreensão parcial da temática represente a articulação definitiva do conceito. Trata-se de uma deriva semântica ou de uma mudança conceitual? (DAVENPORT; CRONIN, 2000).

Esses autores propuseram a explorararação do conceito de gestão do conhecimento no contexto de três domínios interessados na área: biblioteconomia e ciência da informação; engenharia de processos; e teoria organizacional. O objetivo da proposta intitulada "tríade da gestão do conhecimento" é a proposição de uma ferramenta ou instrumento de análise que sirva para explorar as tensões que possam surgir em quaisquer organizações comprometidas com a gestão do conhecimento, na qual diferentes domínios possuam diferentes compreensões. O modelo aqui denominado "tríade da GC" pode ser utilizado para identificar conflitos ou embates territoriais e contribuir para um entendimento coletivo entre os atores do espaço da GC nas organizações.

No primeiro domínio — biblioteconomia e ciência da informação (denominado GC-1) —, a gestão do conhecimento é predominantemente vista como gestão da informação/gestão de publicações internas e externas, um simples caso de "novo vinho em velhas garrafas". A tendência percebida à complacência com os conceitos da gestão do conhecimento pode ser atribuída a um grande número de fatores: a fusão de "gestão do conhecimento" com "a organização do conhecimento", rótulo tradicional para a codificação e classificação de material registrado (conteúdo) embutido em artefatos, estruturas, sistemas e repositórios, algo reificado já acumulado e utilizado; a percepção de que os trabalhadores do conhecimento necessitam de intermediários para dar suporte ao seu trabalho por meio da gestão ou organização do conteúdo apropriado. Tal posição é, de acordo com esses autores, articulada em uma gama de publicações que combinam miopia com defesa de território, e a conclusão final é que a gestão da informação é parte do ambiente da GC — é somente uma parte e apenas verdadeiramente efetiva quando aplicada com uma compreensão holística da GC.

No segundo domínio — engenharia de processos (denominado GC-2) —, a gestão do conhecimento é vista como a gestão do *know-how* e freqüentemente igualada à tecnologia da informação, detentora de papel fundamental. Tal perspectiva enfatiza processos e atividades, com forte ênfase nas representações (ontologias) de atividades e capacidades. Os autores argumentam que a aderência à engenharia de processos, com forte orientação a sistemas, seja ela engenharia de processos de negócios, seja engenharia de processos de conhecimento, é míope. Embora capaz de gerar inovações, a abordagem não faz jus à aplicação das habilidades, talentos, competências, pensamentos, idéias, intuições, comprometimentos, motivações e imaginações das pessoas, ou seja, o domínio do conhecimento tácito.

Em um nível conceitual, a modelagem de processos objetiva identificar e criar elos por meio das divisões organizacionais — a representação e o mapeamento são componentes-chave. A premissa básica é a de que *insights* úteis podem ser acumulados e que a inovação é promovida por meio do uso de uma variedade de técnicas sofisticadas, como a garimpagem de dados (*data mining*) e os manuais de processos (*process handbooks*), entre outros. O foco principal concentra-se na avaliação de ativos, tornando visíveis valores latentes ou escondidos. Em sua forma mais reducionista, a GC-2 é contraproducente, porque restringe o escopo da inovação em uma organização ao que é formalmente codificado como processo. Uma tentativa de reendereçar tal problemática está embutida na abordagem da engenharia de processos de conhecimento, que procura equilibrar recursos codificados e não codificados. Tal abordagem reconhece que valiosos *insights* e elos por intermédio de processos e recursos são feitos por humanos, capazes de contextualizar e de avaliar de maneira eficaz o potencial de novas relações.

No terceiro domínio — teoria organizacional (denominado GC-3) —, a gestão do conhecimento denota uma mudança conceitual maior, do conhecimento como recurso para o conhecimento como capacidade: uma prontidão para responder que permite que a organização coevolua eficazmente em um dado ambiente. A questão colocada é que GC-1 e GC-2 preocupam-se com o conhecimento codificado — parte do capital estrutural de uma organização: ambas são incompletas, visto que o conhecimento não codificado ou tácito foi alijado da concepção. Há uma crescente aceitação de que a chave para a gestão do conhecimento é a interação entre o conhecimento tácito e o explícito. Na perspectiva GC-3, o que é gerenciado não é um recurso, mas o contexto em que tal prontidão é manifestada, e esse contexto é visto como um espaço de interação entre os conhecimentos tácitos e explícitos de todos os membros de uma organização.

Davenport e Cronin (2000) sugerem que a GC-3 é um conceito-chave para os gestores do conhecimento — e um conceito que os profissionais de biblioteconomia e ciência da informação devem encarar com seriedade. A compreensão de conceitos relativos ao "espaço do conhecimento" ou "contexto capacitante" [Davenport (1998), Von Krogh, Ichijo e Nonaka (2001)] possibilita a captura de várias características importantes da GC-3: a natureza dinâmica do contexto, a coevolução organizações-ambientes e o desenvolvimento conjunto do conhecimento tácito e explícito em comunidades de prática.

Por fim, Fahey e Prusak (1998) enumeram os 11 pecados capitais da gestão do conhecimento e, concomitantemente, Davenport e Cronin (2000) afirmam que somente a GC-3 não incorre em nenhum dos pecados apontados. O Quadro 1.10 enumera os pecados capitais e sua relação com a tríade da gestão do conhecimento:

Quadro 1.10 Os 11 pecados capitais da gestão do conhecimento e as relações com a tríade da GC

Os 11 pecados capitais da GC	Pecados cometidos pelas abordagens da tríade da GC		
	GC-1	GC-2	GC-3
1. Nenhuma definição organizacional de conhecimento.	x		
2. Ênfase no estoque do conhecimento em detrimento da ênfase no fluxo do conhecimento.	x		
3. Reconhecer o conhecimento como predominantemente fora das cabeças das pessoas.	x	x	
4. Fracassar em perceber que gerenciar conhecimento também deve incluir a criação de contextos para o compartilhamento.	x	x	
5. Desconsiderar o papel e a importância do conhecimento tácito.	x	x	
6. Separar ou desmembrar o conhecimento de seus usuários.	x		
7. Diminuir ou desconsiderar a importância relativa do pensamento e da argumentação.			
8. Priorizar ou focar o passado e o presente, não o futuro.	x		
9. Fracassar em reconhecer a importância da experimentação.	x	x	
10. Substituir o contato humano pelo contato tecnológico.	x	x	
11. Buscar desenvolver medidas diretas do conhecimento.	x	x	

Fonte: Adaptado de FAHEY, L.; PRUSAK, L. The eleven deadliest sins of knowledge management. *California Management Review*, v. 40, n. 3, p. 265-276, 1998 e DAVENPORT, E.; CRONIN, B. Knowledge management: semantic drift or conceptual shift? *Journal of Education for Library and Information Science*, v. 41, n. 4, p. 294-306, 2000.

A novidade da proposta de Davenport e Cronin (2000) é a contribuição para a compreensão da natureza mutável do complexo ambiente baseado no conhecimento no qual vivemos e trabalhamos. Outras contribuições fundamentais para os objetivos deste livro são:

- O reconhecimento da necessidade de um marco teórico conceitual para a GC.
- A compreensão de que a gestão da informação e a tecnologia da informação são elementos constituintes de um conceito maior denominado gestão do conhecimento.
- Em termos evolucionários, a mudança parte da gestão da informação[23] (GC-1), passa pela informatização (GC-2) e aporta nas "etologias" informacionais[24] (GC-3).

Para o encerramento desta parte recorreremos, uma vez mais, a Davenport (1998b), que enumera dez princípios para a gestão do conhecimento, conforme demonstra o Quadro 1.11, a seguir.

Quadro 1.11 Dez princípios para a gestão do conhecimento

1) Gestão do conhecimento custa caro (mas a ignorância também custa!).
2) Gestão do conhecimento efetiva requer soluções que combinem pessoas e tecnologia.
3) Gestão do conhecimento é altamente política.
4) Gestão do conhecimento requer gestores do conhecimento.
5) Gestão do conhecimento se beneficia mais de mapas que de modelos, mais de mercados que de hierarquias.
6) O compartilhamento e uso do conhecimento são freqüentemente comportamentos antinaturais.
7) Gestão do conhecimento significa aprimorar os processos de trabalho relacionados com o conhecimento.
8) O acesso ao conhecimento é apenas o início.
9) Gestão do conhecimento nunca tem fim.
10) Gestão do conhecimento requer um contrato de conhecimento.

Fonte: DAVENPORT, T. H. *Some principles of knowledge management.* Austin: University of Texas, Graduate School of Business, 1998b. Disponível em: <http://www.bus.utexas.edu/kman/kmprin.htm>. Acesso em: outubro 2004.

---

23 Como a GC representa uma mudança conceitual radical, ela tem seu lugar no currículo da biblioteconomia e da ciência da informação (Davenport e Cronin, 2000).

24 A GC pode formalizar a montagem de equipes interdisciplinares cujo foco curricular é a criação e gestão do contexto, não simplesmente dos recursos.

1.4.3 A revelação — práticas organizacionais, garantias literárias e o fenômeno social

O tempo médio de duração dos "modismos gerenciais" é de cinco anos, e a gestão do conhecimento já passou na prova do tempo sem que sua temática se perdesse no anonimato, como outros modismos. Alvarenga Neto (2002) sugere que, apesar de toda a polêmica e controvérsia a respeito do termo gestão do conhecimento, motivo de discussões, debates, artigos e teses acaloradas, os resultados de sua pesquisa demonstram que a área conhecida como gestão do conhecimento tem surpreendido os que apostaram em um modismo — e tem se estabelecido como um consistente paradigma gerencial do início deste século.

Concomitantemente, e corroborando as assertivas mencionadas anteriormente, Souza e Alvarenga Neto (2003) propuseram a delimitação do escopo conceitual da gestão do conhecimento e comprovam a revelação, a consolidação e a perenidade do tema por meio de três estratégias distintas:

- *A análise da prática empresarial ou a análise das práticas organizacionais* — comprovações, investigações e relatos metodologicamente embasados da realidade dos projetos e processos de gestão do conhecimento efetivamente implementados em organizações — elucida a compreensão sobre como as organizações entendem, interpretam, definem, aplicam ou implementam e avaliam na prática a gestão do conhecimento. Esta análise será discutida ao longo deste livro por meio de duas estratégias complementares:
    - os relatos da pesquisa de Alvarenga Neto (2002) e Alvarenga Neto e Neves (2003);
    - a pesquisa de campo que será apresentada neste livro, resultante da pesquisa de tese de Alvarenga Neto (2005).
- *A análise de publicações no assunto ou das garantias literárias* — a revisão de literatura, o referencial teórico e a análise de publicações disponíveis em livros, teses, artigos, entre outros, revela-se na produção de livros, artigos, teses e demais publicações.
- *A análise de eventos relacionados ou do fenômeno social* — a análise de eventos, simpósios, congressos, seminários, *sites* na internet, entre outros, demonstra o interesse mundial pelo tema revelado em congressos, seminários, palestras, consultorias, treinamentos, produtos e serviços de gestão do conhecimento.

Essa proposta analítica tripartite, doravante denominada "práticas organizacionais, garantias literárias e o fenômeno social", demonstra que o que merece e deve ser discutido não é simples e ingenuamente a denominação terminológica para a área, mas a discussão conceitual, seus fundamentos, significados, componentes, abordagens e áreas fronteiriças. É fundamental distinguir entre a interpretação terminológica — purista e hermenêutica — e o processo de construção social e coletiva do fenômeno e do conceito gestão do conhecimento. A discussão começará por meio das práticas organizacionais e, em seguida, procederemos à análise do fenômeno social. Um breve epítome das garantias literárias será também delineado, além do aprofundamento teórico que vem sendo desenhado ao longo deste referencial teórico.

1.4.3.1 A análise da prática empresarial ou a análise das práticas organizacionais

Alvarenga Neto (2002) e Alvarenga Neto e Neves (2003) investigaram e analisaram 20 casos de gestão do conhecimento relatados na literatura, objetivando uma compreensão mais clara do significado do termo gestão do conhecimento para as organizações em questão. O painel estudado totalizava 16 organizações privadas e 4 organizações públicas, com um número de colaboradores que variava de 50 a 2.229.921, e faturamento/orçamento entre US$ 17 milhões e US$ 252 bilhões. O período 1997-2002 foi o período no qual foram realizados os estudos de caso por seus respectivos autores.

A predominância no painel era de organizações privadas, com faturamento anual entre US$ 11 bilhões e US$ 15 bilhões, e com quadro de pessoal entre 1.000 e 9.999 pessoas, conforme distribuição de freqüência efetuada. É pertinente ressaltar que as organizações, objeto desta análise, não pertenciam à mesma área de atuação ou setor da economia. O painel era bastante diversificado nesse aspecto e dispunha de organizações financeiras, varejistas, de telecomunicações, de relações públicas — até mesmo de organizações públicas de inteligência e energia. Acredita-se que esse fato tenha contribuído para uma análise rica e consistente do trabalho de pesquisa. O Quadro 1.12 fornece um indicativo dos nomes, áreas de atuação e influência das organizações analisadas com as referências bibliográficas e a ênfase dada a cada programa de gestão do conhecimento, segundo modelo proposto por Choo (1998), que será dissecado posteriormente neste livro.

Quadro 1.12 Resumo descritivo-analítico dos casos relatados

Nome e setor de atividade (pública ou privada)	Casos relatados: referências bibliográficas	Abordagem e ênfase: modelo de Choo (1998)
1) British Telecom — Telecomunicações (Privada)	COMPTON, J. Dial k for knowledge, *CIO Magazine*, 2001. Disponível em: <http://www.cio.com/archive/061501/dial.html> Acesso em: 02.2002.	*Sensemaking* — Inteligência competitiva e monitoração ambiental
2) Frito Lay — Varejo: salgadinhos, lanches, aperitivos (Privada)	SCHEIN, E. The knowledge crunch, *CIO Magazine*, 2001. Disponível em: <http://www.cio.com/archive/050101/crunch.html>. Acesso em: 02.2002.	Criação de conhecimento — Gestão de recursos informacionais
3) JP Morgan Partners — Finanças e operações de banco múltiplo (Privada)	BERKMAN, E. Project win, *CIO Magazine*, 2001. Disponível em: <http://www.cio.com/archive/090101/win.html>. Acesso em: 02.2002.	Criação de conhecimento — Gestão de recursos informacionais
4) Ketchum — Relações públicas (Privada)	SANTOSUS, M. KM works magic for Ketchum, *CIO Magazine*, 2001. Disponível em: <http://www.cio.com/research/knowledge/edit/ketchum.html> Acesso em: 02.2002.	Criação de conhecimento — Gestão de recursos informacionais e gestão do capital intelectual
5) Microsoft — Tecnologia da informação: *software*, sistemas e soluções (Privada)	DAVENPORT, T. H. Knowledge management at Microsoft, 1997. Disponível em: <http://www.bus.utexas.edu/kman/microsoft.htm>. Acesso em: 02.2002.	Criação de conhecimento — Gestão de competências e gestão do capital intelectual
6) Northrop Grumman — Armamentos, indústria bélica (Privada)	SANTOSUS, M. Thanks for the memories, *CIO Magazine*, 2001. Disponível em: <http://www.cio.com/archive/090101/thanks.html>. Acesso em: 02.2002.	Criação de conhecimento — Gestão do capital intelectual
7) Teltech — Tecnologia da informação: *software*, sistemas e soluções (Privada)	DAVENPORT, T. H. Teltech: the business of knowledge management case study, 1998. Disponível em: <http://www.bus.utexas.edu/kman/telcase.htm>. Acesso em: 02.2002.	Criação de conhecimento — Gestão de recursos informacionais
8) Xerox — Tecnologia da informação: *software*, sistemas e soluções (Privada)	MITCHELL, M. Share… and share alike, *Darwin Magazine*, 2001. Disponível em: <http://www.darwinmag.com/read/020101/share.html>. Acesso em: 02.2002.	Criação de conhecimento — Comunidades de prática — Reais e virtuais
9) CNA — Seguros, contratos atuariais (Privada)	SANTOSUS, M. Underwritng knowledge, *CIO Magazine*, 2002. Disponível em: <http://www.cio.com/archive/090102/underwriting.html>. Acesso em: 10.2002.	Criação de conhecimento — Gestão de recursos informacionais e gestão do capital intelectual
10) Sevin Rosen Funds — Capital de risco (Privada)	SANTOSUS, M. Tricle up theory, *CIO Magazine*, 2002. Disponível em: <http://www.cio.com/research/knowledge/edit/k041902_crm.html>. Acesso em: 10.2002.	Criação de conhecimento — Gestão de recursos informacionais e CRM (Customer Relationship Management)

continua

continuação

11) CIA — Agência de inteligência governamental (Pública)	VARON, E. The Langley files, *CIO Magazine*, 2000. Disponível em: <http://www.cio.com/archive/080100/langley.html>. Acesso em: 10.2002.	Criação de conhecimento — Gestão de recursos informacionais
12) TVA — Energia (Pública)	HILDEBRAND, C. Knowledge fusion, *CIO Magazine*, 2000. Disponível em: <http://www.cio.com/archive/060100/fusion.html>. Acesso em: 10.2002.	Criação de conhecimento — Gestão de recursos informacionais (gestão de documentos e *workflow*)
13) H&K — Relações públicas (Privada)	BERKMAN, E. Don't lose your mind share, *CIO Magazine*, 2000. Disponível em: <http://www.cio.com/archive/100100/mindshare.html>. Acesso em: 10.2002.	Criação de conhecimento — Gestão de recursos informacionais
14) Dow Chemical — Indústria química (Privada)	MANASCO, B. Dow Chemical capitalizes on intellectual assets, *Knowledge Inc.*, 1997. Disponível em: <http://webcom.com/quantera/Dow.html> e <http://www.knowledgeinc.com/ICAP.html>. Acesso em: 02.2002.	Criação de conhecimento — Gestão do capital intelectual
15) Novartis — Indústria farmacêutica (Privada)	ABRAMSON, G. Wiring the corporate brain, *CIO Magazine*, 1999. Disponível em: <http://www.cio.com/archive/enterprise/031599_nova.html> Acesso em: 10.2002.	Criação de conhecimento — Gestão do capital intelectual — Criação, transferência e compartilhamento do conhecimento
16) Chevron — Petróleo, gás natural, combustíveis (Privada)	ALLEE, V. Chevron maps key processes and transfers best practices, *Knowledge Inc.*, 1997. Disponível em: <http://webcom.com/quantera/Chevron.html> e http://www.knowledgeinc.com/ICAP.html> Acesso em: 10.2002.	Criação de conhecimento — Criação e transferência do conhecimento, conhecimento organizacional e melhores práticas
17) WSIB — Workplace, Safety & Insurance Board — Junta de seguros e saúde (Pública)	GENUSA, A. Chaos theory, *CIO Magazine*, 2000. Disponível em: <http://www.cio.com/archive/120100/chaos.html>. Acesso em: 10.2002.	Criação de conhecimento — Gestão de recursos informacionais
18) Ernst & Young — Consultoria, auditoria e impostos (Privada)	DAVENPORT, T. H. Knowledge management at Ernst & Young, 1997. Disponível em: <http://www.bus.utexas.edu/kman/e_y.htm>. Acesso em: 10.2002	Criação de conhecimento — Gestão de recursos informacionais e mapeamento do capital intelectual
19) Departament of Defense — Departamento de Defesa dos Estados Unidos (Pública)	GLASSER, P. Armed with intelligence, *CIO Magazine*, 1997. Disponível em: <http://www.cio.com/archive/080197_learn.html>. Acesso em: 10.2002.	Criação de conhecimento — Aprendizagem organizacional
20) 3M — Minessota Mining & Manufacturing Co. — Manufatura, mineração, produtos industriais, material de escritório (Privada)	EDWARDS, J. What's your problem?, *CIO Magazine*, 2000. Disponível em: <http://www.cio.com/archive/090100/problem.html>. Acesso em: 10.2002	Criação de conhecimento — Gestão de recursos informacionais e CRM

Fonte: ALVARENGA NETO; NEVES, 2003, p.10-11.

A análise de resultados revelou que as iniciativas de gestão do conhecimento foram motivadas, em 50% dos casos analisados, por ameaças decorridas do ambiente da organização. Eram casos nos quais o tempo necessário para obter inteligência competitiva era desanimador, a informação estava dispersa e desorganizada por todos os cantos da organização (em alguns casos, a organização contava com um sistema manual e ineficiente de manutenção de arquivos ou dispunha de métodos e técnicas idiossincráticos de organização da informação), e nos quais as pessoas que detinham o real conhecimento dos negócios estavam saindo pela porta da frente — até mesmo pela necessidade de não cometer erros em razão da utilização de informação desorganizada, desatualizada, parcial e imprecisa. Concluiu-se que as empresas que não tomarem iniciativas de gestão do conhecimento por convicção, terão de fazê-lo por necessidades imperativas de mercado, competitividade e sobrevivência.

Outra faceta da análise demonstrou a existência de uma miríade de novos cargos oriundos das iniciativas dos projetos de gestão do conhecimento. Foram descritos 43 cargos em diversas áreas de atuação e conhecimento, tais como analista de conhecimento, diretor global de ativos intelectuais, diretor mundial de serviços de gestão do conhecimento, executivo sênior da gestão do conhecimento corporativo e o recém-denominado grupo de serviços do gerenciamento da informação (bibliotecários, arquivistas, cientistas da informação), entre outros. A importância capital dada às questões do gerenciamento da informação e do conhecimento revelou-se pelo envolvimento da área estratégica das organizações nos projetos. Eram presidentes, vice-presidentes, diretores e gerentes designados para cuidar do alinhamento entre o projeto de gestão do conhecimento e a estratégia organizacional. Notou-se também o apoio da alta administração ao disponibilizar reconhecimento, legitimidade e recursos. Concluiu-se que há uma ampliação crescente da importância do papel do profissional da informação e uma forte tendência na ampliação dos campos de atuação desses profissionais.

O modelo proposto por Choo (1998) confirmou-se extremamente adequado e de grande valia para a compreensão e avaliação estratégica dessas iniciativas. A análise revelou que 5% do painel enfocava a construção de sentido ou *sensemaking*, enquanto 95% voltava sua atenção para a criação de conhecimento — e nenhum caso enfatizava especificamente a tomada de decisão. Então inferiu-se, a partir daí, que todas essas iniciativas tinham como objetivo final a tomada de decisão, mas a ênfase dos projetos concentrava-se ainda em estágios anteriores. Deve-se ressaltar, entretanto, que o modelo proposto por Choo (1998) é apenas um dos modelos disponíveis na literatura da área, mas que sua escolha veio ao encontro das necessidades do trabalho conduzido por Alvarenga Neto (2002).

Ao dissecar o significado do termo gestão do conhecimento para as organizações dos casos relatados, descobriu-se que a maioria pratica, na verdade, a gestão de recursos informacionais, e nos moldes propostos por Bergeron (1996), Davenport (1998), Gordon (1997), McGee e Prusak (1995). O Quadro 1.13 sintetiza o significado do termo gestão do conhecimento para cada organização analisada por Alvarenga Neto (2002).

Quadro 1.13 Significado do termo gestão do conhecimento: ocorrências e porcentuais

Significado	Número de ocorrências	Porcentual
Gestão de recursos informacionais	9	45%
Gestão de recursos informacionais e gestão do capital intelectual	3	15%
Gestão do capital intelectual (gestão de competências)	3	15%
Gestão do capital intelectual e criação e transferência de conhecimento	1	5%
Criação e transferência de conhecimento	1	5%
Aprendizagem organizacional	1	5%
Inteligência competitiva	1	5%
Comunidades de prática	1	5%
Total	20	100%

Fonte: ALVARENGA NETO, 2002, p.141.

Ressaltou-se que 45% dos casos relatados analisados eram puramente casos de gestão de recursos informacionais. Acrescentando a esse dado 15% dos casos que são uma dupla abordagem de gestão de recursos informacionais e gestão de capital intelectual, esse porcentual se elevava para 60%. Na análise da gestão de capital intelectual e, especificamente, no mapeamento de capital intelectual, o que se percebeu foi uma abordagem de organização da informação para a consecução desses fins, ou seja, informações organizadas que têm o propósito de fazer emergir conhecimento organizacional e indicativos para pessoas com *expertise* (páginas amarelas corporativas não contêm conhecimento, mas são indicadoras para pessoas com *expertise*). Assim, ao adicionar outros 15% do painel que recaem na gestão de capital intelectual e gestão de competências, observou-se que 75% do painel revelava-se como gestão de recursos informacionais, com claro foco no gerenciamento estratégico da informação. Não obstante, é mister afirmar que já se evidenciava a presença de outras abordagens gerenciais sob a égide da área denominada gestão do conhecimento, por exemplo: aprendizagem organizacional, inteligência competitiva e comunidades de prática, entre outras.

O restante dos porcentuais demonstrou também a importância e a eminência de outros assuntos e confirmou o que foi abordado no referencial teórico do trabalho de pesquisa conduzido por Alvarenga Neto (2002), como a gestão do capital intelectual [Stewart (1998, 2002), Edvinsson e Malone (1998)], a criação e transferência de conhecimento e a aprendizagem organizacional [Nonaka e Takeuchi (1997), Davenport e Prusak (1998), Dixon (2000), Leonard-Barton (1998), Sveiby (1998) e Von Krogh, Ichijo e Nonaka (2001)], e a inteligência competitiva e as comunidades de prática [Choo (1998), Duguid e Brown (2000, 2001), Fleury e Oliveira (2001), Bergeron e Hiller (2002), Tarapanoff (2001) e Wenger e Snyder (2001)].

Os indicadores de desempenho relatados mostraram uma particularidade interessante: a presença equilibrada de indicadores qualitativos e quantitativos. Não foi surpresa encontrar os tradicionais indicadores de desempenho quantitativos, como retorno sobre investimentos, cálculo de *payback*, índices e taxas de crescimento de negócios, lucratividade, *turnover*, redução de custos e tempo, entre outros, uma vez que esse enfoque domina a preocupação dos gestores desde a Era Neoclássica das teorias administrativas. Surpresa foi encontrar relatos a respeito da melhoria da comunicação pessoal, fortalecimento do espírito de equipe, conectividade, interatividade, eliminação de distâncias, pessoas mais felizes, clientes mais relaxados e amigáveis, e ainda uma constatação de extrema importância: constatou-se que não é possível justificar totalmente os investimentos em gestão do conhecimento e que são necessários o rastreamento e recolhimento de evidências empíricas. Conclui-se, então, que, amiúde, as organizações têm validado e reconhecido os indicadores qualitativos e, em alguns casos, têm suscitado questões qualitativas em detrimento das quantitativas. Infere-se, ainda, que a informação e o conhecimento realmente são utilizados para reduzir a incerteza e a ambigüidade por meio de práticas de criação, codificação e coordenação, transferência e compartilhamento de conhecimento.

As melhores práticas de gestão do conhecimento recolhidas nesses casos confirmaram os indícios encontrados na literatura e são excelentes guias para profissionais interessados em obter êxito em suas iniciativas de gestão do conhecimento. Quanto às ferramentas e modelos de gestão complementares, observou-se pouca adesão às ferramentas propostas por Bontis et al. (1999) ou escassa divulgação dos resultados advindos da introdução destas. Foi perceptível também o uso de métodos e técnicas de gestão enquadrados na Era Neoclássica da administração, como melhoria contínua, *benchmarking* e qualidade total, entre outros, o que confirmou aspectos abordados na introdução do referido trabalho.

Com base em todos esses dados, concluiu-se que a prática da gestão do conhecimento nas organizações era ainda basicamente uma questão de gestão de recursos informacionais, com forte ênfase no gerenciamento estratégico da informação. Bergeron (1996) demonstra a superioridade da perspectiva integrativa da gestão de recursos informacionais com o ser humano no centro do processo. A gestão estratégica da informação é um elo entre os recursos e ativos informacionais da organização e a gestão estratégica, na medida da utilização desses mesmos recursos e ativos de informação *pari passu* ao desenvolvimento e execução da estratégia empresarial.

Outra conclusão a que se chegou foi que a informação organizada é o ponto de partida para quaisquer outras iniciativas de gestão do conhecimento. Bergeron (1996) destaca que um dos objetivos da gestão de recursos informacionais é o estabelecimento de mecanismos necessários que permitam à organização criar ou adquirir, processar e armazenar dados e informações adequados, oportunos e precisos para embasar, a custos mínimos, os objetivos organizacionais. Existe uma tendência de abordar a gestão de recursos informacionais como um processo de valor agregado. Tais constatações, para os mais incautos, afoitos e desatentos, poderiam soar como um indicativo de que o enfoque empresarial e a importância do tema da gestão do conhecimento seriam apenas um modismo de pouca relevância e curta longevidade. É justamente o contrário. Esse ponto de partida — a gestão estratégica da informação — norteia e valida amplamente outras atividades e temas de grande importância, como gestão do capital intelectual, aprendizagem organizacional, criação e transferência de conhecimento, gestão da inovação e gestão tecnológica, comunidades de prática e inteligência competitiva, entre outros.

Apesar de toda a polêmica e controvérsia a respeito do termo gestão do conhecimento, os resultados demonstram que esse termo já está estabelecido, e isso é amplamente validado por Stewart (2002), que, com base em estimativas do International Data Corporation (IDC), grupo de pesquisas sobre tecnologia, afirma que a gestão do conhecimento (*knowledge management*) e as atividades referentes a *software* e serviços nessa área formam um setor que movimentou cerca de US$ 6 bilhões em 2002. Ainda segundo esse autor, em pesquisa realizada no Reino Unido, em 1998, pela Cranfield School of Management, descobriu-se que as empresas européias gastavam 3,7% de suas receitas em gestão do conhecimento, montante maior que o destinado a pesquisa e desenvolvimento. Se a negação do termo e das evidências delineadas significa escolher caminhar na contramão da história, só o tempo dirá.

Ainda não se pode afirmar com precisão que a gestão do conhecimento surge para preencher as lacunas existentes nas teorias de gestão na Era da Informação. Contudo, com base nos resultados do trabalho de pesquisa conduzido por Alvarenga Neto (2002), constatou-se a existência de fortes evidências empíricas de que este pode ser um caminho a trilhar. Além disso, observou-se o alinhamento entre a gestão do conhecimento e a gestão estratégica da organização: mais um indicativo do vigor e do uso da informação e do conhecimento com vistas à maximização da competitividade e ao alcance dos objetivos organizacionais.

As organizações, a partir da emergência de um novo paradigma tecnoeconômico, deparam-se com grandes quantidades de dados, informações, conhecimentos e, em razão disso, são impelidas para o novo problema de gerir ativos intangíveis, em detrimento da tangibilidade e da relativa estabilidade proporcionadas pelo paradigma anterior. A informação coletada, analisada, tratada, organizada e criteriosamente disseminada é o ponto de partida para outras iniciativas, como as mencionadas anteriormente. O modelo de Choo (1998), exaustivamente discutido por Alvarenga Neto (2002), é um dos modelos que elucidam essas conclusões e fornecem uma visão clara, concisa e científica ao tratar da gestão do conhecimento, da gestão da informação e da ciência da informação.

É também importante frisar que essas organizações não fazem nenhuma distinção entre dado, informação, conhecimento e sabedoria, apesar de ser essa uma discussão saudável e de cunho filosófico bastante interessante. Uma linha divisória entre gestão da informação e gestão do conhecimento deve começar pela análise dos fluxos e processos. Um sistema que distribui dados, informações e documentos ao longo de uma cadeia de atividades ou processos é, sem dúvida, um sistema ou projeto de gestão da informação. Um sistema de gestão do conhecimento é aquele no qual a informação e o conhecimento fluem dos e para os colaboradores de uma organização. Davenport, apud Hildebrand (2000), afirma que um sistema que possibilita aos colaboradores de uma organização a inserção de suas próprias observações a respeito de documentos, processos, informações e demais atividades da rotina de trabalho, configura-se como um sistema de gestão do conhecimento.

Outra questão importante é onde colocar a gestão do conhecimento nas organizações. Alguns acreditam que ela deva ser colocada em recursos humanos; outros, que seu lugar é em tecnologia da informação. Sugere-se que a gestão do conhecimento constitua um departamento autônomo e independente, diretamente ligado à alta administração. Parafraseando Pfeffer e Sutton (2000), quando o assunto é gestão do conhecimento, é muito mais fácil falar do que fazer algo a respeito. Muitas organizações discursam sobre a importância da informação e do conhecimento, mas apenas algumas realmente executam a gestão do conhecimento.

1.4.3.2 *A análise das garantias literárias e a análise do fenômeno social*

Após a análise das práticas organizacionais e objetivando prosseguir com a discussão da delimitação do conceito de GC por meio das três estratégias propostas por Souza e Alvarenga Neto (2003), prosseguiremos com a discussão das outras duas estratégias: a análise das garantias literárias e a análise do fenômeno social.

Muitos pesquisadores arriscaram definições para a GC. Wilson (2002) examinou as bases de dados da *Web of Science*[25] — em período compreendido entre 1981 e 2002 — e apresentou constatações pertinentes e conclusões questionáveis. Entre elas, destaque para o crescimento exponencial de publicações com a expressão *knowledge management* em seus títulos, conforme demonstrado no Gráfico 1.2, a seguir.

Gráfico 1.2 Publicações com a expressão gestão do conhecimento — *Web of Science*

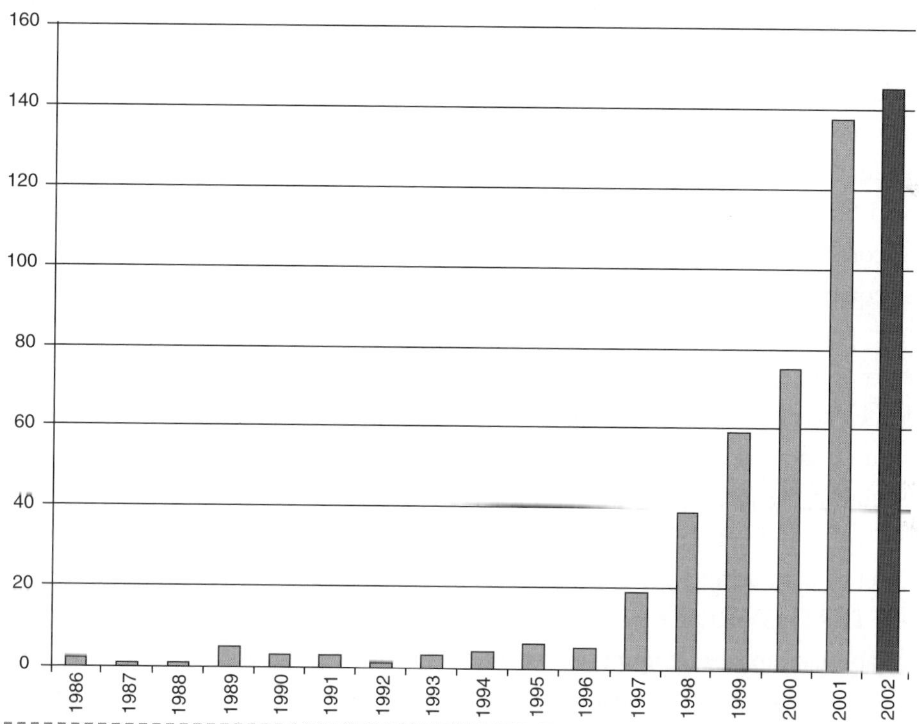

Fonte: WILSON, T. D. The nonsense of knowledge management. *Information Research*, v. 8, n. 1, oct. 2002. Disponível em: <http://information.net/IR/8-1/paper144.html>. Acesso em: out. 2004.

Wilson (2002) procurou analisar o conceito de GC com base nas proposições de três áreas interessadas no tema: *sites* de empresas de consultoria; análise da literatura

[25] http://www.isinet.com/products/citation/wos/

que versa sobre o tema e apresentações institucionais das escolas de negócios. Em seu artigo "The nonsense of knowledge management", Wilson (2002) aborda com propriedade toda a problemática e controvérsia acerca do termo GC — inovação organizacional e fenômeno complexo e multifacetado —, porém, suas conclusões de que a GC é apenas um modismo gerencial e prática utópica são questionáveis. Tais assertivas são objetos de questionamento deste livro e serão discutidas ao longo de todo o texto.

As conclusões de Wilson (2002) sugerem que a GC é um termo "guarda-chuva" para uma variedade de atividades organizacionais, nenhuma das quais preocupadas com a GC. As atividades que não estão preocupadas com a gestão da informação estão voltadas para a gestão das práticas de trabalho, na expectativa de que mudanças em tais áreas — como as práticas comunicacionais — capacitarão as organizações para o compartilhamento de informações. A assertiva de que GC é um termo "guarda-chuva" para uma variedade de atividades organizacionais é absolutamente corroborada pela visão deste livro, contudo, a crítica sobre o modismo gerencial e a utopia proposta pela GC é vazia e desprovida de fundamentos de base multidisciplinar, uma vez que o próprio autor não assume uma definição do que venha a ser GC.

Além disso, tal opinião é baseada em apenas um único artigo, sendo assim desprovida do aprofundamento, do mergulho e da magnitude presentes em análises mais consistentes, como as realizadas em dissertações e teses. Como toda inovação organizacional, a GC requer ainda mais estudos e avaliações em profundidade para que se determine seus componentes, áreas fronteiriças e implementação e mensuração de resultados no contexto organizacional. A literatura de GC evidencia o papel fundamental desempenhado pelos seres humanos, enquanto os estudos acerca do comportamento humano e da cultura organizacional ainda têm um longo caminho a percorrer.

Segundo pesquisa da Information Strategy Online (2003), a GC pode ser definida como a "coleção de processos que governa a criação, a disseminação e a utilização do conhecimento para atingir plenamente os objetivos da organização". Para o E-Consulting Corp. (STRATEGY RESEARCH CENTER, 2004), empresas do conhecimento são arquiteturas abertas capazes de aprender, evoluir, cooperar e competir, e a gestão do conhecimento significa a criação e implantação de processos que gerem, armazenem, gerenciem e disseminem o conhecimento. Em outras palavras, para o E-Consulting Corp., GC significa organizar e sistematizar, em todos os pontos de contato, a capacidade da empresa de captar, gerar, criar, analisar, traduzir, transformar, modelar, armazenar, disseminar, implantar e gerenciar informação, tanto interna quanto externamente. Essa informação deve ser transformada efetivamente em conhecimento e distribuída — tornando-se acessível — aos interessados. Já o Delphi Group (2001) define a gestão do conhecimento como "a alavancagem do conhecimento coletivo para aumentar a inovação e prontidão de respostas".

A GC tem sido tradicionalmente associada aos conceitos de criatividade, inovação e compartilhamento e engloba conceitos oriundos de teorias de gestão empresarial, da ciência da informação e da ciência da computação. Isso foi também constatado na pesquisa conduzida por Alvarenga Neto (2002). Nas empresas, está presente em áreas e departamentos como os de tecnologia da informação, recursos humanos, marketing, planejamento e estratégia. O mapa a seguir sintetiza, em parte, esses conceitos.

Figura 1.4 Mapeamento conceitual da gestão do conhecimento

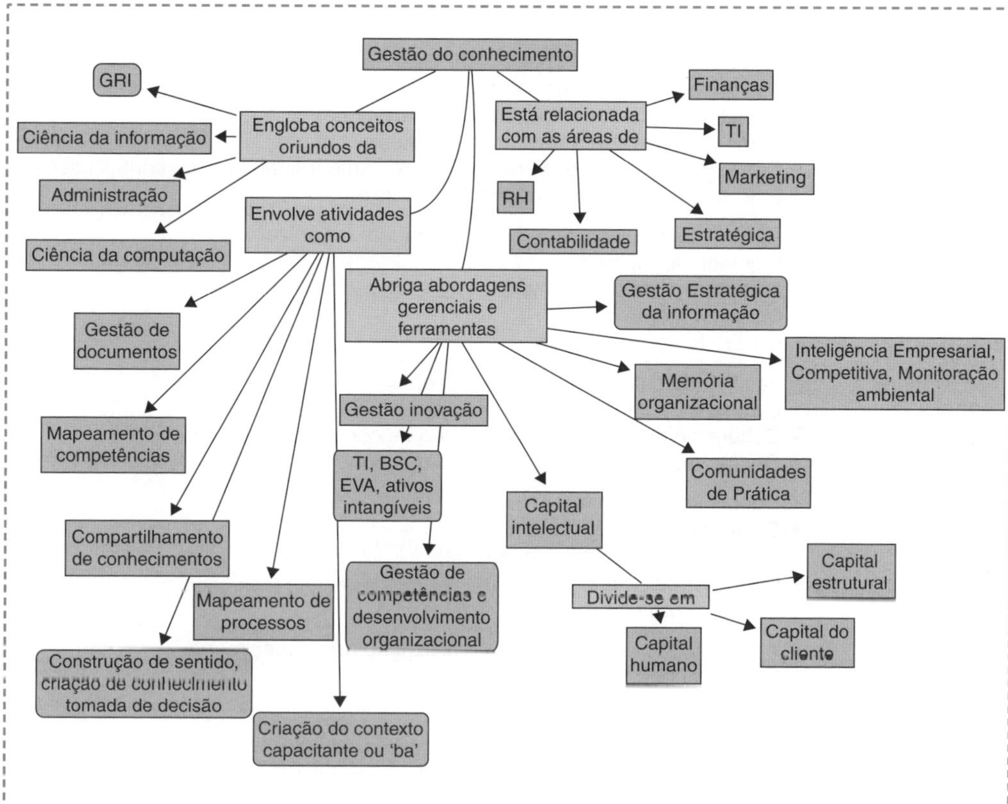

Fonte: Elaborada pelo autor e adaptada de Souza e Alvarenga Neto (2003).

Observa-se que em todas as suas ramificações existe um viés específico, embora cada uma acrescente elementos elucidativos, mas sem alcançar um fechamento. Coletou-se uma bibliografia aleatoriamente escolhida por meio de pesquisas por assunto em *sites* de livrarias na internet e de livros utilizados em cursos universitários e, dessas obras, extraíram-se os assuntos principais: garantias literárias. Além disso, estudou-se ainda o programa de alguns eventos e congressos relacionados à GC para perfazer uma amostra significativa — fenômeno social. Os resultados estão sintetizados nos quadros a seguir.

Quadro 1.14 As garantias literárias: livros consultados

Referência	Temáticas principais
Bontis et al. (1999)	• Métricas e mensuração • Ativos e recursos intangíveis • Contabilidade de Recursos Humanos (HRA) • Valor Econômico Agregado (EVA) • Balanced Scorecard (BSC) e capital intelectual
Choo (1998)	• Criação e conversão de conhecimentos • Tomada de decisão • Conhecimento organizacional • Mapeamento de informação e necessidades de informação • Gestão da ambigüidade e gestão das incertezas • Gestão do aprendizado
Frapaolo (2002)	• Alavancagem de capital intelectual • Identificação do conhecimento organizacional • Planos de incentivos baseados em conhecimento • Promoção e incentivo da inovação e do compartilhamento de conhecimentos • Estratégias baseadas em conhecimento
Kim (1998)	• Aprendizagem individual e aprendizagem organizacional • Modelos de memória • Sistemas comportamentais • Modelos mentais • Ciclos de aprendizagem
Von Krogh et al. (2001)	• Facilitando a criação de conhecimento • Limites à gestão de conhecimento • Cultura organizacional para criação de conhecimento • Gestão de pessoal para a criação de conhecimento
Mouritsen et al. (2001)	• Capital intelectual • Sociedade do conhecimento • Declarações de capital intelectual • Cultura organizacional • Ativos intangíveis
Nevis et al. (1998)	• Aquisição, compartilhamento e utilização de conhecimento • Organizações de aprendizado • Aprendizado organizacional
Pfeffer e Sutton (2000)	• Educação empresarial • Gestão de recursos humanos e cultura organizacional • Aprendizado e prática • Barreiras organizacionais • Liderança • Métricas e mensurações, políticas de incentivos
Teixeira Filho (2000)	• Capital intelectual e organizações de aprendizado • Inteligência competitiva • Implantação de tecnologia • GC e estratégia organizacional
Stewart (1998)	• Economia do conhecimento e empresa do conhecimento • Trabalhador do conhecimento • Capital intelectual e ferramentas para medir o capital intelectual • Organizações em rede — Gestão da carreira

Fonte: SOUZA; ALVARENGA NETO, 2003, p. 12.

Quadro 1.15 O fenômeno social: eventos, *sites* na internet e listas de discussão analisadas

Referência	Temáticas principais
ENANCIB 2005 http://www.cin.ufsc.br/pgcin/Enancib-VI.htm VI Encontro Nacional de Pesquisa em Ciência da Informação, Florianópolis (SC), Brasil	• Organização do conhecimento e representação da informação • Gestão de unidades de informação • Mediação, circulação e uso da informação • Política, ética e economia da informação • Informação e trabalho • Estudos históricos e epistemológicos da informação
ENANPAD 2005 http://www.anpad.org.br/enanpad2005_frame_info_p.html XXIX Encontro da ANPAD, Brasília (DF), Brasil	• *Administração da informação*: administração de TI nas empresas, gestão de ambientes virtuais, impactos socioculturais dos sistemas de informação, metodologia e análise de informação. • *Estudos organizacionais*: teoria das organizações, comportamento organizacional, gestão de organizações e desenvolvimento.
InfoToday 2001 http://www.infotoday.com/it2001/knowledgenets.htm	• Organizational strategies and processes • Technology and knowledge architecture • KM and content management • KM technology and applications • Knowledge sharing and e-learning • Measuring, valuing and KM case studies
ISKM/DM 2003 http://www.nie.pucpr.br/	• Aspectos organizacionais da gestão do conhecimento • Aprendizagem organizacional • Inteligência empresarial • Gestão do capital intelectual • Educação corporativa • Gestão de competências • TI como suporte à gestão do conhecimento • Ética e gestão do conhecimento • Gestão de documentos
KMWorld 2002 www.kmworld.com	Best KM practices in: • Collaborative commerce • Government • Enterprise portals • Industry • Business and competitive intelligence • Enterprises • Relationship management • Enterprise content management
Braintrust International 2002 http://www.brain-trust.net/	Putting knowledge to work on: • Global/virtual teams and communities of practice • Business processes and best practices • E-learning and KM
5th World Congress on the Management of Intellectual Capital worldcongress.mcmaster.ca	• Intellectual capital • Knowledge management • Innovation management • Intangible assets, organizational learning • Management of new technology • Human capital

continua

continuação

ASTD TechKnowledge Conference & Exposition www.astd.org	• Careers: focus on yourself; focus on others • E-learning • Performance consulting • Leadership/management development • Personal and professional effectiveness • Measurement and evaluating • Managing the learning function • Leading change today • Training fundamentals • Workplace issues
KM Brasil 2004 Evento da SBGC — Sociedade Brasileira de Gestão do Conhecimento www.sbgc.org.br http://www.kmbrasil.com	• Aspectos estratégicos e organizacionais da gestão do conhecimento • Práticas de gestão do conhecimento relacionadas à aprendizagem organizacional e à educação corporativa • Práticas de gestão do conhecimento relacionadas à gestão de competências • Práticas de gestão do conhecimento relacionadas à gestão do capital intelectual/ativos intangíveis • Práticas de gestão do conhecimento relacionadas à inteligência empresarial • Ferramentas de TI aplicadas às práticas de gestão do conhecimento • Abordagens interdisciplinares focadas no conhecimento • Política industrial e gestão do conhecimento • Política industrial e inovação tecnológica • Competitividade industrial e gestão do conhecimento • Gestão da inovação tecnológica e organizacional • Gestão do capital intelectual na produção industrial • Propriedade intelectual nas patentes industriais • Gestão estratégica da informação e competitividade industrial • Outros temas pertinentes à relação entre política industrial e gestão do conhecimento
5º *Workshop* Brasileiro de Inteligência Competitiva e Gestão do Conhecimento 2004 Evento da ABRAIC — Associação Brasileira de Analistas de Inteligência Competitiva http://www.abraic.org.br/ http://www.abraic.org.br/5ws.asp	• Inteligência competitiva • Contra-inteligência • Gestão do conhecimento • Tecnologias da informação
Listas de discussão	• Competitive Knowledge http://groups.yahoo.com/group/competitive-knowledge • Knowledge Management Forum: http://www.km-forum.org/ • Brint: The Knowledge Management Network: http://www.brint.com/km/

Fonte: Adaptado de Souza e Alvarenga Neto (2003).

A partir dessas amostras destacam-se os principais grupos de assuntos, com base nos quais se organizou os tópicos e a freqüência relativa com que aparecem como temática, representando o resultado no quadro a seguir.

Quadro 1.16 Síntese de freqüência de assuntos

Assunto	Freqüência
Aprendizagem organizacional	Alta
Ativos intangíveis e capital intelectual	Alta
Comércio eletrônico	Baixa
Comunidades de prática e aprendizado	Média
Contabilidade, métricas e mensuração	Média
Criação, gestão e compartilhamento de conhecimento nas empresas	Muito alta
Estudos de caso e melhores práticas	Alta
Ferramentas, portais e tecnologia da informação	Média*
Gestão de documentos e de informações	Baixa
Gestão de pessoal, carreiras e RH	Média
Gestão estratégica, inteligência competitiva e tomada de decisão	Média
Sociedade do conhecimento	Baixa

* Aparece pouco na literatura e muito nos eventos.

Fonte: SOUZA; ALVARENGA NETO, 2003, p. 14.

Todas as ressalvas, entretanto, devem ser feitas quanto ao tamanho da amostra e ao peso relativo da importância de cada obra. O importante é salientar que há uma clara tendência de valorizar certos temas e assuntos em detrimento de outros. A tecnologia da informação, ao menos na bibliografia, pode erroneamente aparecer em segundo plano, mas um olhar mais atento é suficiente para concluir que a maior parte das iniciativas está respaldada em algum tipo de infra-estrutura tecnológica, e que a temática dos congressos e simpósios confirma tal suposição. Ainda no âmbito do que pode ser lido nas entrelinhas, todas as publicações e eventos valorizam a apresentação de estudos de caso, como exemplos ilustrativos das teorias que apresentam ou nas quais se embasam. As estratégias de promoção do capital intelectual são onipresentes, justificando as suposições iniciais e talvez emprestando a faceta mais visível do rosário de assuntos da gestão do conhecimento.

A escolha dos assuntos em que as temáticas foram agrupadas é provisória e de certa forma artificial, uma vez que todos estão relacionados entre si. Acredita-se que uma pesquisa mais detalhada possa melhorar bastante o mapeamento e a taxonomia que estão sendo apresentados, apesar de estes demonstrarem ser suficientes para que se possa compreender também desse ponto de vista como o campo vem se constituindo.

Por meio das observações de eventos e citações na literatura, pode-se observar que existe um gradiente conceitual coerente, que tende a acompanhar a prática empresarial: ora adiantando-se e propondo novas metodologias e conceituações, ora consolidando práticas de sucesso, uma vez que os caminhos de teoria, prática e comunicação de pesquisa andam entrelaçados (SOUZA; ALVARENGA NETO, 2003). Tal constatação também pode ser estendida para a agenda de organizações brasileiras.

Em pesquisa realizada pelo Strategy Research Center (2004) — centro de pesquisas em estratégia da E-Consulting Corp.[26] —, nos meses de setembro, outubro e novembro de 2003, e com amostra de entrevistados composta por executivos de 200 empresas de grande porte sediadas no Brasil, tanto nacionais quanto multinacionais e de diversos setores da economia, têm-se um panorama da área no Brasil. Participaram da pesquisa empresas dos setores de serviço (62,3%), terceiro setor (14,2%), indústria (13,7%) e comércio (9,8%). O objetivo da pesquisa era identificar a visão, a utilização, as tendências e os resultados alcançados e esperados por empresas brasileiras e seus executivos a respeito da gestão do conhecimento. Os resultados foram, em síntese, os seguintes:

- *Visão de GC no Brasil* — a maioria dos executivos ouvidos (55,9%) entende que GC é uma modelagem de processos corporativos estabelecida a partir do conhecimento gerado, em outras palavras, GC seria a estruturação das atividades organizacionais encadeadas interna e externamente, com base em parâmetros gerados pelo monitoramento constante dos ambientes interno e externo (mercado, cadeia de valor etc.). GC é um sistema de gerenciamento corporativo e as organizações afirmaram corretamente que se trata muito mais de um conceito gerencial que de uma ferramenta tecnológica (7,2%). Outros resultados obtidos para a maneira como os entrevistados enxergam a GC foram: estratégia de competição na Era do Conhecimento (5,4%); filosofia corporativa de gestão de informações (13,3%); e política de gestão do conhecimento: sistemas, política cultural, corporativa etc. (18,2%). É pertinente ressaltar, porém, que apenas uma pequena parcela dos entrevistados (5,4%) identifica a GC como um meio pelo qual as empresas podem ganhar poder de competição. Outras duas constatações relevantes apontam para o fato de

---

[26] http://www.e-consultingcorp.com.br/

que o conhecimento passa a ser um ativo da empresa, não mais um suporte à tomada de decisões, e que ao serem questionados sobre o impacto que a correta GC trará para as empresas de seu setor nos próximos dois anos, quase a metade dos entrevistados respondeu que as organizações que adotarem a prática de GC serão as vencedoras (outro impacto positivo foi a longevidade, ou seja, a capacidade de sobrevivência das empresas).

- *Estágio da GC nas organizações* — 57,7% das empresas já adotam alguma prática, formal ou informal, de GC, e entre as que não adotam, a maioria pretende fazê-lo. Outros dados interessantes revelados na pesquisa: o departamento que mais se envolve com a GC (ou seria envolvido) é o da alta gestão (95,2%); a área de TI é um meio, não um fim, e existe para dar suporte à gestão do conhecimento; há uma necessidade de alinhamento da tecnologia com os processos da empresa e com as questões relativas às pessoas.
- *Resultados obtidos com a GC* — 80,2% indicaram que o melhor aproveitamento do conhecimento já existente em suas organizações é um dos principais resultados obtidos com a GC. Outros resultados seriam: melhor *time to market*, quando a GC é potencializada por atividades de inteligência competitiva; a ferramenta de gestão Balanced Scorecard (BSC)[27] mostrou ser o indicador preferido para a medição de resultados alcançados pela prática de GC, pois foi mencionada por 46,1% dos entrevistados. Outros indicadores de performance mencionados foram Retorno Sobre Investimento (ROI) e Custo Total de Propriedade (TCO).
- *Fontes de conhecimento e ferramentas* (ordenadas de acordo com sua importância) — 83,7% apontou a própria empresa, na mente dos colaboradores e perdidos e/ou desorganizados em labirintos corporativos e bancos de dados abandonados; outras fontes citadas foram: fornecedores, internet, consultores, concorrentes e universidades, demonstrando que as empresas não devem contar com fontes procedentes de uma única origem. O e-mail (84,2%) é a ferramenta mais utilizada para a disseminação do conhecimento nas organizações, além dos fóruns e listas de discussão (adequados também para a disseminação do conhecimento tácito ou implícito, não documentado).
- *Fatores críticos de sucesso em projetos de GC* — patrocínio da alta gestão (78,8%); treinamento e aculturamento (76,2%); visão homogênea dos envolvidos a respeito da GC (68,6%); adoção de premiação/incentivos para a

---

27 Os autores da pesquisa acreditam que o BSC, voltado para detectar a evolução de ativos intangíveis, é mais adequado para avaliar os resultados obtidos com a GC.

participação dos colaboradores (64,2%); e clareza na comunicação dos objetivos a serem atingidos (58,9%).

Com base nesses dados podemos concluir que os executivos brasileiros das empresas pesquisadas possuem, em geral, uma percepção razoável da importância da GC para suas organizações.

Para finalizar este capítulo e introduzir o capítulo seguinte, recorrer-se-á, uma vez mais, a Choo (2002). Esse autor sugere um esquema conceitual passível de utilização para a comparação das estratégias de gestão da informação e do conhecimento que possam ser eficazes para as organizações. Seu ponto de partida é a abordagem intitulada "janela de Johari" — um modelo que descreve a dinâmica da comunicação e da interação humanas e cujo nome foi formado a partir da combinação das letras dos primeiros nomes de seus inventores, *Jo*seph Luft e *Harry* Ingham —, e sua linha de chegada é a proposição da criação de uma janela da gestão do conhecimento. A janela de Johari pode ser aplicada para descrever o estado do conhecimento de uma organização a respeito do que ela sabe. Os quatro quadrantes correspondentes podem ser distinguidos dependendo de qual das quatro afirmativas a seguir são verdadeiras para a organização:

- *Sabemos o que sabemos (we know what we know)* — a organização é consciente do conhecimento que possui. Tal condição decorre de organizações maduras, operantes já por algum tempo em ambientes estáveis. Grande parte dos dados, informações e conhecimento utilizados e possuídos são estruturáveis e categorizáveis. Não existe ambigüidade dos termos e conceitos, visto que há um amplo consenso sobre seus significados. Um elemento importante da gestão estratégica da informação e do conhecimento da organização seria a codificação do conhecimento que ela possui e a provisão de acesso às informações.
- *Sabemos o que não sabemos (we know what we don't know)* — neste quadrante, a organização está ciente do conhecimento que necessita ter para perseguir suas metas e objetivos. Um elemento importante da estratégia informacional da organização seria o enfoque na inteligência competitiva e na pesquisa de marketing.
- *Não sabemos o que sabemos (we don't know what we know)* — aqui, a organização não está totalmente ciente do conhecimento que possui. Pode-se mencionar a célebre frase da gerência sênior na Hewlett-Packard: "Se somente a HP soubesse o que ela sabe, a HP seria três vezes mais lucrativa". Fato é que as organizações acumulam *expertise* e experiência ao longo do tempo, mas a provisão de acesso a esses conhecimentos é difícil por duas razões:

grande parte da *expertise* está na cabeça dos colaboradores, é tácita e de difícil explicitação ou codificação; o conhecimento criado em um departamento pode não ser disponibilizado ou transferido para outros que poderiam se beneficiar dele. Um primeiro passo lógico seria uma auditoria de informações com amplas definições de fontes e recursos: comunidades de prática, páginas amarelas corporativas, mapas de capital intelectual, máquinas de busca de *expertise* e, por fim, fóruns de discussão modelados na *web*.

- *Não sabemos o que não sabemos* (*we don't know what we don't know*) — a organização não está ciente daquilo que ela não sabe, até mesmo quando o desconhecido pode significar um grande impacto na performance organizacional. Uma estratégia informacional eficaz poderia ser concretizada pelo desenvolvimento de um sistema de escaneamento ambiental que expandisse a visão periférica e promovesse as descobertas por acaso ou por acidente[28]. Algumas técnicas, como a construção de cenários, podem ser de grande valia para organizações neste quadrante.

O quadro de referências pode ser utilizado para comparar as estratégias de gestão da informação e do conhecimento, estratégias estas que podem ser eficazes para as organizações situadas em cada um dos quadrantes. As janelas do conhecimento e da gestão do conhecimento são apresentadas nos Quadros 1.17 e 1.18, a seguir.

Quadro 1.17 Janelas do conhecimento

Sabemos o que sabemos	Sabemos o que não sabemos
• organizações maduras em ambientes estáveis • a informação é organizada, acessível • o conhecimento é codificável, compartilhável	• organizações adentrando novos ambientes • as necessidades de informação são claras e bem definidas • novos conhecimentos a serem criados, descobertos
Não sabemos o que sabemos	**Não sabemos o que não sabemos**
• organizações maduras em ambientes dinâmicos • a informação está escondida, dispersa • o conhecimento é tácito, não codificável	• organizações dispostas ou arranjadas em seus próprios modos ou crenças • a informação está sujeita a constrições em seu campo visual, resultando na perda de visão periférica • existem hiatos ou falhas, mas não reconhecidos

Fonte: Adaptado de Choo (2002, p. 261).

[28] Do termo em inglês *serendipity* — descobertas ou achados valiosos em caráter acidental.

Quadro 1.18 Janelas da gestão do conhecimento

Sabemos o que sabemos	Sabemos o que não sabemos
• provisão de acessos às informações • facilitação do compartilhamento do conhecimento • intranets, portais, taxonomias, esquemas classificatórios e *benchmarking*	• busca de informação direcionada • promoção de criação do conhecimento • inteligência competitiva, P & D, pesquisa de mercado
Não sabemos o que sabemos	**Não sabemos o que não sabemos**
• auditoria de informações • mapeamento do conhecimento • comunidades de prática, redes de conhecimento	• monitoração ambiental • descoberta do conhecimento • planejamento de cenários, prospecção no futuro, diálogo

Fonte: Adaptado de Choo (2002, p. 261).

Pereira (2002) afirma que, nos últimos anos, a insurgência de organizações baseadas no conhecimento tem se traduzido em pesquisas e propostas ainda não consistentes com uma visão sistêmica da gestão do conhecimento. Tal assertiva, em conjunto com a problemática aqui discutida, aponta para a necessidade de propostas ou modelos conceituais que iluminem os temas "organizações do conhecimento" e "gestão do conhecimento", a fim de oferecer uma visão ampla, sistêmica e consolidada desses temas. Pereira (2002), Alvarenga Neto (2002) e Wilson (2002) ressaltam, entre a infinidade de propostas e abordagens gerenciais que versam sobre o tema conhecimento, a fragmentação dos temas por meio de uma profusão de interfaces, as quais foram introduzidas nas janelas do conhecimento e da GC por Choo (2002) e serão abordadas em profundidade no próximo capítulo.

2

Aspectos intrínsecos

2.1 Marco teórico — o modelo proposto por Choo (1998)

Choo (1998) afirma que as organizações do conhecimento fazem uso estratégico da informação para que possam atuar em três arenas distintas e imbricadas: *sensemaking*[1] ou construçao de sentido; criação de conhecimento por meio da aprendizagem organizacional; e tomada de decisão — com base no princípio da racionalidade limitada de Herbert Simon.

Na etapa de construção de sentido, Choo (1998) afirma que o objetivo imediato do *sensemaking* é permitir aos membros da organização a construção de um entendimento compartilhado do que é a organização e o que ela faz. Deduz-se, aqui, uma relação direta com as questões centrais do planejamento estratégico e a constatação precípua da necessidade de definir e repensar *ad nauseam* o negócio, a missão e a visão organizacionais. O objetivo de longo prazo da empresa no que se refere à construção

---

1 Para os propósitos deste trabalho e dada a amplitude da temática relativa ao *sensemaking*, optou-se por um recorte que alude às questões da construção de sentido em organizações: prospecção ambiental em busca de informações relevantes para a organização, interpretação do ambiente organizacional e organizações como sistemas interpretativos (CHOO, 1998, 2002; WEICK, 1995; DAFT; WEICK, 1984).

de sentido é a garantia de que a organização vai se adaptar e continuará a prosperar em um ambiente dinâmico e mutável. Nesse sentido, é fundamental a prospecção do ambiente organizacional externo em busca de informações relevantes que permitam à organização compreender em profundidade tendências e aspectos evolutivos de seu próprio negócio, bem como as necessidades e desejos em constante mutação dos consumidores, a análise da concorrência em questões de curto prazo, como definições de produto, preço, praça e promoção e, finalmente, a análise de questões referentes aos atores do macroambiente presentes em indicadores econômicos e demográficos, entre outros. O Quadro 2.1 apresenta o processo de construção de sentido organizacional estruturado nas três seguintes etapas: necessidade, busca e uso de informação.

Em relação à necessidade de informação afirmamos que o mais importante não é responder, mas que a organização aprenda a fazer perguntas. Esta deve definir aqui sua política de informação e conduzir um diagnóstico meticuloso das necessidades existentes para que esteja apta a responder à seguinte pergunta: "O que precisamos saber?". Eis o nó górdio da construção de sentido nas organizações.

Nesta etapa, cabe à organização definir onde buscar a informação necessária e/ou quem tem as melhores condições de fornecê-la. A informação pode estar dentro da organização — em registros internos da empresa; fora dos limites organizacionais — em sistemas de informação ou passíveis de monitoração e busca, por meio de atividades de inteligência; ou simplesmente não existir. Neste último caso, as pesquisas são necessárias para que se descubra a "nova" informação e para que se apreenda a pesquisa como uma ferramenta que permite às organizações identificar e definir problemas com clareza, bem como refinar e avaliar suas percepções e interpretações acerca do ambiente organizacional externo e, por fim, monitorar seu desempenho e aumentar a compreensão de seu próprio processo.

Por fim, é na etapa de uso da informação que as organizações enfrentam questões como a redução da incerteza e o gerenciamento da ambigüidade. É fato que a informação pode reduzir ou até mesmo aumentar a incerteza. Suponha-se uma situação na qual a informação obtida é apreendida e interpretada pelos membros da organização, mas o resultado observado é a dissensão. Nessa situação, compete à organização o gerenciamento de tal ambigüidade. Após novas rodadas de interpretação, a empresa deve apresentar respostas a partir de resultados que representem o entendimento coletivamente construído. A inteligência competitiva, a monitoração ambiental e temas correlatos são iniciativas empresariais e abordagens de gestão que visam à construção de sentido.

Quadro 2.1 Processo de construção de sentido

Necessidade de informação	Busca de informação	Uso da informação
• Quais são as novas tendências da indústria/setor? • Quais são as competências essenciais dos concorrentes? • O que nossos clientes valorizam?	• Escaneamento ambiental • Sistema de informações • Pesquisas	• Redução de incerteza e ambigüidade • Construção de conhecimento compartilhado • Processo decisório

Fonte: Adaptado de CHOO, C. W. *The knowing organization:* how organizations use information for construct meaning, create knowledge and make decisions. New York: Oxford Press, 1998.

A etapa de criação do conhecimento é o momento em que as organizações criam ou adquirem, organizam e processam a informação com o propósito de gerar novo conhecimento por meio da aprendizagem organizacional. O novo conhecimento gerado permite que a organização desenvolva novas habilidades e capacidades, crie novos produtos e serviços, aperfeiçoe os antigos, e melhore seus processos organizacionais. O Quadro 2.2 fornece uma analogia entre modelos de criação de conhecimento e permite inferências entre suas similitudes e dissonâncias.

Quadro 2.2 Processos de criação do conhecimento

Processos de conhecimento (WIKSTRÖM; NORMANN, 1994)	Fases de criação do conhecimento (NONAKA; TAKEUCHI, 1997)	Atividades construtoras de conhecimento (LEONARD-BARTON, 1998)
Processos generativos: gerando novo conhecimento	Compartilhamento do conhecimento tácito	Solução compartilhada de problemas
	Criação de conceitos	Experimentação e prototipagem
Processos produtivos: operacionalizando novo conhecimento	Justificação de conceitos	Implementação e integração de novas metodologias e ferramentas
	Construção de arquétipo	
Processos representativos: difundindo e transferindo novo conhecimento	Conhecimento de níveis cruzados	Importação de conhecimento

Fonte: CHOO, 1998, p. 130.

A última etapa do modelo de Choo (1998) se refere ao processo decisório. Nessa etapa, a empresa deve escolher a melhor opção entre todas as disponíveis e persegui-la com base na estratégia empresarial. O modelo de decisões das organizações, como sugerido por Simon (1976) e March e Simon (1975), é constrangido pelo princípio da racionalidade limitada. Várias decorrências podem ser enumeradas da teoria das decisões e Choo (1998), March e Simon (1975) e Chiavenato (2000) enumeram algumas delas: o processo decisório é dirigido pela busca de alternativas que sejam boas o bastante, em detrimento da busca pela melhor alternativa existente; a escolha de uma alternativa implica a renúncia das demais e a criação de uma seqüência de novas alternativas ao longo do tempo — entende-se a relatividade como um custo de oportunidade, que aponta também para a avaliação das alternativas preteridas; uma decisão completamente racional requereria informações além da capacidade de coleta da empresa, bem como um processamento de informações além da capacidade de execução de seres humanos.

Apresentados os prolegômenos deste capítulo e desta seção, propõe-se a organização das seções seguintes com base nas três arenas de uso estratégico da informação e do conhecimento, seguidas das abordagens gerenciais e das ferramentas que efetivamente conduzam a estratégia à ação.

2.2 *Sensemaking* ou a construção de sentido organizacional

Durante o processo de construção de sentido, Choo (1998) afirma que o objetivo imediato do *sensemaking* é permitir aos membros da organização a construção de um entendimento compartilhado do que é a organização e o que ela faz. O objetivo de longo prazo é garantir que a empresa se adapte e continue a prosperar em um ambiente dinâmico e mutável. As organizações podem ser vistas e analisadas, em um primeiro momento, como comunidades que continuamente realizam algum tipo de escaneamento ambiental, sistemático ou não, com o intuito de se tornarem comunidades de interpretação e construção de sentido. Verifica-se em Choo (1998) a afirmação de que, mais do que nunca, as organizações têm consciência de que sua capacidade de sobreviver, evoluir e triunfar em um ambiente dinâmico e mutável é determinada pela capacidade de construir sentido e/ou de influenciar seus ambientes, bem como de constantemente renovar significados e propósitos à luz das novas condições. Observa-se, então, a necessidade de justaposição de duas habilidades básicas que toda organização necessita *ex ante.* Em um primeiro momento, é fundamental perceber, para depois, buscar, construir e interpretar.

Choo (1998) evidencia que são dois os propósitos do escaneamento ambiental:

- Buscar informações que permitam que a empresa reconheça tendências e desenvolvimentos que causarão impacto na organização.
- Identificar temas ou assuntos relevantes que necessitem de análise posterior.

Em Weick (1995) encontra-se a definição e a explicação da natureza e das propriedades da construção de sentido organizacional.

- *A construção de sentido é fundamentada na construção de identidade* — ela é necessária para que o indivíduo mantenha uma autoconcepção consistente, e é frequentemente iniciada quando o indivíduo falha em confirmar essa autoidentidade.

- *A construção de sentido é retrospectiva* — aqui, o problema principal é escolher um significado que seja plausível a partir de vários significados possíveis, com o propósito de interpretar eventos passados.
- *A construção de sentido é representada*[2] — as pessoas em organizações freqüentemente produzem parte do ambiente que enfrentam.
- *A construção de sentido é social* — ela é feita em grupos de mais de um indivíduo.
- *A construção de sentido é fluida* — ela não começa e nem termina, mas está continuamente presente no fluxo de atividade, projetos e processos que constituem a vida organizacional.
- *A construção de sentido é focada em e extraída de pistas ou dicas* — são os pontos de referência a partir dos quais os elos e os nós são ligados e conectados às redes de significado.
- *A construção de sentido é mais dirigida pelo razoável ou aceitável que pela precisão* — com a nova dinâmica e a velocidade das operações empresariais, as pessoas tendem a trocar a precisão pela velocidade.

Choo (1998) define que o problema central da construção de sentido é como resolver ou reduzir a ambigüidade ou a incerteza — e como desenvolver significados compartilhados para que a organização possa agir com base na sua coletividade.

É interessante observar que, conforme demonstrado no Quadro 2.1, o processo resultante das decisões dá origem a novas necessidades de informações, retroalimentando todo o processo. Esse modelo se parece muito com o modelo proposto por Dervin e Nilan (1986) para o *sensemaking* individual. Esses autores postulam uma situação em que a necessidade de informação se faz presente quando o sentido, a percepção interna, desaparece ou se esgota. O indivíduo deve, então, criar um novo sentido, e o modelo por eles proposto utiliza o modelo situação–hiato–uso. O indivíduo se vê impossibilitado de prosseguir, visto que está impedido de se mover em razão de uma falha ou hiato; assim, ele precisa buscar uma informação capaz de se tornar uma ponte cognitiva para a resolução do problema. Nas várias metodologias propostas por Dervin e Nilan (1986), o modelo torna-se operacional quando os entrevistados trilham os seguintes passos:

- Ao descrever quando pararam devido à falta da informação.
- Como eles se enxergavam nessa situação.

---

2 Weick (1995) refere-se à representação pelo termo inglês *enactment*.

- Que tipo de perguntas existiam em suas cabeças, isto é, quais os hiatos cognitivos que enfrentavam.
- Quais estratégias eles acharam úteis para responder a essas perguntas.
- Como usaram a informação buscada.

Kuhlthau (1991) descreve o processo de busca de informação de acordo com a perspectiva do usuário. Essa autora reconhece que a busca de informação é vista como um processo de construção de sentido no qual a pessoa busca formar seu ponto de vista. Segundo Kuhlthau (1991), a incerteza e a ansiedade fazem parte do processo, particularmente nos estágios iniciais. MacMullin e Taylor (1984) afirmam que o modelo representante do processo de construção de sentido na busca de informação do usuário deveria incorporar três arenas de atividades: física — cursos de ação tomados; afetiva — sentimentos e sensações experimentadas; e cognitiva — pensamentos relacionando conteúdo e contexto. E o usuário se move a partir de seu estado inicial de conhecimento — ou estado anômalo do conhecimento — para a resolução do problema, por meio de uma série de escolhas feitas via uma complexa interação entre as três arenas citadas.

Por fim, retomando a temática da construção de sentido em organizações, Choo (1998) descreve todo o processo em quatro etapas:

- *Mudança ecológica* — o processo de construção de sentido começa quando há algum tipo de mudança ou diferença no ambiente da organização, resultante de variações ou distúrbios nos fluxos de experiência que afetam os membros da empresa. As mudanças ecológicas requerem dos membros de uma organização a tentativa de entender as diferenças e determinar o significado dessas mudanças.
- *Interpretação/representação* — os gerentes de uma organização devem responder à informação ambígua por meio da interpretação ou da representação do ambiente ao qual se deseja adaptar. Ao construir modelos ou cenários do ambiente, é possível construir, rearranjar, combinar, selecionar e destruir as características objetivas da realidade que cerca a organização. O objetivo, nesta etapa, é criar dados brutos que serão posteriormente transformados em significados e ações.
- *Seleção* — o processo de seleção envolve responder a perguntas como: "O que está acontecendo aqui?". Esse processo usa o passado de experiências da organização para extrair a história e selecionar um esquema de interpretação que seja razoável.
- *Retenção* — na etapa final de retenção, os produtos gerados pela construção de sentido vitoriosa são retidos para uso no futuro.

Choo (1998) aponta dois corolários muito importantes sobre a construção de sentido. O primeiro é que a razão da existência de uma organização é a produção de interpretações estáveis de dados ambíguos sobre a mudança ambiental. O segundo é que as organizações se comportam como sistemas de interpretação, isto é, têm para si o processo de traduzir o caos ambiental em modelos compreensivos e inteligíveis para a organização e seus membros.

2.2.1 A organização inteligente — organizações como sistemas de interpretação e como sistemas de processamento de informações

2.2.1.1 Organizações e ambientes

O que é uma organização inteligente? O que torna uma organização mais inteligente? De modo contrário, o que torna uma organização menos inteligente, ocasionando perdas graduais de competências ou de capacidades distintivas? Como uma organização constrói sentido e interpreta seu ambiente, mercados, fornecedores, concorrentes e clientes? Quais são as informações necessárias? O que uma organização precisa saber? Acredita-se que um dos primeiros critérios que uma análise minuciosa deva considerar é a capacidade que uma empresa possui de sobreviver e triunfar em um ambiente cada vez mais dinâmico e mutável.

Por que algumas organizações resistem ao passar dos anos? E por que outras, contrariamente, não chegam a completar sequer um ano de vida? Choo (2002) afirma que a sobrevivência depende da habilidade organizacional de processar informações sobre o meio ambiente e transformá-las em conhecimentos que permitam à organização se adaptar às mudanças externas e às demais contingências impostas. A teoria contingencial é a última das teorias da chamada Era Neoclássica das ciências administrativas e advoga que o que acontece nas organizações decorre do que acontece fora delas, ou seja, de seus ambientes. Por sua vez, as propostas de modelos e contextos para a criação de conhecimento no âmbito organizacional encontradas na literatura têm como ponto focal a aprendizagem organizacional.

A proposta de geração de conhecimento por meio da aprendizagem organizacional será objeto de análise em outras seções deste livro. Choo (2002) sugere que a capacidade adaptativa por meio da aprendizagem organizacional talvez seja a marca registrada da organização inteligente, e que a aprendizagem é a chave para o comportamento organizacional inteligente em um ambiente de mudanças rápidas. Colocadas as premissas introdutórias, faz-se necessária a compreensão de uma tipologia que represente a relação entre organizações e ambientes.

Pode-se iniciar a compreensão de uma tipologia para análise ambiental por intermédio de modelos propostos na literatura de administração, mais especificamente nas cadeiras de teoria geral da administração e administração mercadológica. Kotler e Armstrong (1998) classificam o ambiente em microambiente e macroambiente, conforme o Quadro 2.3:

Quadro 2.3 Componentes do microambiente e do macroambiente

Microambiente	• **Empresa** — alta administração, finanças, P&D, compras, produção, contabilidade. • **Fornecedores** — visão de ambiente como fornecedor de recursos. • **Canais ou intermediários** — revendedores, distribuição física (estoque, armazenagem, transporte, logística), intermediários financeiros (bancos, financeiras e seguradoras), agência de serviços (pesquisa, propaganda, consultoria). • **Mercados de clientes** — mercados consumidores, industriais, revendedores, governamentais e internacionais. • **Concorrentes** — disputam os mesmos recursos, clientes e informações. • **Públicos** — comunidade financeira, mídia, públicos governamentais, grupos de interesse (organizações de consumidores, grupos ambientalistas, minorias), públicos locais, públicos gerais.
Macroambiente	• **Forças demográficas** — população: tamanho, densidade, idade, sexo, raça etc. • **Forças econômicas** — renda, juros, poupança, inflação, política monetária, câmbio. • **Forças naturais** — insumos, matérias-primas, poluição, custo de energia, recursos renováveis e não-renováveis. • **Forças tecnológicas** — P&D, inovação. • **Forças políticas** — leis, agências governamentais, grupos de pressão. • **Forças culturais** — valores básicos, percepções, preferências e comportamentos das diversas sociedades.

Fonte: Adaptado de KOTLER, P.; ARMSTRONG, G. *Princípios de marketing*. 7. ed. Rio de Janeiro: Prentice-Hall do Brasil, 1998.

O microambiente consiste em forças próximas à empresa e que afetam sua capacidade de servir seus clientes: a própria empresa, os fornecedores, os canais de marketing, os mercados de clientes, os concorrentes e os públicos. O macroambiente consiste em forças sociais maiores que afetam todo o microambiente — forças demográficas, econômicas, naturais, tecnológicas, políticas e culturais.

Paralelamente, as pesquisas de Chandler (1976), Lawrence e Lorsch (1973), Woodward (1958), e ainda de Burns e Stalker (1961), conduzem à visão de uma tipologia dividida em ambiente geral e ambiente da tarefa. O ambiente geral possui as seguintes condições:

- *Tecnológicas* — competitividade.
- *Legais* — legislação vigente impondo restrições ou auxiliando as operações em matéria comercial, fiscal, trabalhista, civil, entre outras.
- *Políticas* — regime político e sua estabilidade, respeito aos direitos.
- *Econômicas* — inflação, taxa de juros, balanço de pagamentos, distribuição de renda etc.

- *Demográficas* — tamanho e taxa de crescimento da população, idade, distribuição geográfica e migração, que são determinantes das condições para o mercado atual e futuro.
- *Ecológicas* — relação das organizações com o ambiente (ecologia social), uma vez que as organizações influenciam e são influenciadas por questões como clima, poluição, transportes e comunicação.
- *Culturais* — a cultura de um povo penetra nas organizações por meio das expectativas de seus participantes e consumidores.

Já o ambiente da tarefa é formado pelos seguintes componentes:

- *Fornecedores de entrada* — são os fornecedores de todos os tipos de recursos que uma organização necessita para trabalhar: matérias-primas, recursos financeiros, humanos etc.
- *Clientes ou usuários* — isto é, consumidores das saídas da organização.
- *Concorrentes* — disputam os mesmos recursos (entradas) e os mesmos tomadores de suas saídas.
- *Entidades reguladoras* — sindicatos, associações de classe, órgãos de proteção ao consumidor, entre outros.

Quadro 2.4 Componentes do ambiente geral e do ambiente da tarefa

Ambiente geral	• **Condições tecnológicas** — competitividade. • **Condições legais** — legislação vigente impondo restrições ou auxiliando as operações em matéria comercial, fiscal, trabalhista, civil etc. • **Condições políticas** — regime político e sua estabilidade, respeito aos direitos etc. • **Condições econômicas** — inflação, taxa de juros, balanço de pagamentos, distribuição de renda, política cambial etc. • **Condições demográficas** — tamanho e taxa de crescimento da população, idade, distribuição geográfica e migração etc. — determinantes das condições para o mercado atual e futuro. • **Condições ecológicas** — relação das organizações com o ambiente (ecologia social) — as organizações influenciam e são influenciadas por questões como clima, poluição, transportes, comunicação etc. • **Condições culturais** — a cultura de um povo penetra nas organizações por meio das expectativas de seus participantes e consumidores.
Ambiente da tarefa	• **Fornecedores de entradas** — são os fornecedores de todos os tipos de recursos que uma organização necessita para trabalhar: matérias-primas, recursos financeiros, humanos etc. • **Clientes ou usuários** — isto é, consumidores das saídas da organização; • **Concorrentes** — disputam os mesmos recursos (entradas) e os mesmos tomadores de suas saídas. • **Entidades reguladoras** — sindicatos, associações de classe, órgãos de proteção ao consumidor etc.

Fonte: Adaptado de Chiavenato (2000).

Uma tipologia completa seria obtida pela conjugação dos modelos propostos por Kotler e Armstrong (1998) e Chiavenato (2000). Observa-se uma maior completude no microambiente dos autores de marketing conjugado com uma também maior completude do ambiente geral proposto pelos autores da teoria da administração. O Quadro 2.5, a seguir, ilustra meticulosamente a tipologia completa proposta.

Quadro 2.5 Modelo compreensivo do ambiente organizacional

Microambiente — Ambiente da tarefa	Macroambiente — Ambiente geral
• **Empresa** — funções e recursos humanos — alta administração, finanças, P&D, compras, produção, contabilidade. • **Fornecedores** — visão de ambiente como fornecedor de recursos. • **Canais ou intermediários** — revendedores, distribuição física (estoque, armazenagem, transporte, logística), intermediários financeiros (bancos, financeiras e seguradoras), agência de serviços (pesquisa, propaganda, consultoria). • **Mercados de clientes** — mercados consumidores, industriais, revendedores, governamentais e internacionais. • **Concorrentes** — disputam os mesmos recursos, clientes e informação. • **Públicos e entidades reguladoras** — comunidade financeira, mídia, públicos governamentais, grupos de interesse (organizações de consumidores, grupos ambientalistas, minorias), públicos locais, públicos gerais.	• **Condições tecnológicas** — competitividade, P&D, inovação etc. • **Condições legais** — legislação vigente impondo restrições ou auxiliando as operações em matéria comercial, fiscal, trabalhista, civil etc. • **Condições políticas** — regime político e sua estabilidade, agências governamentais, grupos de pressão, respeito aos direitos etc. • **Condições econômicas** — inflação, taxa de juros, balanço de pagamentos, distribuição de renda etc. • **Condições demográficas** — tamanho e taxa de crescimento da população, idade, distribuição geográfica e migração etc. — determinantes das condições para o mercado atual e futuro. • **Condições ecológicas** — relação das organizações com o ambiente (ecologia social) — organizações influenciam e são influenciadas por questões como clima, poluição, transportes, comunicação etc., bem como por insumos, matéria-prima, poluição, custo de energia, recursos renováveis e não-renováveis. • **Condições culturais** — a cultura de um povo penetra nas organizações por meio das expectativas, percepções, preferências e comportamentos de seus participantes e consumidores.

Fonte: Adaptado de Kotler e Armstrong (1998) e Chiavenato (2000).

De acordo com Choo (2002), o ambiente externo pode ser visto como uma fonte de informações, uma combinação de recursos ou um ambiente ecológico. A perspectiva do ambiente como fonte de informações é claramente elucidada por Dill (1962, p. 96):

> "tratar o ambiente como informações que se tornam disponíveis para a organização ou para as quais a organização, através de atividades de busca e pesquisa, pode obter acesso. Não é o fornecedor ou o cliente que contam, mas a informação que ele torna acessível para a organização sendo estudada a respeito de seus objetivos, as condições sob as quais ele entrará em um contrato ou outros aspectos de seu comportamento."

A busca de informações no ambiente tem por objetivo reduzir a incerteza e, além disso, é fato que as mudanças, eventos e tendências no ambiente continuamente criam sinais e mensagens que devem ser coletados, tratados, organizados, interpretados, disseminados e usados por gerentes e tomadores de decisões. A interpretação de informações é uma tarefa organizacional das mais críticas, e os tomadores de decisões devem se orientar para as questões de redução de incerteza, bem como para questões atinentes ao gerenciamento da ambigüidade. Choo (2002) acrescenta, ainda, que uma tarefa básica da gerência é lidar com a incerteza e gerenciar a ambigüidade gerada pelas diferentes interpretações possíveis. Deve-se considerar que quanto mais mutável e dinâmico for o ambiente de uma organização (ou quanto maior a incerteza ambiental percebida), maior deve ser a atenção conferida às atividades de monitoração ambiental e planejamento.

A visão do ambiente externo como fonte de recursos é fundamentada no entendimento do ambiente da perspectiva de uma fonte de recursos dos quais a organização é dependente. Segundo Choo (2002), são três as características estruturais do ambiente que afetam a dependência de recursos: munificência ou abundância de recursos; concentração ou a extensão pela qual o poder e a autoridade no ambiente estão amplamente distribuídos; e interconectividade ou o número e padrões de elos ou ligações entre as organizações no ambiente. O grau de dependência é maior à medida que os recursos são mais escassos, e quando os atores ambientais estão altamente concentrados ou interconectados.

A perspectiva do ambiente ecológico advoga que o ambiente (social) ecológico seleciona certos tipos de organizações para sobreviver a partir de uma base que, na verdade, é um ajuste entre as formas organizacionais e as características do ambiente. Choo (2002) sugere que o foco aqui proposto é baseado na ação dos processos de seleção ambiental, sendo a organização relativamente passiva e incapaz de determinar seu próprio destino. Infere-se uma certa aplicação da biologia evolucionária para explicar por que algumas organizações sobrevivem e prosperam enquanto outras definham e morrem.

Nas perspectivas mencionadas anteriormente, é natural a emergência de uma visão de organizações como sistemas de processamento de informações. Não existe um campo formalizado de estudos a partir dessa perspectiva, e grande parte da teoria administrativa que trata de questões informacionais focaliza o uso em detrimento de outras facetas. A aquisição é vista como não problemática e pouco se menciona as questões de tratamento, organização, disseminação e *feedback* ou retroalimentação. Choo e Auster (1993) propõem um modelo que trata não somente do uso, mas também da aquisição da informação. Essa proposta é a fusão das áreas da teoria organizacional com os estudos sobre necessidades e usos de informação, originando um campo de estudos denominado "gerentes como usuários de informação", que, com base nessa perspectiva, partem para atividades de monitoração ambiental. A Figura 2.1 proporciona um entendimento mais abrangente da proposta de Choo e Auster (1993).

Figura 2.1 Relações entre pesquisas na literatura sobre aquisição e uso de informações de gerentes

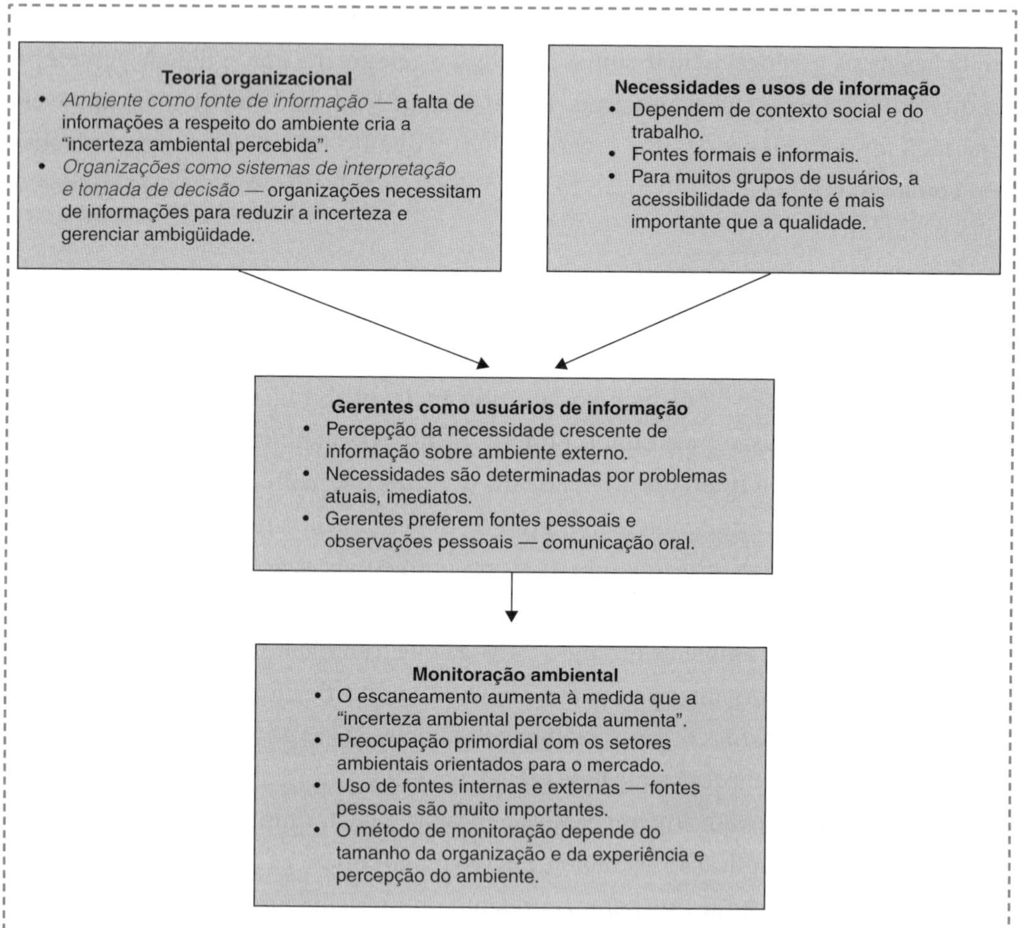

Fonte: Adaptada de CHOO, C. W.; AUSTER, E. Environmental scanning: acquisition and use of information by managers. *Annual Review of Information Science and Technology*, v. 28, p. 303, 1993.

Pode-se delinear duas diferentes orientações na pesquisa que percebe as organizações como sistemas de processamento de informações: a perspectiva de organizações como sistemas de tomada de decisão e como sistemas de interpretação.

A primeira é baseada no princípio da racionalidade limitada proposta por Simon (1976) e percebe as organizações em termos de redes de decisão e de tomadores de decisões. A questão é que, para tomar as melhores decisões racionais, caberia ao tomador de decisões identificar todas as alternativas disponíveis, bem como a previsão de todas as conseqüências produzidas por cada uma delas e sua avaliação em relação aos objetivos e preferências.

Conseqüentemente, Choo (1998) afirma que o processo decisório é dirigido pela busca de alternativas que sejam boas o bastante, em detrimento da busca pela melhor alternativa existente. Uma decisão completamente racional requereria informações além da capacidade de coleta da empresa, bem como um processamento de informações além da capacidade de execução de seres humanos. A solução está na construção de cenários e modelos simplificados do mundo real que possibilitem um olhar, uma perspectiva, um ângulo que vislumbre a formação de um construto que apóie um curso de ação que seja satisfatório, ou como já foi dito, bom o suficiente para aquele momento. A informação deve ser processada com o propósito de reduzir ou evitar a incerteza e apoiar a tomada de decisão.

Na ótica proposta pela visão de organizações como sistemas de interpretação, a tarefa principal é o desenvolvimento de uma interpretação coletiva e compartilhada a respeito do ambiente, e então agir com base na compreensão gerada. Sugere-se que as visões de organizações como sistemas de decisões e sistemas de interpretações sejam complementares e não mutuamente excludentes. Choo (2002) constata que essas duas visões são caminhos complementares para entender a busca e o uso da informação em organizações.

A visão de organizações como sistemas de tomada de decisões é útil para a resolução de problemas em que as questões podem ser identificadas, ao passo que a visão de organizações como sistemas de interpretação é mais útil quando as questões não são claras e a informação é ambígua. Choo (2002) afirma que a informação é processada com o objetivo de reduzir ou resolver a ambigüidade. O foco está no gerenciamento dessa ambigüidade e é interessante observar que a busca de informações com o objetivo de reduzir a incerteza também pode aumentá-la e, concomitantemente, gerar interpretações conflitantes dentro da organização. March (1991, p. 112), apud Choo (2002), sugere que os tomadores de decisões operam em um modo de vigilância em vez de um modo de resolução de problemas. Eles monitoram o ambiente para saber o que está acontecendo, mas não resolvem problemas — aplicam regras e copiam soluções de outros.

Deve-se avaliar a percepção organizacional sobre quão analisável é o ambiente e a sua disposição de intrusão nesse ambiente, uma vez que, com base nesses enquadramentos, é possível compreender os processos de aprendizagem organizacional. A partir da premissa proposta por March e Olsen (1979), apud Choo (2002), acredita-se que uma organização inteligente seja construída sobre dois pilares: análise, planejamento ou cálculo racional; e aprendizagem com base em experiência. Reconhecidos os limites da racionalidade, aposta-se em um crescente interesse na aprendizagem organizacional.

O estudo desta envolve questões referentes à comparação do processo de aprendizagem individual em oposição à organizacional e à visão de organizações como sistemas de interpretação, como proposto por Daft e Weick (1984), e aos processos de aprendizagem em *loop* simples e duplo sugeridos por Argyris e Schön (1978). A aprendizagem em *loop* duplo requer modificações nas normas e estratégias organizacionais, visto que os erros eventualmente detectados apontam não só para correções na ação organizacional, mas também para questionamentos quanto às normas, crenças, suposições e estratégias, que são a pedra angular de todas as organizações.

Em relação à aprendizagem individual, a aprendizagem organizacional apresenta-se como algo bem mais complexo e dinâmico, multiplicada e amplificada por variáveis relativas à cultura organizacional, aos estilos gerenciais e a estruturas organizacionais. Um dilema importante é apontado por Nevis, Dibella e Gould (1998, p. 70): "Como conferir inteligências e capacitações de aprendizagem a uma entidade não humana sem antropomorfizá-la?".

Choo (2002) afirma que a organização inteligente é uma organização de aprendizagem habilidosa em criar, adquirir e transferir conhecimento, além de poder mudar seu comportamento para refletir o novo conhecimento e a nova visão. A aprendizagem organizacional ganha força a partir da compreensão da limitação da racionalidade e da constatação de que grande parte da aprendizagem organizacional ocorre a partir de experiências do passado.

A interpretação é tida como o elemento crítico que distingue organizações essencialmente humanas de outros níveis de sistemas inferiores. Algumas conjecturas formam a base do modelo apresentado pelos autores:

- Organizações são sistemas sociais abertos que processam informação do ambiente.
- É necessária a diferenciação entre a interpretação individual e a interpretação organizacional. Acredita-se que a interpretação organizacional seja mais importante para a explicação do modelo, visto que indivíduos vão e vêm, mas as organizações preservam conhecimentos, comportamentos, mapas mentais, normas e valores.

- A alta direção (estratégica) é que formula a interpretação organizacional. Aguilar (1967) observa que abaixo do nível de vice-presidente, os colaboradores não são informados de questões pertinentes à organização como um todo.
- As organizações diferem fundamentalmente no modo de interpretar o ambiente.

A interpretação deve ser compreendida com base no processo de tradução de eventos, sinais e mensagens do ambiente, bem como no desenvolvimento de modelos compreensivos de conferência de significado e da montagem de esquemas conceituais. Uma organização pode assumir que o ambiente externo é analisável e concreto — eventos e processos são mensuráveis e determinantes, ou não analisáveis —, caso em que o tópico central se concentra na resolução da equivocidade e na construção ou representação de uma interpretação razoável. O resultado pode ser até mesmo a invenção de um ambiente. Uma outra variável é a determinação da extensão ou amplitude do grau de intrusão no ambiente. Algumas organizações monitoram continuamente o ambiente, enquanto outras assumem uma postura passiva ao aceitar as informações que o ambiente lhes fornece. Daft e Weick (1984) enumeram as relações existentes entre a monitoração ambiental, a interpretação e a aprendizagem, representadas na Figura 2.2.

Figura 2.2 Relações entre monitoração, interpretação e aprendizagem organizacionais

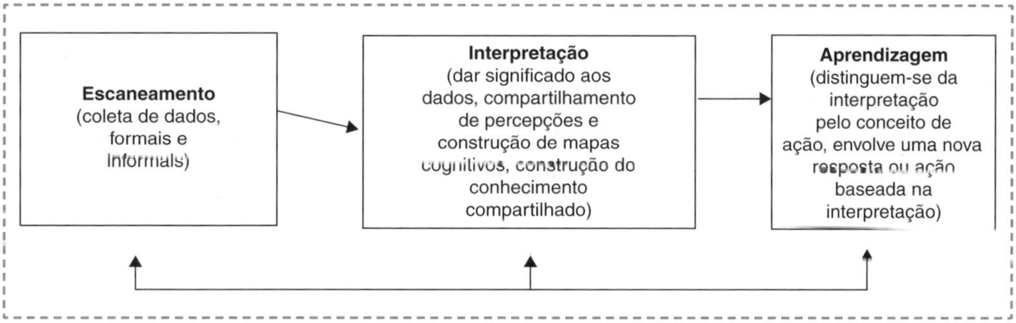

Fonte: Adaptada de DAFT, R. L.; WEICK, K. E. Toward a model of organizations as interpretation systems. *Academy of Management Review*, v. 9, n. 2, p. 286, 1984.

As diferenças entre as interpretações organizacionais são delimitadas de acordo com duas dimensões-chave:

- *As crenças e suposições da gerência quanto ao fato de o ambiente ser analisável ou não analisável* — por exemplo, quando a organização assume que o ambiente externo é concreto, que os eventos e processos são mensuráveis e determináveis, ela se utilizará da lógica e do raciocínio linear na busca de dados e soluções via processos formais preestabelecidos. Em contraposição, caso ela acredite que o ambiente externo é não analisável, a estratégia passa a ser a criação, a construção, a representação ou a coerção de uma interpretação razoável que sugira os próximos passos ou o curso de ação. O resultado pode ser a recriação do ambiente, a capacidade de gerenciar a ambigüidade e o processo é menos linear, mais *ad hoc* e improvisado.

- *A extensão pela qual a organização se intromete ou interfere no ambiente objetivando sua compreensão* — o grau de intrusão, intromissão ou interferência da organização nesse ambiente varia em um *continuum* passivo–ativo. Daft e Weick (1984) preconizam que algumas organizações assumem uma postura ativa, ativamente monitorando o ambiente em busca de uma resposta. É possível a utilização de planejamento, pesquisa ou envio de agentes a campo. As organizações com postura passiva aceitam quaisquer informações que o ambiente externo lhes fornece e reagem prontamente na ocorrência de uma crise. Caso a organização perceba o ambiente como hostil e ameaçador ou caso seja altamente dependente do ambiente, ela poderá alocar mais recursos para as funções de inteligência e coleta. Daft e Weick (1984) sugerem, ainda, que a idade e o tamanho da organização podem explicar o grau de intrusão ambiental. Organizações jovens experimentam mais e buscam informações de maneira intensa e agressiva. Com o passar do tempo, a organização passa a aceitar o ambiente em vez de pesquisá-lo ou de testar seus limites.

Desse modo, Daft e Weick (1984) propõem um modelo dotado de quatro modos de interpretação — representação (*enacting*), descoberta (*discovering*), observação não direcionada (*undirected viewing*) e observação direcionada ou condicionada (*conditioned viewing*). Esse modelo é ilustrado no Quadro 2.6, a seguir.

Quadro 2.6 Modelo dos modos de interpretação organizacional

		Intrusão organizacional	
		Passiva	**Ativo**
Suposições sobre o ambiente	**Não analisável**	Observação não direcionada (*undirected viewing*) • interpretações limitadas • dados informais e não rotineiros • intuição, rumores, chances e oportunidades	Representação *(enacting)* • experimentação, testes, coerção, inventar o ambiente • aprender fazendo
	Analisável	Observação condicionada (*conditioned viewing)* Observação condicionada • interpretação dentro dos limites tradicionais • detecção passiva • dados formais e rotineiros	Descoberta (*discovering*) • busca formal, questionamentos • questionários e coleta de dados

Fonte: DAFT; WEICK, 1984, p. 289.

Daft e Weick (1984) elucidam meticulosamente o modelo do quadro anterior. Segundo eses os autores:

- *Procura informal ou representação (enacting)* — estratégia de intrusão/interferência ativa no ambiente com a suposição de que este não seja analisável. Essas organizações constroem seus próprios ambientes. Elas reúnem informações ao testar novos comportamentos e observar o que acontece. As empresas experimentam e testam ao mesmo tempo que ignoram precedentes, regras e expectativas tradicionais e esperadas.
- *Descoberta ou procura formal (discovering)* — estratégia de intrusão/interferência ativa no ambiente com a suposição de que este seja analisável. A resposta está no ambiente e essa organização utilizará pesquisa de marketing, análise de tendências e modelos de previsão para prever problemas e oportunidades.
- *Observação direcionada ou observação condicionada (conditioned viewing)* — estratégia que supõe que o ambiente é de fato analisável, mas passiva quanto ao grau de intrusão por parte da organização. Há confiança em procedimentos de coleta de dados estabelecidos em documentos de rotina, relatórios, publicações e sistemas de informações que crescem com o passar dos anos e que estão dispostos nos limites tradicionais da organização. Assume-se que o ambiente é objetivo e benevolente e a organização não avança no sentido de aprender a respeito do ambiente.
- *Observação não direcionada, observação indireta ou observação não condicionada (undirected viewing)* — o ambiente é visto como não analisável e a intromissão configura-se como passiva. Seus gerentes confiam em informações informais, obtidas por meio de contatos pessoais e encontros casuais.

A fim de aprimorar esse modelo, Daft e Weick (1984) acrescentaram algumas características organizacionais associadas aos modos de interpretação. São elas:

- *Características do escaneamento/monitoração e características dos dados* — Barbosa (2002) propõe um mapeamento de fontes organizacionais, como se verá nos próximos itens e no Quadro 2.7.
- *Fontes internas* — entende-se como dados coletados a respeito do ambiente por pessoas da organização e então enviados aos gerentes por meio de canais internos.
- *Fontes externas* — quando os gerentes têm contato direto com informações fora da organização.
- *Fontes pessoais* — envolvem contato direto com outros indivíduos.
- *Fontes impessoais* — pertencem a documentações escritas, tais como jornais, revistas etc.

Quadro 2.7 Fontes de informação organizacional

	Pessoais	Impessoais
Externas	• clientes • concorrentes • contatos comerciais, profissionais • funcionários de órgãos governamentais	• jornais, periódicos • publicações governamentais • rádio, televisão • associações comerciais e industriais • conferências e viagens
Internas	• superiores e subordinados hierárquicos • equipe de funcionários	• memorandos e circulares internas • relatórios e estudos internos • biblioteca da organização • serviços de informação eletrônica

Fonte: BARBOSA, 2002, p. 8.

- *O processo de interpretação na organização* — Daft e Weick (1984) afirmam que a interpretação pertence ao processo pelo qual os gerentes traduzem dados em conhecimento e compreensão a respeito do ambiente. Uma questão central é o que esses autores denominam "redução da equivocidade". A equivocidade é aqui entendida como a extensão pela qual os dados não são claros e requerem múltiplas interpretações. Weick (1979) e Choo (1998) reconhecem o problema da equivocidade como o gerenciamento da ambigüidade. Aqui cabe ressaltar que, de acordo com Barbosa (1997), um dos conceitos centrais da perspectiva organizacional é o da incerteza, e Galbraith (1973) afirma que a noção de incerteza pode ser definida como a diferença entre a informação necessária e a informação disponível para realizar uma tarefa. Já as regras de montagem são os procedimentos (ou guias) que a organização usa para processar dados a fim de obter uma interpretação coletiva. O conteúdo das regras e a extensão pela qual elas são impelidas dependem da organização. Daft e Weick (1984) explicam que quanto maior a ambigüidade dos dados, menor o número de regras usadas para chegar a uma interpretação. Analogamente, quanto menor a ambigüidade percebida nos dados, maior o número de regras usadas para montar uma interpretação. Se a equivocidade/ambigüidade é muito baixa, há mais certeza a respeito do que se trata e como se deve lidar com ela. Conseqüentemente, um grande número de regras são designadas para lidar com os dados e montar uma interpretação. Poucas regras são usadas para a informação ambígua, porque há muita incerteza sobre o que exatamente essa informação significa. Os autores sugerem que o número de ciclos de informação entre a alta gerência também segue uma lógica similar. Quanto maior a ambigüidade, maior o número de ciclos entre os membros antes de uma interpretação comum. Quanto menor a ambigüidade, menos ciclos são necessários. Observa-se que os números de regras de montagem e de ciclos tendem a ser inversamente relacionados.

- *A formulação da estratégia e os processos de decisão que caracterizam cada modo* — Miles e Snow (1978) propõem que as empresas podem ser organizadas de acordo com quatro tipos de estratégias: *prospecção* — com alto nível de iniciativa; *análise* — uma intromissão mais cuidadosa; *defesa* — que é a proteção do que a organização possui; e *reação* — que na verdade não é uma estratégia, visto que a organização se move aceitando o que vem pela frente. Já as decisões organizacionais podem ser influenciadas por uma miríade de fatores, tais como a construção de uma união e processos políticos, etapas incrementais de decisão, procedimentos racionais e análise de sistemas e respostas programadas para problemas rotineiros.

Quadro 2.8 Relações entre os modos de interpretação e os processos organizacionais

		Intrusão organizacional	
		Passiva	**Ativo**
Suposições sobre o ambiente	**Não analisável**	**Observação indireta** ***1. Características da monitoração*** • *fontes de dados* — externas, impessoais • *aquisição* — sem departamento de monitoração, relatórios e contatos irregulares, informação causal ***2. Processo de interpretação*** • grande redução de equivocidade • algumas regras, muitos ciclos ***3. Estratégia e tomada de decisão*** • *estratégia* — reação • *processo decisório* — construção de coalizão, união	**Procura informal** ***1. Características da monitoração*** • *fontes de dados* — externas, pessoais • *aquisição* — sem departamento de monitoração, relatórios irregulares e realimentação do ambiente, informação seletiva ***2. Processo de interpretação*** • alguma redução de equivocidade • regras e ciclos moderados ***3. Estratégia e tomada de decisão*** • *estratégia* — prospecção • *processo decisório* — tentativa e erro incremental
	Analisável	**Observação direta** ***1. Características da monitoração*** • *fontes de dados* — internas, impessoais • *aquisição* — sem departamento de monitoração apesar da manutenção de registros regulares de sistemas de informações, informações de rotina ***2. Processo de interpretação*** • pequena redução de equivocidade • muitas regras, alguns ciclos ***3. Estratégia e tomada de decisão*** • *estratégia* — defensiva • *processo decisório* — programado, procura orientada ao problema	**Procura formal** ***1. Características da monitoração*** • *fontes de dados* — internas, impessoais • *aquisição* — departamentos dispersos, estudos e relatórios especiais, informação vasta ***2. Processo de interpretação*** • pequena redução de equivocidade • muitas regras e ciclos moderados ***3. Estratégia e tomada de decisão*** • *estratégia* — análise • *processo decisório* — análise de sistemas, computação

Fonte: DAFT; WEICK, 1984, p. 291.

Cumpridos os objetivos da primeira parte desta seção, prosseguiremos com a apresentação dos fundamentos teóricos propostos para o tema inteligência competitiva.

2.2.1.2 A teoria em inteligência competitiva

Uma questão de suma importância é o refletir a respeito dos temas pertinentes à inteligência competitiva. Algumas questões podem surgir: O que é monitoração ambiental? Como ela se difere de termos como inteligência competitiva, inteligência social e inteligência do concorrente? Com o acirramento da competitividade global, as estratégias de sucesso do passado não garantem a manutenção de competências distintivas por muito tempo. Assim, Hamel e Prahalad (1991, 2000) acreditam que é necessário repensar a organização e as raízes da vantagem competitiva. A distinção desses autores nasce da contraposição entre um portfólio de competências e um portfólio de negócios. Essa idéia faz emergir uma crítica contundente sobre a visão do modelo de organizações e suas respectivas unidades estratégicas de negócios, da mesma forma que redefine ou realoca a visão da estratégia empresarial.

Esses autores argumentam que, no curto prazo, a competitividade de uma organização deriva dos atributos de preço/performance do seu portfólio atual de produtos. A partir da perspectiva de longo prazo, a competitividade surge da habilidade de construção, a um custo mais baixo e mais rapidamente que os concorrentes, de competências essenciais que gerarão produtos no futuro. As reais fontes de vantagem serão assim encontradas na habilidade gerencial de consolidar amplamente as tecnologias corporativas e habilidades de produção em competências que conferem poder aos negócios empresariais para se adaptar rapidamente às oportunidades mutantes.

Para operacionalizar essa proposta, as organizações devem monitorar *ad nauseam* seus ambientes, na tentativa de buscar sinais, mensagens, dados, tendências e informações que possibilitem uma interpretação coletiva do que possa vir a ser o portfólio dinâmico de conhecimentos dos quais a organização necessita. Dill (1962) observa que os sinais ambientais podem ser fracos e difíceis de interpretar; confusos e difíceis de analisar, e até mesmo espúrios e não indicativos de verdadeiras mudanças.

Aguilar (1967) define a monitoração ambiental como a aquisição e uso de informações sobre eventos, tendências e relacionamentos no ambiente externo de uma organização, o conhecimento que assistirá ao gerenciamento nas atividades de planejamento nos cursos de ações futuras das organizações. Barbosa (1997, 2002) afirma que existem vários outros conceitos associados aos de monitoração ambiental e que a diferença entre eles — inteligência empresarial, inteligência do concorrente, inteligência competitiva, inteligência social e *issues management* — pode ser compreendida a partir da ótica de duas variáveis que são o escopo da coleta de dados e o horizonte temporal. A Figura 2.3, a seguir, é a representação dos temas com base na perspectiva das variáveis mencionadas anteriormente.

Figura 2.3 Relacionamento entre conceitos

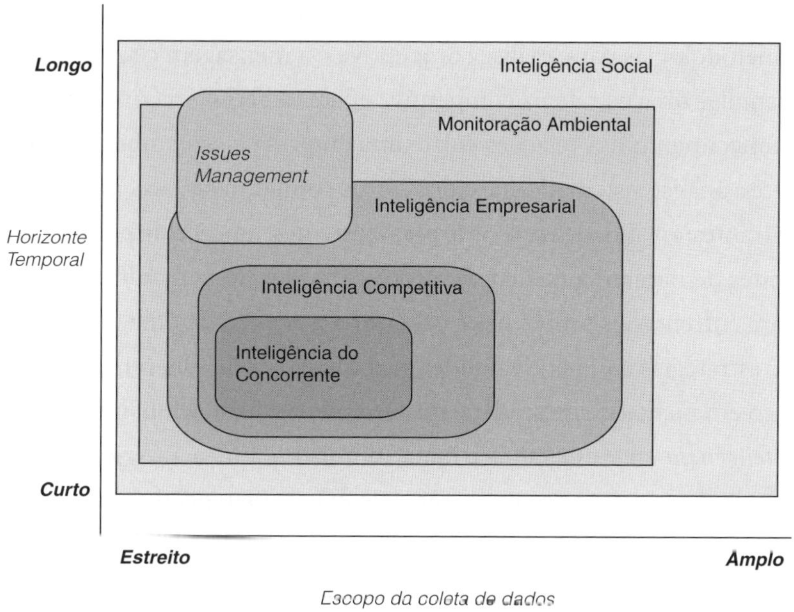

Fonte: CHOO, 2002, p. 88.

Pode-se observar que a inteligência do concorrente possui o escopo mais estreito de coleta de dados com o horizonte temporal mais curto. Ao contrário, a inteligência social possui um escopo de coleta de dados mais amplo em um horizonte temporal mais longo. Prosseguiremos com as definições sugeridas por Choo (2002) e Barbosa (2002):

- *Inteligência do concorrente* — tem o objetivo de desenvolver o perfil da natureza e do sucesso das prováveis mudanças estratégicas que cada concorrente possa vir a fazer; a resposta provável de cada concorrente à extensão de movimentos estratégicos possíveis/exeqüíveis que outras empresas podem iniciar; e a reação provável aos arranjos de mudanças setoriais e ambientais mais amplas que talvez possam ocorrer. Sua orientação é eminentemente tática e de curto prazo, com preocupações sobre preço, distribuição, promoção etc.

- *Inteligência competitiva* — é um pouco mais ampla que a anterior, mas também se refere à análise da concorrência e às condições de competitividade em setores ou regiões particulares. Bernhardt (1994) apud Choo (2002, p. 86) define inteligência competitiva como "o processo analítico de transformar dados desagregados sobre os concorrentes, o setor e o mercado em conhecimento estratégico acionável a respeito das capacidades, intenções, performance e posições dos concorrentes". Os trabalhos de Porter (1986, 1990) apresentam esquemas e metodologias para análise competitiva e a mensagem central é a de que, para formular uma estratégia competitiva eficaz, é necessária um amplo e profundo conhecimento das relações entre uma empresa e seu ambiente. Esse autor sugere a análise sistemática de cinco forças competitivas básicas: ameaça de novos entrantes; rivalidade entre as firmas existentes; ameaça de produtos substitutos; poder de barganha dos compradores; e poder de barganha dos fornecedores. Para enfrentar os problemas é necessária a adoção de uma ou mais das seguintes estratégias competitivas: liderança a baixo custo; diferenciação de produtos; foco em nichos de mercado; e fortalecimento de relacionamentos.
- *Inteligência empresarial* — é mais abrangente que a anterior e compreende o estudo da natureza da concorrência sob uma perspectiva mais ampla, procurando incorporar em sua análise fenômenos econômicos, sociais e políticos que possam ter importância para a organização. A inteligência empresarial também se diferencia da competitiva na medida em que inclui tópicos como análises de fusões e aquisições potenciais e avaliações de riscos inerentes a países particulares.
- *Monitoração ambiental* — com um escopo maior que as definições anteriores, analisa informações sobre cada setor do ambiente externo que possa ajudar a alta administração a planejar o futuro da organização. A monitoração inclui não só concorrentes, fornecedores e clientes, mas também condições e tendências tecnológicas, econômicas, políticas, regulatórias, demográficas e sociais.
- *Issues management* ou *gerenciamento de questões estratégicas* — Choo (2002) afirma que esse conceito evoluiu das questões/negócios de Estado e objetiva o desenvolvimento de políticas corporativas, bem como o suporte a programas de ação para participação no processo político público de resolução de

problemas sociais, políticos e econômicos que afetarão a viabilidade futura e o bem-estar da organização. As questões estratégicas podem advir de cinco arenas: *econômica* — mudanças em indicadores econômicos; *social* — atitudes públicas; *política* — mudanças políticas no poder/governo; *tecnológica* — invenções, inovações ou novas técnicas; e *outras* — questões ambientais, de saúde e de segurança.

- *Inteligência social* — é a de alcance e escopo mais amplos dentre todas as propostas e preocupa-se com a capacidade de sociedades e instituições de identificar problemas, coletar informações relevantes a respeito desses mesmos problemas e transmitir, processar, avaliar e, em última instância, colocar essa informação em uso. Em outras palavras, esta inteligência diz respeito à capacidade de uma nação de usar a informação para perseguir estratégias nacionais.

É fundamental assinalar também o que os temas têm em comum: a preocupação com a coleta, organização, análise, disseminação, uso e *feedback* da informação no ambiente organizacional, a fim de apoiar a tomada de decisão e permitir que a organização continue a prosperar em um ambiente de incertezas e mudanças rápidas. Isso constatado, abre-se uma ponte para comparar o ciclo de inteligência proposto por Miller (2002) com a perspectiva ecológica do processo de gerenciamento de informações proposto por Davenport (1998a). Miller (2002) propõe um ciclo de quatro fases de inteligência: identificação dos responsáveis pelas principais decisões e suas necessidades em matéria de inteligência; coleta de informações; análise da informação e sua transformação em inteligência; e disseminação da inteligência entre os responsáveis pela tomada de decisões.

Davenport (1998a), por sua vez, afirma que o que falta nas organizações não é a informação, uma vez que esta pode ser encontrada em todo lugar. O que faltam são ferramentas tecnológicas e de gestão para entregar a informação certa às pessoas certas no tempo certo. O autor propõe a formatação de um processo de gerenciamento da informação baseado nas seguintes etapas: determinação das exigências da informação; obtenção de informações — exploração, classificação, formatação e estruturação; distribuição das informações; uso da informação. Dessa forma, elucida seu modelo por meio da ampliação para sete etapas, que serão meticulosamente discutidas nas próximas seções deste capítulo: administração de exigências; plano de ativos informacionais; plano de sistemas informacionais; aquisição; análise; disseminação; e *feedback*.

A Figura 2.4, a seguir, compara os modelos de Davenport (1998a) e Miller (2002).

Figura 2.4 Comparação entre os modelos de Davenport (1998a) e Miller (2002)

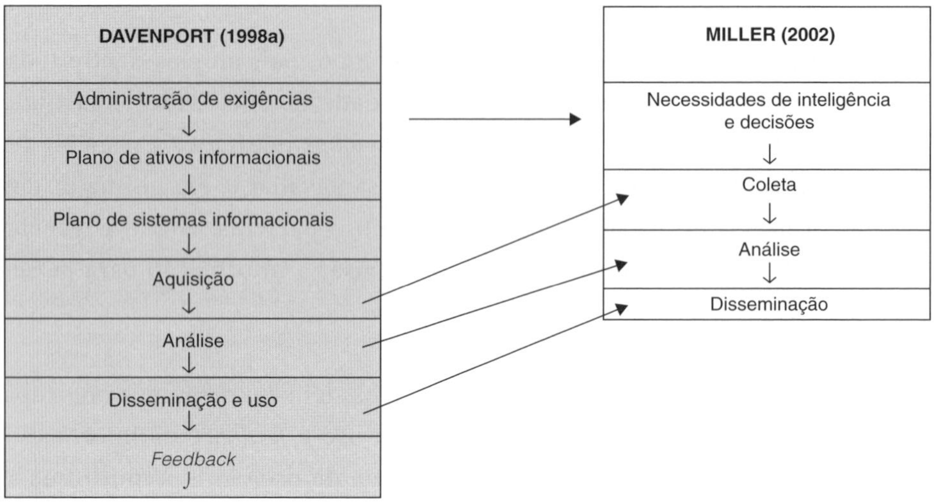

Fonte: Adaptada de Davenport (1998a) e MILLER, J. P. *O milênio da inteligência competitiva*. Porto Alegre: Bookman, 2002.

Apesar de não ter sido proposto como um modelo de inteligência, o processo de gerenciamento de informações de Davenport (1998a) é muito mais amplo, completo, abrangente e inclui a retroalimentação no processo. O modelo de Miller (2002) não é indicativo de maiores novidades na área.

A pesquisa sobre inteligência competitiva é merecedora de destaque em alguns aspectos pontuais. Barbosa (2002), em pesquisa realizada sobre o processo de monitoração do ambiente organizacional externo, relata uma elevada taxa de utilização de fontes eletrônicas que, no entanto, eram vistas como pouco confiáveis e relevantes. Ainda de acordo com esse autor, as pessoas (colegas, subordinados e superiores hierárquicos) são vistas como as fontes mais confiáveis de informação. Um fato curioso levantado por essa pesquisa diz respeito às bibliotecas e centros de informação internos: apesar de serem considerados as fontes de informação mais confiáveis, são os menos utilizados.

Choo e Auster (1993) resumem os resultados de pesquisas realizadas entre 1967 e 1992:

- Há uma crescente consciência quanto ao valor da monitoração ambiental.
- Gerentes que experimentam altos níveis de incerteza ambiental tendem a executar grandes esforços de monitoração.
- Setores do ambiente organizacional externo relacionados a setores do mercado — informações de clientes, fornecedores e concorrentes — parecem ser os mais importantes para a monitoração ambiental.
- Enquanto os gerentes usam com freqüência informações de fontes internas e externas para monitorar o ambiente, fontes pessoais, como clientes, associados e demais membros da equipe, são mais importantes — bibliotecas e bases de dados on-line não são amplamente utilizadas na monitoração.
- Os métodos de monitoração nas organizações de negócios podem variar de atividades *ad hoc* e informais até esforços altamente sistematizados e formalizados — esses métodos dependem do tamanho da empresa, da sua experiência com técnicas de planejamento e análise, e da sua percepção a respeito do ambiente externo.
- As características do trabalho dos gerentes, como nível hierárquico e especialidade funcional, não exercem um efeito claro sobre o comportamento de monitoração.

A prática em inteligência competitiva pode ser traduzida por meio do uso de técnicas e modelos analíticos. Sandman (2002) acredita que o foco na inteligência deve considerar análises do setor industrial, análises da própria empresa, análises dos concorrentes e modelos de análises e de contabilidade. Para a análise do setor industrial, o autor propõe a utilização de modelos como o das cinco forças de Porter (1990), modelos de avaliações de portfólios de produtos, como as matrizes Boston Consulting Group (BCG) e General Electric (GE) e, ainda, a matriz de fatores críticos de sucesso. Para a análise da empresa, sugere o exercício de caminhar pelo chão de fábrica, ampliar a rede de contatos e mapear potenciais fontes de informações. A análise dos concorrentes pode ser instrumentalizada por meio de algumas técnicas, tais como traçar o perfil dos concorrentes, *benchmarking* (análise de melhores práticas) e análise de hiato, além de análise de competências essenciais, de citações de patentes, análise FOFA[3] e da cadeia de valor. O autor sugere, ainda, a análise de novas modalidades contábeis, como o custeio baseado em atividade (ABC, em inglês) e o gerenciamento pelo valor

---

[3] Análise FOFA ou, em inglês, análise SWOT: forças, fraquezas, oportunidade e ameaças.

econômico (em inglês, Economic Value Management, ou EVM). Porter (1986) propõe uma metodologia para a análise da concorrência baseada em quatro componentes: metas futuras, estratégias em cursos, hipóteses e capacidades.

Faz-se necessária uma ampliação das pesquisas para a extrapolação das formulações teóricas e dos resultados até então existentes. A perspectiva da visão de organizações como sistemas de processamento de informações e o surgimento de estudos sobre gerentes como usuários de informação abrem possibilidades de estudos multidisciplinares, para os quais áreas e campos de estudo como a ciência da informação, a administração e a psicologia ainda podem e devem muito contribuir. Sugere-se, para tanto, a ampliação deste livro para a inclusão de contribuições do perfil e das habilidades dos profissionais de inteligência, bem como de metodologias mais sofisticadas para a análise da concorrência da perspectiva da aprendizagem organizacional e relatos de casos em pequenas e médias empresas brasileiras. Assim, espera-se alcançar uma boa revisão da teoria existente e a proposição de resultados de pesquisas e práticas que possam iluminar iniciativas de inteligência e gestão do conhecimento.

2.3 Criação de conhecimento por meio da aprendizagem organizacional

2.3.1 Teoria da criação do conhecimento

A epistemologia é a ciência que estuda os fundamentos filosóficos do conhecimento. Ao iniciar este capítulo, acredito ser importante algumas reflexões a respeito dos termos *informação* e *conhecimento*. Nonaka e Takeuchi (1997), ao tratarem do assunto, fazem três observações importantes:

- O conhecimento, ao contrário da informação, diz respeito a crenças e compromissos. A partir dessa perspectiva, o conhecimento torna-se uma atitude, uma perspectiva ou intenção específica.
- O conhecimento, ao contrário da informação, está relacionado e conduz à ação.
- Informação e conhecimento dizem respeito ao significado, estando, portanto, intrinsecamente associados ao contexto. Pode-se complementar dizendo que as pessoas usam seu repertório interno de conhecimento, aqui denominado conteúdo, para fazer frente aos diversos contextos enfrentados no dia-a-dia.

Esses autores justificam, ao postularem sua "teoria da criação do conhecimento", que a definição de conhecimento por eles adotada é a de "crença verdadeira justificada", uma vez que a visão epistemológica do Ocidente, diferindo da do Oriente, concentra-se na verdade. A visão japonesa considera o conhecimento "um processo humano dinâmico de justificar a crença pessoal com relação à verdade", em detrimento da visão ocidental, que percebe o conhecimento enfatizando sua natureza absoluta, estática e não humana. Machlup (1983) salienta que a informação é um meio material necessário para a conseqüente extração e construção do conhecimento, afetando o conhecimento ao acrescentar-lhe algo novo ou ao reestruturá-lo. Dretske (1981) acrescenta que a informação é um produto capaz de gerar conhecimento e que este é identificado com a crença produzida ou sustentada pela informação. A partir de seus postulados, Nonaka e Takeuchi (1997) destacam duas perspectivas da informação: a informação sintática ou o volume de informações, pela análise realizada por Shannon e Weaver (1949) — teoria matemática da informação —, e a informação semântica, que carrega significado e é a que deve ser considerada na teoria de criação de conhecimento de Nonaka e Takeuchi (1997).

Segundo Sveiby (1998), o conhecimento é a capacidade de agir e não pode ser destacado do contexto. Além disso, esse autor acredita que o conhecimento possui quatro características:

- *O conhecimento é tácito* — essa afirmação baseia-se nos estudos de Polanyi (1967), que afirma que sabemos mais do que podemos dizer. Reconhece-se essa afirmação ao se tentar explicitar como tocar um instrumento musical ou mesmo jogar futebol. Segundo Sveiby (1998), o conhecimento prático é, em grande parte, tácito. Polanyi (1967) define conhecimento tácito como pessoal, intransferível e específico ao contexto, sendo assim de difícil formulação e comunicação. Acrescenta, ainda, que os seres humanos adquirem conhecimentos criando e organizando ativamente suas próprias experiências. Segundo Choo (1998), o conhecimento tácito é aquele implícito, utilizado pelos membros da organização para fazerem seu trabalho e construírem o sentido dos seus mundos. Afirma também que é um conhecimento não codificável e de difícil difusão, além de ser vital para as organizações, visto que estas só podem aprender e inovar por meio da alavancagem do conhecimento implícito de seus membros. É fundamental lembrar que nem mesmo os sistemas computacionais mais avançados do mundo são capazes de gerar conhecimento. Nonaka e Takecuchi (1997) expandem as idéias de Polanyi (1967) ao acrescentar que o conhecimento tácito inclui também elementos definidos pelos seres humanos, que estabelecem e manipulam analogias em suas mentes com o intuito de criar modelos de mundo. Os modelos mentais são definidos como pontos de vista, esquemas, paradigmas, perspectivas e crenças — e são úteis na medida em que auxiliam na percepção e definição do mundo. Já o elemento técnico do conhecimento tácito inclui as habilidades, as técnicas e o *know-how* concreto.

- O conhecimento é orientado para a ação.
- *O conhecimento é sustentado por regras* — seguimos regras e modelos e dependemos da experiência para fazermos julgamentos. Keynes apud Sveiby (1998, p. 40) afirma que "a maior dificuldade não está em persuadir as pessoas a aceitar novas idéias, mas em persuadi-las a abandonar as antigas".
- *O conhecimento está em constante mutação* — uma vez explicitado pela linguagem, o conhecimento tácito se torna estático e pode ser focalizado com propósitos de reflexão, a partir da qual ele pode ser desmembrado, distribuído, criticado, analisado, reformulado ou ampliado.

Nonaka e Takeuchi (1997) afirmam que o conhecimento explícito ou codificado se refere ao conhecimento transmissível por meio da linguagem sistemática e formal. Uma outra importante contribuição desses autores é a visão ontológica de que o conhecimento só existe, reside e é criado por indivíduos — uma tautologia para afirmar que uma organização não pode criar conhecimento sem indivíduos. Desse modo, acredita-se que o conhecimento resida, sim, no indivíduo, mas que sua construção acontece quando há inserção deste em uma determinada coletividade. A criação do conhecimento organizacional é a ampliação do conhecimento criado pelos indivíduos se satisfeitas as condições contextuais (o que Von Krogh, Ichijo e Nonaka [2001] denominam "contexto capacitante"), que devem ser propiciadas pela organização.

Choo (1998) acrescenta uma terceira dimensão do conhecimento: o conhecimento cultural. De acordo com o autor, este consiste nas estruturas cognitivas e afetivas que são habitualmente utilizadas pelos membros da organização com o intuito de perceber, explicar, avaliar e construir a realidade. Acredita-se que o conhecimento cultural reflita a heurística organizacional. O conhecimento cultural inclui as crenças e suposições utilizadas para descrever e explicar a realidade, assim como as convenções e expectativas usadas para conferir valor e significado à nova informação. Choo (1998) afirma, ainda, que esse tipo de conhecimento não é codificável, apesar de ser amplamente difundido pelos elos e relacionamentos que conectam o grupo. No contexto da criação do conhecimento organizacional, assume o papel principal ao ser responsável pelo fornecimento de um padrão de crenças compartilhadas. Leonard-Barton (1998) afirma que o conhecimento cultural fornece valores e normas que determinam quais valores e normas são procurados e nutridos/estimulados e que tipos de atividades criadoras de conhecimento são toleradas e encorajadas.

É oportuna a introdução, a esta altura, da tipologia de conhecimento criada por Boisot (1995). Esse autor classifica os tipos de conhecimento baseado no fato de eles serem ou não codificáveis e difusos. O conhecimento codificado na tipologia de Boisot (1995) é aquele que pode ser guardado ou colocado na forma escrita sem que haja a ocorrência de perdas excessivas de informação, como preços de ações, leis e códigos de *software*. O conhecimento não codificável é aquele que não pode ser capturado ou guardado sem que a essência da experiência à qual se relaciona se perca. Exemplos são o reconhecimento de um rosto ou fisionomia, andar de bicicleta ou tocar bateria. Já o conhecimento difundido é passível de compartilhamento com outros — como transmissões de rádio e artigos de jornais —, ao passo que o não difundido é trancafiado na mente das pessoas, visto que é difícil de articular ou porque as pessoas desejam mantê-lo lá por razões pessoais (memórias da infância, segredos de empresas, fantasias etc.). Dessa maneira, no Quadro 2.9, a seguir, apresenta-se a tipologia de conhecimento de Boisot (1995).

Quadro 2.9 Tipos de conhecimento

	Conhecimento não difundido	Conhecimento difundido
Conhecimento codificado	Conhecimento proprietário	Conhecimento público
Conhecimento incodificável	Conhecimento pessoal	Conhecimento do senso comum

Fonte: CHOO, 1998, p. 110

- *Conhecimento do senso comum* — amplamente difundido e não codificável. Conhecimento adquirido durante a vida e as experiências compartilhadas com amigos, família, pares e demais membros da comunidade.
- *Conhecimento pessoal* — não difundido e não codificável. É o conhecimento que cresce e toma forma a partir da própria experiência do indivíduo e que não é acessível a outros. A comunicação desse tipo de conhecimento requer a presença física das partes envolvidas e o compartilhamento conjunto de experiências concretas.

- *Conhecimento público* — é codificável e difundido. É o conhecimento da sociedade que é encontrado estruturado e gravado em livros, jornais e demais formas impressas formais e informais.
- *Conhecimento proprietário* — é codificável e não difundido. É o conhecimento desenvolvido e codificado por um grupo ou pessoa com o propósito de construir sentido a respeito de situações particulares. É um tipo de conhecimento que pode ser tecnicamente difundido, apesar de os partícipes envolvidos talvez não o desejarem, visto que sua relevância pode estar ligada a circunstâncias específicas e às necessidades do gerador desse conhecimento.

Sveiby (1998), Porter (1990) e Hamel e Prahalad (1991) enfocam em seus respectivos trabalhos uma certa permeabilidade entre conhecimento e competência. Segundo esses autores, o conhecimento organizacional conduz a uma competência distintiva ou vantagem competitiva — ou ainda a uma competência básica, ou seja, a habilidades técnicas e gerenciais que permitem a uma organização sobreviver e triunfar em um ambiente dinâmico e imprevisível. Sveiby (1998) considera, ainda, que a competência de um indivíduo consiste em cinco elementos mutuamente dependentes:

- *Conhecimento explícito* — conhecimento dos fatos adquirido por meio da informação, quase sempre pela educação formalizada.
- *Habilidade* — é o "saber fazer"adquirido pela prática e pelo treinamento.
- *Experiência* — adquirida principalmente pela reflexão sobre erros e acertos do passado.
- *Julgamento de valor* — julgamento daquilo que o indivíduo acredita estar certo. São os filtros conscientes e inconscientes do processo de saber de cada indivíduo.
- *Rede social* — formada pela relação dos indivíduos com outros no ambiente e na cultura transmitidos pela tradição.

Ainda segundo Sveiby (1998), subentende-se que a informação ou o conhecimento explícito é o único elemento da competência e que esta depende do ambiente.

Após o entendimento das três dimensões do conhecimento, é oportuna, então, a discussão dos métodos de conversão de conhecimento propostos por Nonaka e Takeuchi (1997).

Esses autores têm como pressuposto que a criação do conhecimento se dá pela interação entre o conhecimento tácito e o conhecimento explícito — e identificam quatro diferentes modos de conversão do conhecimento, a saber:

- *Socialização* — de conhecimento tácito para conhecimento tácito. É um processo de compartilhamento de experiências que cria conhecimento tácito, como modelos mentais ou habilidades técnicas compartilhadas. Podemos identificar a socialização na relação de um aprendiz com seu mestre por meio da observação, da imitação e da prática. A linguagem não é suficiente. Outros exemplos são as sessões de *brainstorming* — nas quais não são aceitas críticas sem sugestões construtivas — e a relação estabelecida entre os responsáveis pelo desenvolvimento de produtos e os clientes.
- *Externalização* — de conhecimento tácito para conhecimento explícito. Segundo Nonaka e Takeuchi (1997, p. 71), trata-se de "um processo de criação de conhecimento perfeito, na medida em que o conhecimento tácito se torna explícito, expresso na forma de metáforas, analogias, conceitos, hipóteses ou modelos". A externalização é provocada pelo diálogo e pela reflexão coletiva, e um método comumente utilizado para criar um conceito é a combinação de dedução e indução. Esses autores ainda defendem o uso seqüencial da metáfora-analogia-modelo, e argumentam que a externalização, apesar de historicamente negligenciada nas organizações, é a chave para a criação do conhecimento. Livros sobre gerenciamento são exemplos de externalização ou exteriorização.
- *Combinação* — de conhecimento explícito para conhecimento explícito. É a combinação de diferentes conjuntos de conhecimento explícito para a criação de um novo conhecimento explícito. Ocorre, por exemplo, em cursos universitários, por meio da educação e do treinamento formal em escolas.
- *Internalização* — de conhecimento explícito para conhecimento tácito. Trata-se da absorção do conhecimento explícito em conhecimento tácito e está intimamente relacionada ao aprendizado pela prática.

Quadro 2.10 Quatro modos de conversão do conhecimento

	Conhecimento tácito (para)	**Conhecimento explícito**
Conhecimento tácito (de)	Socialização	Externalização
Conhecimento explícito	Internalização	Combinação

Fonte: NONAKA, I.; TAKEUCHI, H. *Criação de conhecimento na empresa:* como as empresas japonesas geram a dinâmica da inovação. Rio de Janeiro: Campus, 1997. p. 69.

Nonaka e Takeuchi (1997, p. 79) sugerem que é a partir da contínua interação entre o conhecimento tácito e o conhecimento explícito que surge a inovação. Daí esses autores serem categóricos ao postular a premissa básica da criação de conhecimento organizacional: "a criação do conhecimento organizacional é uma interação contínua e dinâmica entre o conhecimento tácito e o conhecimento explícito".

Tal afirmação também é encontrada em Leonard-Barton (1998), que postula que a inovação ocorre na fronteira das mentes, em detrimento de sua ocorrência restrita a uma única base de conhecimentos e qualificações. Nonaka e Takeuchi (1997), em sua proposta do modelo de conversão dos diferentes tipos de conhecimento, enunciam que o conteúdo criado por cada modo de conversão do conhecimento é diferente, assim, propõem o seguinte modelo, representado no Quadro 2.11, a seguir.

Quadro 2.11 Conteúdo do conhecimento criado pelos quatro modos

de \ para	**Conhecimento tácito**	**Conhecimento explícito**
Conhecimento tácito	(Socialização) Conhecimento compartilhado	(Externalização) Conhecimento conceitual
Conhecimento explícito	(Internalização) Conhecimento operacional	(Combinação) Conhecimento sistêmico

Fonte: NONAKA; TAKEUCHI, 1997, p. 81.

Nonaka e Takeuchi (1997, p. 81) entendem que esses conteúdos de conhecimento interagem entre si, fazendo surgir o que denominam de "espiral de criação do conhecimento". Os autores postulam que o segredo consiste na mobilização do conhecimento tácito criado e acumulado em cada colaborador da organização, e a sua conseguinte ampliação na organização, pelos quatro modos de conversão de conhecimento propostos, até a sua cristalização em níveis ontológicos superiores, como se segue:

> "[...] assim, a criação do processo do conhecimento organizacional é um processo em espiral, que começa no nível individual e vai subindo, ampliando comunidades de interação que cruzam fronteiras entre seções, departamentos, divisões e organizações."

Para que o modelo de criação de conhecimento organizacional seja favorecido, é fundamental repensar a organização e o papel que desempenha no que tange às condições capacitadoras de criação de conhecimento. A organização deve fornecer o contexto adequado para a criação e acúmulo do conhecimento (do japonês *ba*, espaço do conhecimento, lugar ou contexto capacitante). Nonaka e Takeuchi (1997) propõem, ainda, cinco condições em nível organizacional que visam à promoção da espiral do conhecimento. São elas:

- *Intenção* — os autores relacionam a intenção com a essência da estratégia empresarial. Desse enfoque, as competências essenciais propostas por Hamel e Prahalad (1991), a vantagem competitiva proposta por Porter (1990) e as microcomunidades de Senge (1990) são reforçadas. Nonaka e Takeuchi (1997) defendem que, do ponto de vista da criação de conhecimento organizacional, a essência da estratégia está intimamente relacionada à capacidade organizacional de adquirir, criar, acumular e explorar o conhecimento. A gestão estratégica passa a ter a missão de conceitualizar o tipo de conhecimento que deve ser desenvolvido e a operacionalização desse conhecimento em um sistema gerencial de implementação.
- *Autonomia* — ao investir os funcionários de autonomia, a organização amplia as chances de introduzir oportunidades inesperadas e, concomitantemente, aumenta a automotivação para a criação de novo conhecimento. As teorias de administração, de acordo com Chiavenato (2000), reconhecem essa condição como *empowerment*, que, segundo Sandroni (1996), é um termo inglês que significa "delegação de poderes", isto é, um estilo de administração ou de gestão no qual o poder é descentralizado por meio da delegação de poderes dos níveis hierárquicos mais elevados para os mais baixos.
- *Flutuação e caos criativo* — são os elementos estimuladores da interação entre a organização e o ambiente externo. Entretanto, os autores salientam a importância do entendimento das diferenças atinentes ao caos criativo e ao caos total. O objetivo da flutuação é proporcionar aos membros da organização um colapso de suas rotinas, hábitos e estruturas cognitivas. É um desconforto, uma interrupção do estado habitual de resistência ao novo e ao conforto. Nesse estado, é necessária a revisão e o questionamento da validade de nossos pensamentos, perspectivas e planejamentos.
- *Redundância* — é importante frisar que se faz necessário uma redundância tanto de informações quanto de formações. Redundância no modelo dos autores é a existência de informações que transcendam as exigências operacionais imediatas dos partícipes da organização. No ambiente empresarial, a

redundância refere-se a informações sobre as atividades e processos empresariais, sobre o ambiente, desejos e necessidades de consumidores potenciais e responsabilidades nos níveis estratégico, tático e operacional — a formação de equipes multidisciplinares, de forças-tarefa nas organizações (por exemplo, uma missão especial que requeira uma equipe temporária formada pelo pessoal de produção, vendas, marketing, P&D e recursos humanos) e ainda, nas palavras de Nonaka e Takeuchi (1997), de um rodízio estratégico de pessoal.

- *Variedade de requisitos* — princípio no qual a diversidade interna de uma organização deve fazer frente à complexidade do ambiente para permitir o enfrentamento de desafios impostos por um ambiente extremamente dinâmico e mutável. Os membros de uma organização com uma maior variedade de requisitos, se satisfeita a garantia de acesso a uma ampla gama de informações, podem enfrentar uma infinidade de novas situações advindas do ambiente.

Contudo, Von Krogh, Ichijo e Nonaka (2001, p. 12) afirmam que há uma mudança no papel gerencial quando o assunto é a criação ou a gestão do conhecimento. Para esses autores, os gerentes não devem tentar controlar a criação do conhecimento, mas sim promovê-la. Não se gerencia o conhecimento, apenas capacita-se para ele. Os autores sintetizam essa capacitação como o "conjunto geral de atividades organizadas que afetam de maneira positiva a criação do conhecimento". Von Krogh, Ichijo e Nonaka (2001) identificam cinco capacitadores de conhecimento, os quais coincidem semelhantemente com a proposta de Nonaka e Takeuchi (1997):

- *Instilar a visão do conhecimento* — essa visão deve fornecer um mapa mental do mundo em que vivem os membros da organização, bem como um mapa mental do mundo em que estes devem viver. Além disso, ela deve especificar que conhecimentos os membros da organização devem buscar e criar.
- *Gerenciar as conversas* — as conversas nas organizações geralmente apresentam dois objetivos básicos — confirmar a existência e o conteúdo do conhecimento ou criar novos conhecimentos. Os autores enumeram também quatro princípios norteadores das boas conversas[4]: estimular ativamente a participação; definir regras de etiqueta, evitando ambigüidades, intimidações e o exercício

---

[4] Mintzberg (1973) relatou que os gerentes gastam cerca e 80% de seu tempo no processo de comunicação — reuniões, conversas, telefonemas, entre outros.

da autoridade; editar as conversas de maneira apropriada; e fomentar o uso de linguagem inovadora.

- *Mobilizar os ativistas do conhecimento* — três questões conceituais são úteis na definição da função do ativista do conhecimento — a perspectiva da microcomunidade, as comunidades imaginadas e os mapas de cooperação compartilhados.
- *Criar o contexto adequado* — ou o *ba*, o lugar para a criação do conhecimento.
- *Globalizar o conhecimento local* — o principal objetivo é a difusão do conhecimento em toda a organização.

Esses autores ainda apontam para a importância das microcomunidades de conhecimento, ou seja, os pequenos grupos das organizações cujos membros compartilham conhecimentos, crenças, valores e até mesmo objetivos comuns. Duguid e Brown (2001) referem-se às microcomunidades de conhecimento de Von Krogh, Ichijo e Nonaka (2001) como "comunidades de prática" — e estas serão objeto de discussão ainda neste livro.

Compreendidos os preâmbulos deste capítulo, apresenta-se o modelo de criação de conhecimento organizacional proposto por Nonaka e Takeuchi (1997), composto de cinco fases:

- *Compartilhamento do conhecimento tácito* — nessa primeira fase, é útil relembrar que o conhecimento reside nas pessoas, mas que a construção de conhecimento acontece coletivamente. O compartilhamento do conhecimento tácito entre vários membros da organização possuidores de diferentes históricos, experiências, perspectivas e motivações é a etapa crítica da criação do conhecimento organizacional. Essa etapa corresponde à *socialização* proposta nos quatro modos de conversão do conhecimento. Leonard-Barton (1998) refere-se a esse processo como "solução compartilhada de problemas", no qual é preciso eliminar as três causas de diferenças individuais que conduzem à heurística/solução de problemas — especialização, estilo cognitivo preferido e preferências metodológicas e de instrumentos —, a fim de que se criem as condições necessárias para o compartilhamento de problemas, tão cruciais para o desenvolvimento de novos produtos. Para a solução compartilhada de problemas é necessário que haja uma "abrasão criativa". Segundo Leonard-Barton (1998), quando idéias diferentes entram em atrito, saem faíscas criativas. Nesse processo, as pessoas, com suas diversidades de qualificações personalizadas, são incentivadas a respeitar o ponto de vista de outras pessoas, mesmo que não concordem com eles. É nesse tipo de ambiente que as pessoas são amplamente capazes de respeitar a denominada diversidade cognitiva — mas sem a exaltação do dissenso.

- *Criação de conceitos* — nessa fase, o modelo mental tácito compartilhado na etapa anterior deve ser *externalizado*. Ele é então verbalizado em frases e palavras até sua cristalização em conceitos mais explícitos. Nessa etapa acontece o emprego da linguagem figurativa, como a metáfora e a analogia. A dialética pode ser utilizada para o aprimoramento do diálogo entre os membros da organização.
- *Justificação de conceitos* — nesse momento, os membros da organização passam pelo processo de determinação, utilizando critérios quantitativos e/ou qualitativos, caso os novos conceitos criados tenham valor para a organização e para a sociedade. Os critérios de justificação com a intenção organizacional, expressos em termos de visão ou estratégia, tornam-se uma das principais funções da alta gerência em uma empresa criadora de conhecimento.
- *Construção de um arquétipo* — nessa etapa, os conceitos recém-criados, após sua externalização e justificação, são transformados em algo mais tangível e concreto, como um arquétipo, modelo, protótipo ou exemplar. A construção desse arquétipo se dá pela *combinação* entre o conhecimento explícito recém-criado e o conhecimento explícito já existente na organização. Leonard-Barton (1998) defende também a prototipagem como um meio de comunicação, pois reconhece o papel fundamental desempenhado pela prototipagem para a discussão, a solução de problemas e a integração transfuncional, apesar de argumentar que a construção de protótipos serve também para a solução de problemas através de fronteiras. Isso geraria mais oportunidades de abrasão criativa e de integração.
- *Difusão interativa do conhecimento* — a criação do conhecimento proposta deve ser considerada como um processo interminável que se atualiza continuamente. O novo modelo criado passa para um novo ciclo de criação de conhecimento em um nível ontológico superior. Esse processo é tanto intraorganizacional quanto interorganizacional. O conhecimento gerado deve ser usado para desenvolver novos ciclos de criação do conhecimento, conferindo à empresa a sua sustentabilidade de longo prazo.

Para terminar a análise dos processos de criação do conhecimento, é fundamental apresentar outros processos de criação de conhecimento, como as propostas de Leonard-Barton (1998) e de Wikström e Normann (1994). Estes últimos distinguem três tipos de processos de conhecimento nas organizações:

- *Processos generativos* — são aqueles nos quais o novo conhecimento é amplamente criado em atividades destinadas à resolução de problemas.

- *Processos produtivos* — são aqueles nos quais o novo conhecimento é acumulado e usado pela organização para produzir ofertas aos seus clientes.
- *Processos representativos* — são aqueles nos quais uma organização disponibiliza, transmite e comunica seu conhecimento manifesto ao cliente. Desse modo, o conhecimento é disponibilizado para que esse cliente o utilize em seus próprios processos de criação de conhecimento.

Encerraremos esta seção com a reapresentação do Quadro 2.12, proposto por Choo (1998) para a comparação dos três modelos de criação do conhecimento organizacional mencionados anteriormente:

Quadro 2.12 Processos de criação do conhecimento

Processos de Conhecimento (WIKSTRÖM; NORMANN, 1994)	Fases de Criação do Conhecimento (NONAKA; TAKEUCHI, 1997)	Atividades Construtoras de Conhecimento (LEONARD-BARTON, 1998)
Processos generativos Gerando novo conhecimento	Compartilhamento do conhecimento tácito	Solução Compartilhada de problemas
Processos produtivos Operacionalizando novo conhecimento	Criação de conceitos Justificação de conceitos	Experimentação e prototipagem Implementação e integração de novas metodologias e ferramentas
Processos representativos Difundindo e transferindo novo conhecimento	Construção de arquétipo Conhecimento de níveis cruzados	Importação de conhecimento

Fonte: CHOO, 1998, p. 130.

2.3.2 Conhecimento organizacional — criação, codificação e coordenação, transferência de conhecimento[5]

A celeuma terminológica acerca da gestão do conhecimento vem sendo discutida ao longo deste livro e sua condição precípua é a impossibilidade de tergiversar aspectos e elementos componentes da discussão conceitual. Após as considerações basilares a respeito da teoria da criação do conhecimento organizacional e das condições do denominado contexto capacitante, ou *ba*, fundamentaremos, fomentaremos e ampliaremos ainda mais a referida discussão por meio de algumas questões pontuais sobre o conhecimento

[5] Uma pequena parte deste capítulo (transferência de conhecimento) já havia sido publicada por Alvarenga Neto, Frade, Nascimento e Tomáel (2003) durante suas atividades de doutoramento.

nas organizações, tais como: criação do conhecimento, codificação e coordenação do conhecimento, e transferência do conhecimento.

Organizações geram, codificam, coordenam e transferem conhecimento a partir, entre e para seus membros. Sem conhecimento não há organização. Consideradas tais asserções, Buckland (1991) sugere três formas que a informação pode assumir no contexto organizacional:

- *Informação como processo (information-as-process)* — trata-se da ação de informar, o que alguém sabe muda quando esse alguém é informado.
- *Informação como conhecimento (information-as-knowledge)* — informação reduzindo ou aumentando a incerteza.
- *Informação como coisa (information-as-thing)* — dados, documentos e livros aqui referidos como sendo instrutivos e/ou informativos.

Por reconhecer toda a problemática e a dificuldade de definição da questão dado–informação–conhecimento, Davenport e Prusak (1998) assumem a posição de que convenções de linguagem obrigam à discussão do conhecimento como algo passível de gestão, e que, nesse contexto, o conhecimento é tanto um processo ou ato como um artefato ou coisa. Antes, porém, de embrenharmo-nos nas questões anteriormente mencionadas, deve-se afirmar que a posição desses autores é também a posição adotada nesta obra, e salientar, uma vez mais, a importância da gestão do conhecimento organizacional. Para reforçar ainda mais a GC, recorreremos a Davenport e Prusak (1998), que enumeraram alguns princípios da GC após a análise de estudos de caso e o apontamento das lições aprendidas. Vejamos, então, o Quadro 2.13.

Quadro 2.13 Princípios da gestão do conhecimento[6]

1. O conhecimento tem origem e reside na cabeça das pessoas.
2. O compartilhamento do conhecimento exige confiança.
3. A tecnologia possibilita novos comportamentos ligados ao conhecimento.
4. O compartilhamento do conhecimento deve ser estimulado e recompensado.
5. Apoio da direção e recursos são fatores essenciais.
6. Iniciativas ligadas ao conhecimento devem começar por um programa-piloto.
7. Aferições quantitativas e qualitativas são necessárias para avaliar a iniciativa.
8. O conhecimento é criativo e deve ser estimulado a se desenvolver de formas inesperadas.

Fonte: DAVENPORT, T. H.; PRUSAK, L. *Conhecimento empresarial:* como as organizações gerenciam o seu capital intelectual. Rio de Janeiro: Campus, 1998. p. 28.

[6] O trabalho conduzido por Alvarenga Neto (2002) chegou a conclusões muito próximas dos princípios da GC enumerados por Davenport e Prusak (1998), mais especificamente os princípios de número 1, 2, 3, 4, 5, 6 e 7.

Davenport e Prusak (1998) reconhecem que as organizações geram e usam conhecimento e que sem ele não há organização. À medida que interagem com seus ambientes, elas absorvem informações, transformando-as em conhecimento por meio de suas experiências, valores e regras. Os autores propõem a discução da geração consciente e intencional de conhecimento, reificada em atividades e iniciativas específicas utilizadas pelas empresas para o aumento de seu estoque de conhecimento corporativo.

A partir de tais prerrogativas, os autores apresentam cinco modos de geração de conhecimento:

- *Aquisição e aluguel* — conhecimento adquirido pela organização e que ela desenvolve. A organização pode adquirir ou comprar uma outra organização ou contratar indivíduos detentores de conhecimentos ou competências desejáveis. Organizações compram outras por vários motivos, mas também pelo seu estoque de conhecimentos. Deve-se ressaltar aqui a dificuldade de transferir a cultura ou o conhecimento cultural — empresas geram conhecimento no contexto de uma cultura corporativa específica. Pode-se também alugar ou financiar — a terceirização de pesquisa e desenvolvimento pode ocorrer por intermédio de apoio à pesquisa universitária ou institucional em troca do direito de propriedade no uso comercial de resultados promissores. Não obstante, é mister que se avalie a reputação de organizações e pessoas para tal fim, bem como seu sucesso passado e a opinião de especialistas sobre o seu futuro.
- *Recursos dedicados ou dirigidos* — acontece quando uma organização forma unidades ou grupos com essa finalidade, ou seja, quando se dirigem recursos para um determinado fim. Departamentos de P&D (pesquisa e desenvolvimento) objetivam fazer surgir conhecimento novo ou novas formas de fazer as coisas. Assim acontece também em universidades, bibliotecas e portais corporativos, bem como em centros de pesquisa. Porém, alguns problemas devem ser levantados, como pressões por lucro imediato e critérios atinentes à mensurabilidade do investimento.
- *Fusão* — o objetivo da fusão é introduzir propositadamente a complexidade e o conflito com o intuito de criar nova sinergia. Recorre-se a Leonard-Barton (1998) e ao caos criativo, isto é, à combinação deliberada de pessoas com diferente habilidades, idéias e valores, podendo gerar soluções criativas — a inovação acontece na fronteira entre as mentes.
- *Adaptação* — as crises no ambiente atuam como catalisadores de geração do conhecimento e acredita-se que, sem crise, a organização é incapaz de

mudar seus hábitos e atitudes de toda a vida. Algumas empresas, a fim de obter inovações, instilam sensações de crise antes que estas ocorram. Contudo, ressalvamos a premissa de que tais organizações devem possuir recursos e capacidades internas que possam ser utilizados de uma nova forma, além de estarem abertas a mudanças (ou ter elevada capacidade de absorção). Os recursos adaptativos mais importantes são colaboradores com facilidades de adquirir e desenvolver novos conhecimentos e novas habilidades. Infere-se aqui a responsabilidade inerente à seleção, contratação e gestão das competências e dos talentos humanos;

- *Redes de conhecimento* — o conhecimento é também criado pelas redes informais e auto-organizadas — telefone, correio eletrônico, *groupware*, *SMS — short message services,* comunidades de prática: o objetivo é compartilhar conhecimentos, experiências, *insights* e pontos de vista que conduzam à solução colaborativa de problemas. Ressalvamos, todavia, que tal processo é de difícil codificação, mas que seus partícipes compartilham conhecimento suficientemente comum para que possam se comunicar e cooperar — e a continuidade desse processo costuma gerar conhecimento novo na organização.

Endereçadas as questões de geração do conhecimento organizacional, nós nos dirigiremos para o problema seguinte: a codificação e coordenação do conhecimento anteriormente gerado. Davenport e Prusak (1998) alegam que o objetivo da codificação é apresentar o conhecimento de uma forma acessível para aqueles que dele precisem. A idéia aqui apresentada é transformar o conhecimento em código, de modo que ele se torne claro, organizado e inteligível. Para a consecução de tais objetivos deve-se mapear as fontes de conhecimento corporativo, bem como avaliá-las e determinar de que tipo de conhecimento se trata, mas sem esquecer suas dimensões tácitas e explícitas.

O problema a ser enfrentado revela-se na identificação do conhecimento tácito, de difícil codificação. A questão é que alguns tipos de conhecimento não podem ser representados efetivamente fora da mente humana. Uma possível saída é o mapeamento do capital intelectual, a criação de páginas amarelas corporativas, o banco de talentos ou os mapas do conhecimento corporativo — leia-se que o processo de codificação do conhecimento tácito limita-se a localizar alguém que o possui (indicam o conhecimento, mas não o contém!). Tais mapas podem ser utilizados estrategicamente, em consonância com a visão do conhecimento organizacional, para que se avalie o estoque de conhecimento corporativo. Além disso, mapas eletrônicos podem ser atualizados mais amiúde, devendo-se confiar nos próprios colaboradores para sua atualização[7].

Davenport e Prusak (1998) asseveram que o valor substancial do conhecimento tácito compensa a dificuldade percebida na sua captação, e que é necessário tentar disseminar o conhecimento ao máximo — por meio de processos de orientação e aprendizado —, para que conhecimentos tácitos importantes não se concentrem em uma única pessoa. Weick (1995) alerta para o fato de que a maioria das pessoas pensa de forma narrativa, não argumentativa ou paradigmática, e que, como conseqüência, o conhecimento é comunicado com mais eficácia por intermédio de uma narrativa convincente, elegante e apaixonada. Já o conhecimento explícito pode ser avaliado com base nas patentes de uma organização: a patente é uma forma de conhecimento codificado e explícito. A conclusão é que a codificação dá permanência para o conhecimento que, de outra forma, só existiria na mente das pessoas. Ela representa ou insere o conhecimento em formatos que podem ser compartilhados, combinados, recombinados e manipulados de inúmeras maneiras. Davenport e Prusak (1998, p. 104) revelam a estratégia da arquitetura de GC da Monsanto:

> "tornar o conhecimento global acessível localmente, combinando os benefícios do conhecimento de uma grande empresa (quantidade e diversidade) com os de uma pequena empresa (acessibilidade). Empresa faz distinção entre conteúdo quantitativo estruturado (banco de dados e *software*) e conteúdo qualitativo relativamente não estruturado (Lotus Notes e páginas da internet). Objetivo: harmonizar sem homogeneizar."

Por fim, esses mesmos autores afirmam que a tarefa de transferência de conhecimento nas organizações se resume simplesmente a descobrir maneiras eficazes de permitir que os indivíduos conversem e escutem o que se tem a dizer. Acrescentam ainda que quando precisamos transferir conhecimento, o método utilizado deve ser sempre compatível com a cultura da organização em questão. Transferências cotidianas são localizadas e fragmentadas, visto que quanto maior e mais complexa a empresa, menor a probabilidade de encontrar o melhor conhecimento. Esses mesmos autores sugerem

---

[7] Davenport e Prusak (1998), ao salientarem o papel importante da tecnologia, ressalvaram que a tecnologia por si só não pode garantir que o mapa de conhecimento seja efetivamente utilizado em uma organização. Esses autores postulam a regra dos 33,3%: se mais de um terço do total dos recursos de tempo e dinheiro de um projeto for gasto em tecnologia, tal projeto é um projeto de tecnologia da informação, não do conhecimento.

que existe uma profusão de conhecimento disperso pela organização, e que a sua existência não assegura o seu uso. A seguir, descreveremos algumas das estratégias sugeridas por Davenport e Prusak (1998) para a transferência do conhecimento:

- *Bebedouros, cafeterias, jantares, boates e conversas* — conversas nos bebedouros, restaurantes das empresas e até mesmo em boates são boas ocasiões para a transferência informal de conhecimento. Deve-se lembrar que, na "nova economia", conversar é a mais importante forma de trabalho — e também que conversas mais ou menos aleatórias acabam criando valor para a empresa.
- *Feiras e fóruns abertos do conhecimento* — outra estratégia para o problema em questão é a criação de locais e situações para que os colaboradores interajam informalmente. São os passeios promovidos para criar oportunidades de intercâmbio entre funcionários que nunca tiveram oportunidades de se encontrar e de feiras do conhecimento (que funcionam muito bem por serem relativamente não estruturadas, permitindo ao colaborador circular livremente e conversar com quem quiser).
- *Consideração de outros meios tradicionais, formais e intencionais de compartilhamento e transferência de informação e conhecimento* — via adoção de arquitetura informacional eficiente e de estruturas políticas internas que viabilizem a distribuição entre funções e unidades.

Davenport e Prusak (1998) reconhecem as diferenças nos tipos de conhecimento e afirmam que o conhecimento explicitado pode ser representado em documentos e bancos de dados ou embutido em procedimentos e, desse modo, transferido com razoável acurácia. Intenso contato pessoal é necessário para a transferência de conhecimento tácito. Os autores apontam fatores críticos para o sucesso de qualquer projeto de transferência de conhecimento:

- Confiança mútua e senso comum.
- Adoção de índices de sucesso como elementos motivadores.
- Existência de linguagem comum (redundância *versus* dissonância cultural), ou seja, as pessoas não podem compartilhar o conhecimento se não falam a mesma língua.

Como existem muitos fatores culturais (atritos) que inibem a transferência de conhecimento, Davenport e Prusak (1998), por intermédio do Quadro 2.14, identificam alguns e propõem soluções possíveis.

Quadro 2.14 Fatores inibidores do conhecimento

Atrito	Soluções possíveis
Falta de confiança mútua.	Construir relacionamentos e confiança mútua por intermédio de reuniões "ao vivo".
Diferentes culturas, vocabulários e quadros de referência.	Estabelecer um consenso por meio de educação, discussão, publicações, trabalho em equipe e rodízio de funções.
Falta de tempo e de locais de encontro; idéia estrita de trabalho produtivo.	Criar tempo e locais para a transferência de conhecimento, tais como feiras, salas de bate-papo, relatos de conferências.
Status e recompensas vão para os possuidores do conhecimento.	Avaliar o desempenho e oferecer incentivos baseados no compartilhamento.
Falta de capacidade de absorção pelos recipientes.	Educar funcionários para a flexibilidade; propiciar tempo para o aprendizado; basear as contratações na abertura a novas idéias.
Crença de que o conhecimento é prerrogativa de determinados grupos, síndrome do "não inventado aqui".	Estimular a aproximação não hierárquica do conhecimento; a qualidade das idéias é mais importante que o cargo da fonte.
Intolerância com erros ou necessidade de ajuda.	Aceitar e recompensar erros criativos e colaboração; não há perda de *status* por não se saber tudo.

Fonte: DAVENPORT, PRUSAK, 1998, p. 117-118.

A mera disponibilização do conhecimento não é transferência. O objetivo dessa transferência é melhorar a capacidade da organização de fazer coisas e, portanto, aumentar seu valor. Dois atributos distintivos devem ser considerados: a viscosidade, que diz respeito à riqueza ou à espessura do conhecimento — alta viscosidade (conhecimento transferido por um longo processo de aprendizagem e orientação) *versus* baixa viscosidade (conhecimento obtido em um banco de dados); e a velocidade, que é a rapidez com que o conhecimento se movimenta ou flui pela organização. A próxima seção tratará do conhecimento organizacional, bem como se sua criação, codificação e transferência pela adoção e reconhecimento das comunidades de prática.

2.3.3 Aprendizagem organizacional

À medida que a informação e o conhecimento tornam-se fatores de competitividade, a capacidade de aprender e de renovar significados à luz de novas idéias e proposições torna-se a marca indelével da "organização que aprende" e da "organização inteligente". Uma análise mais aprofundada da aprendizagem organizacional envolve questões concernentes à comparação de processos de aprendizagem individual *vis-à-vis* de aprendizagem organizacional, bem como a visão de organizações como sistemas de interpretação, proposta por Daft e Weick (1984), e os processos de aprendizagem em *loop* simples e em *loop* duplo, sugeridos por Argyris e Schön (1978).

Garvin (1993) define uma organização inteligente como aquela que aprende e que é hábil na criação, aquisição e transferência de conhecimento. Tal organização também é habilidosa na modificação de seu comportamento para refletir o novo conhecimento, as novas idéias e os novos *insights.* Ainda de acordo com esse autor, para que uma empresa se transforme em uma verdadeira organização de aprendizagem, é necessário atinar para três temas críticos: significado (*meaning*) — definição clara, bem fundamentada e facilmente aplicável da organização que aprende; gestão (*management*) — diretrizes operacionais mais claras de aspectos práticos; mensuração (*measurement*) — para avaliar a velocidade, a viscosidade e os níveis de aprendizado da organização.

Senge (1990, p. 37) apresenta uma definição interessante sobre "as organizações que aprendem":

> "organizações nas quais as pessoas expandem continuamente sua capacidade de criar os resultados que realmente desejam, onde se estimulam padrões de pensamentos novos e abrangentes, a aspiração coletiva ganha liberdade e onde as pessoas aprendem continuamente a aprender juntas."

Esse autor propõe a compreensão de cinco disciplinas básicas que distinguirão a organização que aprende das organizações controladoras e autoritárias tradicionais. Apreende-se a palavra "disciplina" como um corpo de teoria e técnica que deve ser dominado e estudado para que seja passível de prática; e um caminho de desenvolvimento para a aquisição de determinadas habilidades ou competências. Contudo, antes da discussão do corpo de disciplinas, a arquitetura organizacional proposta por Senge (1990) é o ponto de partida para a construção de uma organização que aprende. Tal arquitetura requer três fundamentos essenciais:

- *Idéias diretivas, que são a visão, os valores e os propósitos compartilhados pelas pessoas em uma organização, objetivos imediatos do sensemaking ou da construção de sentido organizacional* — permitir aos membros da organização a construção de um entendimento compartilhado do que é a organização e o que ela faz, elo entre a estratégia empresarial e o planejamento estratégico.
- *Teoria, métodos e ferramentas* — Choo (2002) ressalva que as ferramentas devem ser originadas com base em teorias, e que somente as ferramentas

fundamentadas em novas e importantes teorias têm o poder de mudar a maneira como as pessoas pensam.

- *Inovações na infra-estrutura* — fornecem às pessoas recursos necessários à aprendizagem, como tempo, informação, dinheiro, suporte gerencial, entre outros.

Com tais elementos arquiteturais expostos, as cinco disciplinas vitais da organização que aprende podem ser apresentadas:

- *Pensamento sistêmico* — um modo de pensar a respeito e uma linguagem para a descrição e compreensão das forças e inter-relações que moldam o comportamento de sistemas. Os eventos não podem ser vistos em partes, desconectados, fragmentados ou isolados, mas conectados em um mesmo padrão. Um exerce influência sobre o outro e vice-versa e, muitas vezes, tal influência não é aparente. Senge (1990) assevera que tanto as empresas quanto outros feitos humanos são sistemas e estão conectados por fios invisíveis de ações inter-relacionadas, que muitas vezes levam anos para manifestar seus efeitos uns sobre os outros. O pensamento sistêmico fornece um quadro de referência conceitual, além de um conjunto de conhecimentos e ferramentas desenvolvido ao longo dos últimos 50 anos para esclarecer os padrões como um todo e ajudar na visão sobre como modificá-los efetivamente.
- *Domínio pessoal* — domínio não deve ser apreendido aqui como controle, mas como "nível especial de proficiência". Significa aprender a continuamente expandir a capacidade individual para criar resultados desejados e um ambiente organizacional que encoraje todos os seus membros a se desenvolver buscando os objetivos e propósitos escolhidos. Senge (1990) afirma que essa disciplina é uma pedra de toque essencial para a organização que aprende — seu alicerce espiritual, e ainda que a capacidade e o comprometimento de uma organização em aprender não podem ser maiores do que a de seus integrantes.
- *Modelos mentais* — pressupostos profundamente arraigados, generalizações ou mesmo imagens que influenciam nossa forma de ver o mundo e de agir. Choo (2002) acrescenta que é fundamental buscar continuamente a reflexão, a clareza e a melhoria de nossas "imagens internas" do mundo — mas sempre observando como elas moldam nossas ações e decisões.
- *Construção de uma visão compartilhada* — construção de uma imagem compartilhada do futuro, da visão de conhecimento e da intenção organizacional

que se procura criar. Implica o desenvolvimento da visão compartilhada de futuro e os princípios, práticas e ações que servirão de guia aos propósitos organizacionais. Depreende-se, aqui, a necessidade da construção de um entendimento compartilhado do que é a organização, o que ela faz, qual o seu negócio, aonde quer chegar e como. Infere-se, também, um elo com a estratégia organizacional, e Senge (1990) é enfático ao diferenciar "uma simples declaração de visão" de uma visão genuína, quando as pessoas dão tudo de si e aprendem por vontade própria, não porque se sentem obrigadas.

- *Aprendizagem em equipe* — "como uma equipe com gerentes comprometidos, com QI acima de 120, pode ter, coletivamente, um QI de 63?" (SENGE, 1990, p. 43). A premissa básica aqui colocada é a de que a inteligência da equipe excede a inteligência de seus membros, e que o grupo desenvolve capacidades excepcionais de ação coordenada. Senge (1990) assegura que quando realmente as equipes estão aprendendo, elas não só produzem resultados extraordinários como também propiciam aos seus membros crescimento com maior rapidez do que ocorreria de outra forma. De acordo com Choo (2002), a proposta dessa disciplina é a transformação das habilidades de diálogo e de pensamento coletivo para que as equipes possam, de maneira fidedigna e confiável, desenvolver inteligências e habilidades maiores que a soma dos talentos dos membros individuais. Infere-se uma perspectiva holística, em que o todo é maior que a mera soma das partes ou o total. É pertinente ressaltar que as equipes, não os indivíduos, são a unidade de aprendizagem fundamental nas organizações contemporâneas.

Senge (1990) reitera que é fundamental que as cinco disciplinas anteriormente mencionadas se desenvolvam em conjunto, não isoladamente. Segundo ele, o pensamento sistêmico é a quinta disciplina, aquela que integra todas as outras, fundido-as em um corpo coerente de teoria e prática. O conceito de metanóia permite uma compreensão real e em profundidade de "aprendizagem", uma vez que a metanóia se diferencia da simples internalização por ser uma mudança de mentalidade e uma transformação fundamental de pensamento.

Por fim, Choo (2002) sugere a introdução de uma sexta disciplina: a gestão da informação. Tal aquiescência significa que a base intelectual para a construção de uma organização inteligente deve ser configurada por meio de processos e fluxos que nutrem as muitas formas de criação e uso de conhecimento.

2.3.4 Comunidades de prática — reais e virtuais

A temática das comunidades de prática se vincula à aprendizagem organizacional. Portanto, um dos pilares da GC é o reconhecimento e o entendimento das chamadas "comunidades de prática", capazes de gerar aprendizagem organizacional.

Comunidades de prática[8] são, de acordo com Duguid e Brown (1998, p. 65), grupos formados em torno da prática que desenvolvem conhecimento coletivo e distribuído. Wenger e Snyder (2001, p. 10) definem essas comunidades como "grupos de pessoas ligadas informalmente pelo conhecimento especializado e compartilhado e pela paixão por um empreendimento em conjunto". Terra (2001, p. 137), por sua vez, acrescenta que são os interesses comuns de aprendizado e a possibilidade de desenvolvimento pessoal o elo que mantém essas pessoas conectadas. A possibilidade de explorar problemas e situações em comum em um ambiente de liberdade, criatividade e respeito leva inevitavelmente a uma solução colaborativa desses problemas.

Em outras palavras, a oportunidade vislumbrada pelos participantes dessas comunidades de aprenderem juntos a partir do enfoque coletivo de problemas relacionados ao trabalho é, por si só, extremamente motivadora e significa o desenvolvimento de competências essenciais que podem garantir às organizações uma vantagem competitiva sustentável. Os membros dessas comunidades podem fazer parte da mesma estrutura organizacional ou até mesmo se encontrarem geograficamente dispersos, o que configurará uma comunidade de prática real ou virtual. A pedra angular consiste na determinação do reconhecimento ou não, pelas organizações, do valor do conhecimento gerado pelas comunidades de prática, capazes de oferecer soluções e alternativas que perfeitamente se encaixem nas resoluções geradas pelas diretrizes estratégicas. Para entender por que essas comunidades eficazes são tão raras, recorre-se às três razões apontadas por Wenger e Snyder (2001, p. 11):

- Comunidades de prática existem há anos, mas só recentemente essa expressão passou a fazer parte do vocabulário gerencial e empresarial. Os estudos de reconhecimento do poder informal das organizações nas teorias de gestão datam de 1927, com os trabalhos de George Elton Mayo (1880-1949) e sua experiência de Hawthorne, nas instalações da *Western Electric* em Chicago.
- Somente as empresas vanguardistas se aventuraram a instalá-las, estruturá-las e incentivá-las.

[8] Consultar também Alvarenga Neto, Carvalho e Ferreira (2003).

- As comunidades de prática possuem um natureza espontânea e informal, e esses fatores são obstáculos à sua integração ao restante da organização.

Em razão do reconhecimento da importância das comunidades de prática e das redes de aprendizado, a questão que se apresenta para os gerentes do conhecimento reside em como incentivar e/ou gerir essas comunidades. Um erro crucial é tentar comandá-las ou gerenciá-las pelas formas convencionais, e é aí que se estabelece um paradoxo de gestão: como prover as condições gerais capazes de lidar com o equilíbrio delicado entre a formalidade e a espontaneidade? Terra (2001, p. 137) e Wenger e Snyder (2001, p. 17-22) enumeram princípios básicos para que os gestores sejam bem-sucedidos:

- *Reunir as pessoas certas* — consiste na identificação das potenciais comunidades de prática que são capazes de acentuar as competências estratégicas da empresa.
- *Proporcionar a infra-estrutura na qual essas comunidades possam prosperar* — com o fornecimento da infra-estrutura adequada (leia-se recursos e dinheiro), os membros das comunidades de prática podem aplicar eficazmente seus conhecimentos especializados. É preciso entender que as comunidades de prática, *ex ante,* carecem de legitimidade e orçamentos.
- *Mensurar o valor dessas comunidades com métricas não convencionais* — os resultados advindos de comunidades de prática podem acontecer no longo prazo e esses resultados não aparecem nas comunidades em si, mas nas unidades de negócio e no trabalho em equipe. Então, para desenvolver um sistema gerencial de mensuração, é necessário recolher evidências empíricas (por exemplo, descobrir que o retorno sobre os ativos da organização aumentou em decorrência de novos conhecimentos criados nas comunidades de prática).
- Promover e divulgar resultados práticos advindos dessas comunidades.
- Comunicar à toda organização que esse tipo de atividade é bem-vinda e valorizar a participação dos membros.

Duguid e Brown (2001, p. 143-162) propõem uma integração das comunidades de prática e da aprendizagem organizacional em direção a uma visão unificada do trabalho, da aprendizagem e da inovação. O ponto de partida proposto por esses autores são estudos recentes de práticas de trabalho que indicam que as maneiras pelas quais as pessoas realmente trabalham diferem fundamentalmente das maneiras pelas quais as organizações descrevem aquele tipo de trabalho nos manuais corporativos, programas de treinamento e descrição de cargos. O problema reside no fato de que as organizações tendem a confiar nesses manuais em suas tentativas de entender e melhorar as práticas de trabalho. Duguid e Brown (2001, p. 143-162) argumentam que as descrições convencionais mascaram não somente as maneiras como as pessoas trabalham, mas também o aprendizado e as informações significantes geradas nas comunidades de práticas informais nas quais essas se inserem. Esses autores acrescentam, ainda, que os programas de treinamento das organizações tendem a subestimar as habilidades dos colaboradores (*downskilling*), que consideram tais programas inúteis. O dilema está no fato de que a empresa assume que seus colaboradores não são treináveis nem cooperativos, além de não possuírem habilidades, ao passo que os colaboradores vêem os programas de treinamento como um reflexo da baixa estima que a organização tem por suas habilidades.

Duguid e Brown (2001, p. 143-162) sugerem que a prática é central para o entendimento do trabalho e percebem o aprendizado como a ponte que une o trabalho e a inovação. Em uma comunidade de prática, o trabalho é, na verdade, a manutenção da posição social/status mantido pelo indivíduo. Ainda de acordo com esses autores (2001, p. 66), a aprendizagem gerada no âmago das comunidades de prática é um processo pelo qual os indivíduos formam suas identidades em relação às identidades sociais do grupo. No centro das comunidades, Duguid e Brown (2001, p. 143-162) mencionam que histórias, casos e soluções são compartilhados entre as pessoas até se tornarem parte do repertório de cada colaborador. A história, uma vez em posse da comunidade, pode ser usada e posteriormente modificada em novas sessões. Os autores também sugerem que o conhecimento é gerado e construído coletivamente.

Wenger e Snyder (2001, p. 22) afirmam que as comunidades são a nova fronteira e que o sucesso a longo prazo das organizações depende da capacidade gerencial de inseri-las como parte central do negócio. Segundo Duguid e Brown (2001, p. 143-162), a alimentação do tripé trabalho–aprendizado–inovação depende do preenchimento do hiato gerado entre as práticas esposadas e as reais. O real entendimento de como a informação é construída e flui dentro da organização passa, em primeiro lugar, pelo entendimento das diferentes comunidades que são formadas dentro dela e das distribuições de poder entre elas.

Wenger e Snyder (2001, p. 23-26) entendem que as comunidades de prática, quando bem entendidas e promovidas, agregam valor às organizações de várias formas relevantes:

- *Orientando a estratégia* — comunidades de prática são, em algumas instituições, o coração e a mente da estratégia de gestão do conhecimento.
- *Iniciando novas linhas de negócio* — novas soluções de produtos e serviços podem surgir das comunidades de prática.
- *Solucionando problemas com rapidez* — membros de comunidades de prática sabem para quem pedir ajuda para a solução compartilhada de problemas e como formular perguntas claramente entendidas nas suas respectivas comunidades de prática.
- *Transferindo as melhores práticas* — comunidades de prática são o foro ideal para o compartilhamento e a disseminação das melhores práticas em toda a organização.
- *Desenvolvendo habilidades profissionais* — comunidades de prática podem ter contextos particularmente eficazes na promoção do desenvolvimento pessoal.
- *Ajudando no recrutamento e retenção de talentos* — comunidades de prática permitem que os membros da organização encontrem oportunidades para aprender continuamente e para desenvolver e aplicar suas habilidades.

Uma vez estabelecidos os elos entre a criação de conhecimento, o conhecimento organizacional, a aprendizagem organizacional e as comunidades de prática, é preciso vincular tais temas à gestão do capital intelectual.

2.3.5 Gestão estratégica do capital intelectual

Stewart (1998) afirma que o capital intelectual é, na verdade, "a nova vantagem competitiva das empresas", em uma clara alusão aos trabalhos de Porter (1990). Esse autor também é bastante enfático ao definir o capital intelectual como a soma dos conhecimentos de todos em uma organização/empresa, o que propicia a essa empresa uma vantagem competitiva. Edvinsson e Malone (1998) acreditam que o que torna o capital intelectual tão valioso conduz ao estudo aprofundado das raízes de uma empresa, bem como às mensurações dos fatores dinâmicos que dão suporte à empresa visível.

Ao citarmos Stewart (1998) e Porter (1990), estamos necessariamente aludindo à questão da inovação, inicialmente abordada nos trabalhos do economista Joseph Schumpeter (1942) e já delineada neste livro. Traçado esse cenário, cabe o seguinte questionamento ao tema: conhecem-se os funcionários em termos de custos, mas qual o valor desse funcionário à luz das idéias, do capital humano e da inovação?

Os trabalhos de Stewart (1998) e Davenport (1998a) enunciam tentativas de responder a algumas das questões anteriormente levantadas e propõem adequar esse novo paradigma às organizações. Preliminarmente, Stewart (1998) radicaliza e recomenda que se esqueçam as distinções arbitrárias entre dados, informações, conhecimentos e sabedoria. Segundo o autor, essa é uma discussão interminável e apenas deve-se reconhecer a importância do conhecimento tácito. Respondendo à pergunta sobre onde encontrar capital intelectual, Stewart (1998) aponta três lugares: pessoas, estruturas e clientes.

- *Capital humano* — fonte de inovação e renovação, base que pode ou não convergir para um modo de pensar coletivo/empresarial — compartilhar e transmitir conhecimento.
- *Capital estrutural* — forma de alavancar o capital humano via sistemas de informação, laboratórios, redes, entre outros.
- *Capital do cliente* — é o valor dos relacionamentos de uma empresa com as pessoas com as quais faz negócios. É a probabilidade de que seus clientes continuem fazendo negócios com a sua empresa e é aqui que o capital intelectual se transforma em dinheiro. Segundo Stewart (1998), esse é, dos capitais, o mais mal administrado. Daí o surgimento de ferramentas como os *call centers* empresariais e os atuais Customer Relationship Management (CRM), numa tentativa de aproximação, fidelização, retenção e estabelecimento de relacionamentos duradouros, de longo prazo. Sugestões são fornecidas por esse autor como forma de investimento no capital do cliente: inove com os clientes; invista seus clientes de *empowerment*[9]; divida os ganhos com seus clientes; e torne-se indispensável.

Autores como Porter (1997) e Venkatraman (1994) tratam, em suas respectivas publicações, dos impactos da tecnologia de informação na competitividade das empresas — aspecto do capital estrutural. O modelo de Venkatraman (1994) é um trabalho clássico na área que não aparenta se deteriorar com o tempo. Esse autor identifica níveis evolucionários e revolucionários na inovação e, apesar de ter sido proposto para o caso específico da tecnologia da informação, especula-se sobre sua ampla aplicabilidade para explicar também outras inovações tecnológicas e resultados de visões e atividades empreendedoras.

---

[9] *Empowerment*: termo em inglês que significa "delegação de poderes", isto é, um estilo de administração ou de gestão no qual o poder está descentralizado por meio da delegação de poderes dos níveis hierárquicos mais elevados para os mais baixos.

Figura 2.5 O modelo de Venkatraman

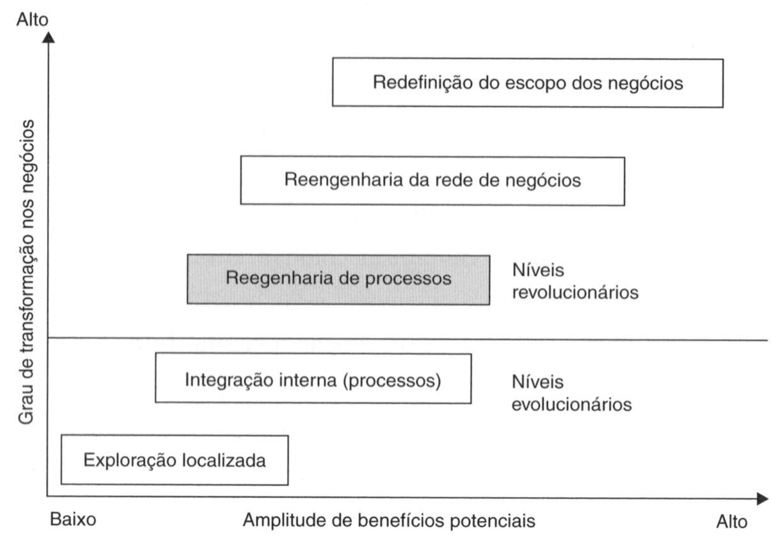

Fonte: VENKATRAMAN, N. It enabled business transformation: from automation to business scope redefinition. *Sloan Management Review*, v. 35, n. 2, p. 75, 1994.

Duas dimensões compõem o modelo da Figura 2.5: o grau de transformação e a amplitude dos benefícios potenciais. À medida que cada uma dessas dimensões aumenta, amplia-se o impacto. Venkatraman (1994) destaca, ainda, que há uma linha divisória entre dois níveis.

- *Níveis evolucionários* — impactos mais limitados; seriam mais ou menos equivalentes às conseqüências das chamadas *inovações incrementais:*
  - A *exploração localizada* refere-se à obtenção de ganhos nos processos já existentes, ou seja, trata-se de fazer melhor o que já é feito. Exemplo típico é a eliminação de um procedimento manual, que passa a ser substituído por uma máquina.
  - *A integração interna (processos)* diz respeito à eliminação de redundâncias e de perdas em geral nos processos produtivos. Um exemplo comum é a integração de suprimentos às vendas a fim de se minimizar o custo de capital com estoques em geral (produtos acabados, matérias-primas e produtos em processo).
- *Níveis revolucionários* — impactos mais significativos, em geral associados às *inovações radicais* e, raramente, frutos das chamadas *revoluções tecnológicas* (também chamadas de grandes mudanças, tais como energia elétrica, máquina a vapor, ferrovias e, recentemente, a microeletrônica):

- *A reengenharia de processos* refere-se a mudanças profundas na forma de uma organização operar, em geral com ganhos significativos de eficiência. Não raro a reengenharia de processos envolve até mesmo a eliminação de áreas inteiras da empresa, áreas estas que são terceirizadas ou descontinuadas para que se focalize as chamadas competências-chave, isto é, aquilo que efetivamente faz a diferença no negócio.
- *A reengenharia da rede de negócios* envolve uma mudança dos conceitos sobre os limites de cada empresa. Um bom exemplo é o que ocorre quando a empresa se integra à sua cadeia produtiva para trás (fornecedores) e para a frente (clientes), trazendo transformações significativas sobre as atribuições de cada participante. Isso tem sido muito comum em empresas voltadas ao segmento de *e-business*, no qual amplas redes de alianças são utilizadas para gerar o produto/serviço.
- *A redefinição do escopo de negócios* é o que ocorre quando uma organização percebe que pode atuar em outras áreas correlatas, ampliando de forma substancial sua presença no mercado.

O modelo de Venkatraman (1994) também explica a forma pela qual a tecnologia pode, em determinadas circunstâncias, trazer profundas transformações para o negócio, tanto em termos de *mix* de produtos e serviços como no que se refere à amplitude do mercado. Laudon e Laudon (1999) apontam outros importantes corolários do capital estrutural: os sistemas de informação.

Segundo esses autores, um Sistema de Informação (SI) pode ser definido como um conjunto de componentes inter-relacionados trabalhando juntos para coletar, recuperar, processar, armazenar e distribuir informações, a fim de facilitar o planejamento, o controle, a coordenação, a análise e o processo decisório em empresas e outras organizações. O objetivo do SI é criar e distribuir informação e conhecimento úteis de uma maneira projetada, para resolver algum problema organizacional. Uma abordagem sociotécnica dos SIs combina três áreas de habilidades: técnicas, organizacionais e analíticas de soluções de problemas. Algumas pessoas pensam que escolher a tecnologia certa para um sistema é uma questão difícil: na realidade, a parte mais difícil de um projeto de SI eficaz é compreender o problema que ele se propõe a resolver, visto que os SIs só podem aumentar a produtividade quando forem aplicados à solução correta.

Conclui-se, assim, que o objetivo da utilização de um SI não é fazer com que os colaboradores trabalhem mais, mas fazê-los trabalhar com mais inteligência. Geralmente, os SIs são classificados pela especialidade funcional a que servem — marketing e vendas, recursos humanos, produção ou finanças e contabilidade — e pelo tipo de problema que enfocam — estratégico, tático ou operacional. Existem três tipos gerais de sistemas de suporte gerencial.

- *Sistemas de Informações Gerenciais (SIG)* — oferecem relatórios resumidos e de rotina sobre o desempenho da empresa; são utilizados para monitorar e controlar a empresa e prever o futuro desempenho.
- *Sistemas de Suporte à Decisão (SSD)* — são sistemas interativos sob o controle do usuário e que oferecem dados e modelos para a solução de problemas semi-estruturados[10].Tanto os SIGs quanto os SSDs geralmente são voltados para operações cotidianas e problemas estruturados ou semi-estruturados. Informações internas e cronograma de curto prazo.
- *Sistemas de Suporte Executivo (SSE)* — geralmente dão suporte à função de planejamento estratégico de uma empresa, para a qual o cronograma é de relativo curto prazo. Envolvem decisões que exigem grandes volumes de informação provenientes do ambiente externo da empresa. Executivos de alto nível necessitam de informações do macro e microambiente — governo, fornecedores, concorrentes, condições de mercado etc. Os SSEs são mais orientados para gráficos que os outros sistemas de suporte gerencial.

O Quadro 2.15 estabelece uma comparação entre os sistemas de suporte gerencial.

Quadro 2.15 Comparação entre os sistemas de suporte gerencial

Sistemas de Suporte Executivo	Sistemas de Informações Gerenciais e Sistemas de Suporte à Decisão
• planejamento estratégico • longo prazo • informações externas • decisões não estruturadas	• planejamento diário, mensal, anual • curto prazo • informações, majoritariamente internas • decisões estruturadas e/ou semi-estruturadas

Fonte: Adaptado de LAUDON, K.; LAUDON, J. *Sistemas de informação.* 4. ed. Rio de Janeiro: LTC, 1999. p. 348.

Stewart (1998) conclui que o capital intelectual não é criado a partir de partes distintas de capital humano, estrutura e do cliente, mas do intercâmbio entre eles. Fato

---

[10] *Problema semi-estruturado*: é aquele no qual somente partes do problema possuem uma resposta definida, fornecida por uma metodologia aceita. *Problemas estruturados*: são repetitivos e rotineiros e possuem um procedimento específico para serem manuseados. *Problemas não estruturados*: apresentam sempre uma novidade e não são rotineiros.

é que em Davenport (1998a) e Stewart (1998), a tecnologia destruiu a hierarquia, a conformação de redes altera o trabalho de todos e a vantagem da rede é a possibilidade de democratizar a informação e enviá-la na hora certa.

Stewart (1998) finaliza seu trabalho com algumas sugestões (indicadores de desempenho) para medir o capital intelectual nas empresas e a eficiência da gestão da informação.

- *Razão valor de mercado/valor contábil* — por exemplo, se a Microsoft é avaliada pelo mercado em US$ 85,5 bilhões e o seu valor contábil é de US$ 6,9 bilhões, isso implicaria, segundo o autor, que o valor do capital intelectual da Microsoft é essa diferença de US$ 78,6 bilhões.
- *O Q de Tobin* — Stewart (1998) explica que o "Q de Tobin" é uma razão desenvolvida pelo economista James Tobin, ganhador do prêmio Nobel. Em suma, essa razão é a comparação do valor de mercado de um ativo com seu custo de reposição[11]. Essa alternativa foi uma maneira encontrada por Tobin para prever decisões de investimento independentes ou *ceteris paribus* a fatores macroeconômicos como a taxa de juros. Se Q é menor que 1, um ativo vale menos que seu custo de reposição — e é improvável que se compre ativos do mesmo tipo. Então, é claro que as empresas tenderão a investir quando o valor de ativos semelhantes é maior que seu custo de reposição. Se Q vale 2 (valor alto, um ativo que vale duas vezes mais que o seu custo de reposição), significa que uma empresa/organização está obtendo retornos altos nessa classe de ativos, e que não está sentido o efeito dos retornos ou rendimentos decrescentes[12]. Stewart (1998) salienta que essa medida não foi desenvolvida tendo em foco o capital intelectual, mas foi Alan Greenspan[13] quem observou que tal valor refletia valores de investimento em tecnologia e capital humano.
- *Cálculo do valor intangível* — essa idéia é discutida por Stewart (1998) na assertiva de que o valor de mercado da empresa reflete não somente seus ativos físicos tangíveis, mas um componente que pode e deve ser atribuído

---

[11] Uma nova análise da teoria econômica revê e introduz conceitos como custo de oportunidade, custo de retenção ou fidelização, custo de reposição e custo de popularidade (SHAPIRO e VARIAN, 1999).

[12] Ocorrem quando um incremento de X% em todos os insumos determina um aumento de menos que X% na produção. Essa medida foi primeiramente observada pelo economista inglês David Ricardo.

[13] Alan Greenspan é ex-presidente do Federal Reserve, o Banco Central Independente dos Estados Unidos.

aos valores intangíveis da empresa. A abordagem entendida como a mais interessante é a de que o valor de ativos intangíveis é igual à capacidade de uma empresa superar o desempenho de um concorrente médio que possui ativos intangíveis semelhantes.

- *Cálculo da inovação (patentes, propriedade intelectual, direito autoral, entre outros)* — esse cálculo é observável via porcentual de vendas atribuído a novos produtos e serviços.
- *Rotatividade do capital de giro* — substituição de estoques por informação.
- *Medida de satisfação do cliente* — indicadores: lealdade (índice de retenção), volume de negócios (fatia da carteira) e insuscetibilidade ao poder de persuasão dos seus rivais (tolerância de preço/custo de retenção ou fidelização).
- *Houve o mapeamento do capital intelectual intra-organizacional?* — Davenport e Prusak (1998) sugerem, conforme anteriormente abordado, a criação das "páginas amarelas corporativas", as quais não contêm conhecimento, mas são indicadores para pessoas detentoras de *expertise*.

2.3.6 Gestão estratégica da informação e ecologias informacionais

Davenport (1998a) afirma que o que falta nas organizações não é informação, uma vez que esta está em todo lugar. O que faltam são ferramentas tecnológicas e de gestão para entregar a informação certa às pessoas certas no tempo certo. Esse autor propõe a formatação de um processo de gerenciamento da informação baseado nas seguintes etapas:

- *Determinação das exigências da informação* — elaboração e condução de um amplo diagnóstico de necessidade de informação, no qual o problema principal não é responder, mas formular perguntas. É fundamental o estabelecimento de uma política de informações na organização e esta deve responder à seguinte questão: o que precisamos saber? Quais as informações de que necessitamos para elevados a patamares de eficácia e competitividade?
- *Obtenção de informações* — exploração, classificação, formatação e estruturação.
- Distribuição das informações.
- Uso da informação.

É importante frisar que a tecnologia é apenas um meio, fato ainda não absorvido por várias organizações e profissionais, uma vez que estes ainda insistem em informatizar o caos, em detrimento da não gestão de informações. O processo de gerenciamento de informações de Davenport (1998a) e sua abordagem de ecologias informacionais merecem ser abordados mais profundamente. Em primeiro lugar, o processo de gerenciamento de informações merece ser, uma vez mais, ampliado e desdobrado em sete etapas e, em seguida, prosseguir-se-á com o modelo denominado ecologia de informações.

- *Administração de exigências* — combinar necessidades de informação de usuários e canais de fornecedores; conhecer as exigências das pessoas que necessitam da informação; e conquistar a confiança de fornecedores e usuários.
- *Plano de ativos informacionais* — classificar a informação no momento de sua obtenção e de acordo com sua confidencialidade, tempo pelo qual ela deve ser mantida e a maneira como deve ser protegida (tabelas de temporalidade, políticas de descarte, gestão integrada de recursos informacionais, entre outros).
- *Plano de sistemas informacionais* — planejamento do armazenamento e distribuição de dados em meio eletrônico ou em papel.
- *Aquisição* — obter a informação.
- *Análise* — analisar o conteúdo a fim de estabelecer os níveis de confiabilidade, segurança e qualidade.
- *Disseminação* — distribuir a informação aos que necessitam dela.
- *Feedback* — perguntar aos receptores se a informação foi adequada, recebida e distribuída de maneira correta, e se foi dado treinamento suficiente quanto ao seu uso.

Davenport (1998a) propõe um modelo ao qual intitula "ecologia da informação". A palavra "ecologia" foi reapropriada por esse autor com o intuito de explicar que uma ecologia física não é uma entidade isolada, muito menos uma entidade com poucos componentes invariáveis, mas uma entidade na qual há uma sobreposição de vários ambientes, todos imbricados uns aos outros em uma relação de interdependência. Uma empresa que adote o modelo de Davenport (1998a) estará disponibilizando o que esse autor intitula de "um modelo ecológico de gerenciamento da informação". A constituição de cada ambiente e seus respectivos constituintes, do núcleo para a parte externa, é a seguinte:

- *Ambiente informacional* — equipe, estratégia, processo, arquitetura, política e cultura/comportamento.
- *Ambiente organizacional* — negócios, tecnologia e espaço físico.
- *Ambiente externo* — negócios, tecnologia e informação.

Figura 2.6 Um modelo ecológico para gerenciamento da informação

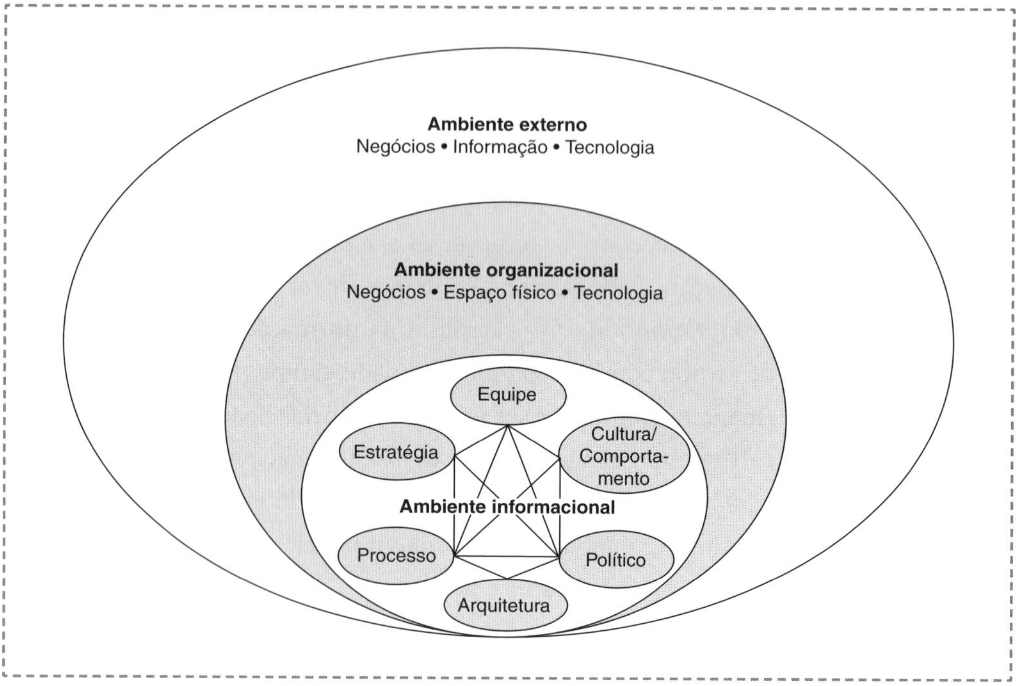

Fonte: DAVENPORT, 1998, p. 51.

O ambiente informacional é o núcleo do modelo. A estratégia da informação é, de acordo com Davenport (1998a), a política de tornar explícita a "informação intencional", que é de alto nível e realmente constitui-se como um diferencial. Se existem políticas para administração de recursos humanos e gerenciamento financeiro, é razoável que exista também uma política informacional. Davenport (1998a) salienta a importância do envolvimento da alta administração e delimita muito bem a pergunta: "O que queremos fazer com a informação nesta empresa?"

A política de informação envolve questões relativas ao poder propiciado pela informação e às responsabilidades da direção em seu gerenciamento e uso. O autor, por acreditar que existem modelos viáveis para governar a informação, propõe quatro deles, conforme nos mostra a Figura 2.7, a seguir.

Figura 2.7 A evolução do controle da informação

Fonte: DAVENPORT, 1998a, p. 92.

A cultura e o comportamento informacional dizem respeito a comportamentos positivos em relação à informação, como compartilhar e obter conhecimento duradouro, além de como ter iniciativa.

A equipe de informação é vigorosamente tratada por Davenport (1998a) como uma equipe interdisciplinar, formada por diversos profissionais de diversas áreas, como especialistas em conteúdo (bibliotecários e pesquisadores de mercado), projetistas, facilitadores de bases informacionais, agentes de ligação e sentinelas tecnológicos *(gatekeepers)*.

O processo de administração informacional refere-se às técnicas de administração tradicionais revistas e adaptadas para essa nova era. A arquitetura informacional, de acordo com McGee e Prusak (1995), diz respeito a um guia para estruturar e localizar a informação na organização. Seu objetivo deve ser ligar as novas tecnologias às orientações estratégicas empresariais, limitando o universo da informação e definindo qual informação é mais importante para a organização. Davenport (1998a) é categórico ao afirmar que, em um ambiente informacional, a facilidade do entendimento e da comunicação sempre deve ser mais importante que o detalhe e a precisão. Os "ecologistas da informação" devem enxergar os projetos arquitetônicos como um meio de transformar o comportamento do usuário, não como um mero exercício técnico.

Em relação ao ambiente organizacional, destacaremos alguns de seus componentes. A situação de negócios significa prestar atenção à estratégia, aos processos, à estrutura/cultura organizacional e à orientação dos recursos humanos. A estratégia dos negócios influenciará as estratégias de informação e vice-versa. Os investimentos em tecnologia têm como fator crítico o simples acesso à informação via redes de trabalho. A distribuição física é oportunamente abordada por Davenport (1998a) ao alertar para o fato de que as pessoas trocam mais informações com os colegas que estão no mesmo espaço físico. Trata-se da idéia de que a proximidade física aumenta a freqüência da comunicação em grupo e que ao adotar essa estratégia, pode-se recair sobre meios físicos ou tecnológicos.

Por fim, o ambiente externo, já devidamente analisado até aqui, é também objeto do modelo proposto por Davenport (1998a). As organizações são afetadas por inúmeros fatores externos, muitos deles incontroláveis pela empresa. Os mercados de negócios criam as condições gerais de negócios, influenciando a capacidade de obtenção e o gerenciamento da informação, bem como clientes, fornecedores, sócios, reguladores, concorrência, entre outros.

Os mercados tecnológicos são os grandes mercados persas nos quais são compradas e vendidas as tecnologias disponíveis capazes de afetar o mundo informacional. Os mercados de informação são os lugares de compra e venda de informações.

Encerrada esta seção, prosseguiremos com a discussão da mensuração e gerenciamento dos ativos intangíveis.

2.3.7 Análise da caixa de ferramentas do conhecimento — os modelos EVA, IC, HRA e BSC

Atualmente, uma das principais discussões gerenciais é a questão da mensuração e gerenciamento de ativos intangíveis. Bontis, Dragonetti, Jacobsen e Roos (1999) acreditam que a importância crescente do conhecimento não somente acrescenta mais uma variável ao processo produtivo, mas muda substancialmente as regras do jogo. Uma constatação importante refere-se ao fato de que os ativos do conhecimento, contrariamente à lógica dos ativos industriais, não padecem do problema dos rendimentos decrescentes. Outro questionamento emergente refere-se à incapacidade do sistema contábil mundialmente aceito — desenvolvido há mais de 500 anos para auxiliar mercadores feudais — para lidar com os fatores inerentes à sociedade da informação. Os autores analisaram os quatro sistemas de mensuração mais populares até o momento:

- *Human Resource Accounting (HRA — Contabilidade de Recursos Humanos)* — o ponto de partida é o entendimento de que o capital humano representa o elemento humano na organização, e que as inteligências, habilidades e *expertises* combinadas conferem à empresa um caráter inconfundível. O objetivo do HRA é quantificar o valor econômico das pessoas para a organização com o propósito de prover insumo/entrada para as decisões financeiras e gerenciais. Existem três tipos de modelos de mensuração do HRA propostos por pesquisadores: modelos de custo ou de precificação, que consideram os ativos humanos em termos de aquisição, substituição e custo de oportunidade; modelos de valor de recursos humanos, os quais combinam o comportamento não monetário aos modelos de valor econômico–monetário; e modelos de ênfase monetária, que calculam estimativas descontadas de ganhos e salários futuros. Em uma análise simplificada, os modelos de HRA tentam calcular a contribuição que os ativos humanos conferem às empresas por meio da capitalização de gastos com salários, ou seja, por intermédio do cálculo do fluxo de caixa descontado do total dos salários e ganhos dos empregados.

- *Balanced Scorecard (BSC — Marcador Balanceado)* — esse é um modelo proposto por Kaplan e Norton (1997), os quais sugerem que os gerentes precisariam de um sistema de mensuração multidimensional que os guiariam em suas decisões. O BSC organiza seu sistema de mensuração com base em quatro perspectivas: financeira, que inclui as tradicionais medidas contábeis; do cliente, que inclui a identificação de público-alvo, medidas de satisfação, fidelização e retenção dos clientes, entre outros; dos processos internos de negócios, diretamente relacionados ao conceito da cadeia de valor e que inclui todos os processos relacionados à realização de produtos e serviços para a satisfação das necessidades dos clientes; e do aprendizado e do conhecimento, que inclui todas as medidas relacionadas a empregados e serviços dos quais a empresa dispõe para facilitar o aprendizado e a difusão do conhecimento. A popularidade do BSC como sistema gerencial é crescente nos últimos três anos, visto que ele deixa claro que as medidas financeiras e não financeiras devem fazer parte do sistema de informações para funcionários de todos os níveis da organização. Espera-se que o BSC seja capaz de traduzir a missão e a estratégia de unidades de negócio em objetivos e medidas tangíveis. Kaplan e Norton (1997) afirmam que um *balanced scorecard* significa a estratégia em ação, visto que ele deixa de ser um sistema de medidas e se transforma em um sistema de gestão estratégica — além de ser a base para o gerenciamento das empresas na era da informação. Ainda segundo esses autores, o BSC pode ser utilizado para esclarecer e obter consenso em relação à estratégia; comunicar a estratégia para toda a empresa; alinhar as metas departamentais e pessoais à estratégia; associar os objetivos estratégicos às metas de longo prazo e aos orçamentos anuais; identificar e alinhar as iniciativas estratégicas; realizar revisões estratégicas periódicas e sistemáticas; e obter *feedback* para aprofundar o conhecimento da estratégia e aperfeiçoá-la. A Figura 2.8, a seguir, sugere que o BSC fornece a estrutura necessária para a tradução da estratégia em termos operacionais, ao passo que a Figura 2.9 apresenta o BSC como estrutura para a ação estratégica.

Figura 2.8 O BSC fornece a estrutura necessária para a tradução da estratégia em termos operacionais

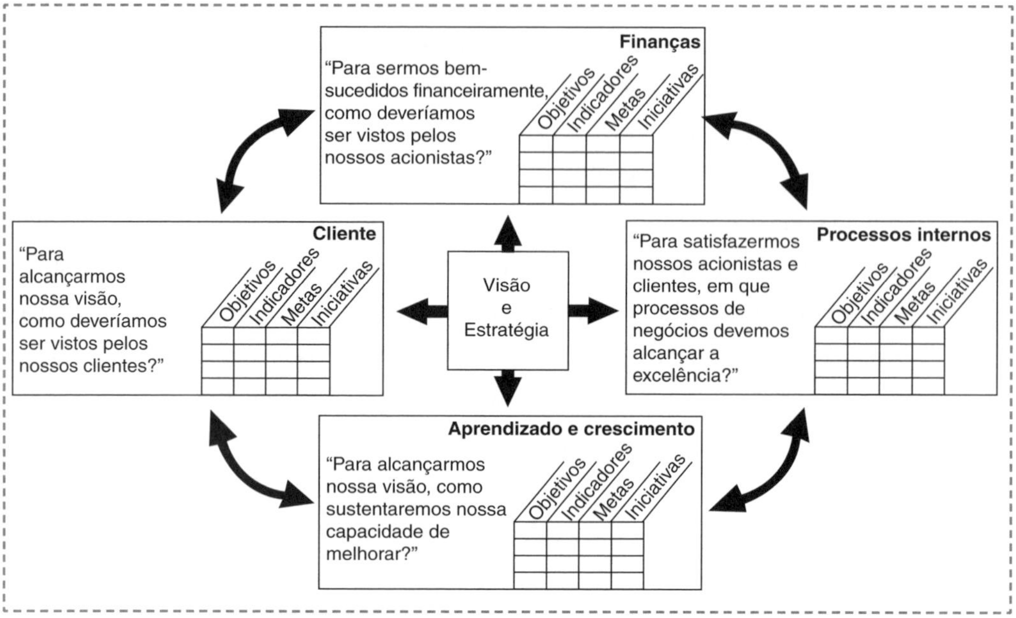

Fonte: KAPLAN, R. S.; NORTON, D. P. *A estratégia em ação:* balanced scorecard. Rio de Janeiro: Campus, 1997. p. 10.

Figura 2.9 O BSC como estrutura para a ação estratégica

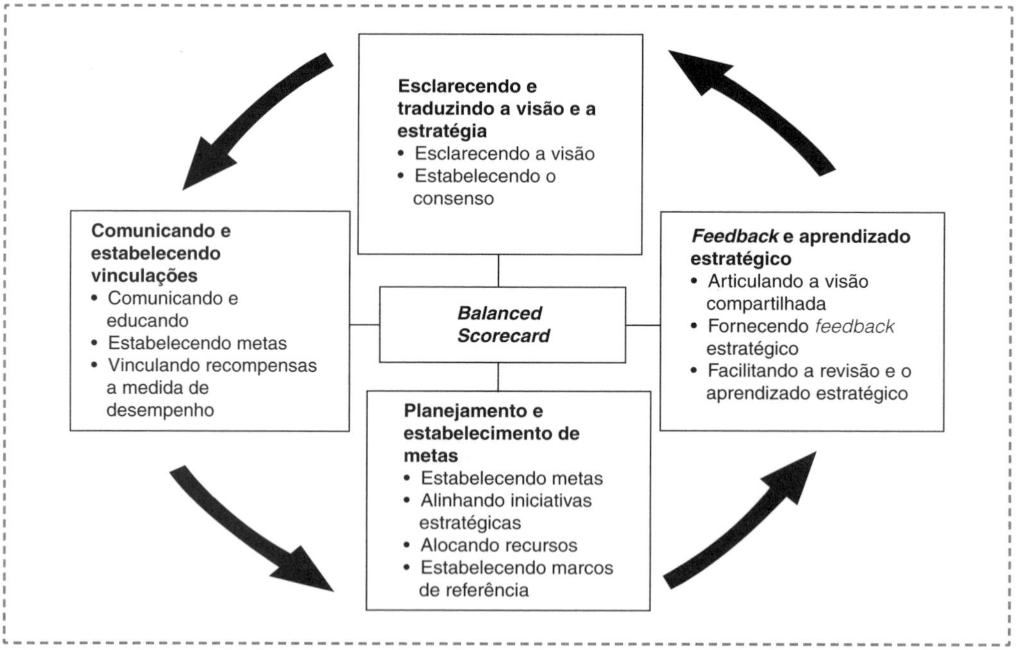

Fonte: KAPLAN; NORTON, 1997, p. 12.

- *Economic Value Added (EVA — Valor Econômico Agregado)* — em termos gerais, o EVA é um abrangente sistema de mensuração do gerenciamento financeiro que pode ser usado para unir o orçamento financeiro (cálculo do valor líquido), o planejamento financeiro, o estabelecimento de metas e objetivos, a mensuração de performance, a comunicação com os acionistas e a remuneração por incentivos. Brasil (2002) salienta que o EVA (lucro econômico) passou a ser amplamente abordado nos manuais de finanças corporativas e que, apesar de patenteado pela Stern, Stewart & Company, sua concepção pertence ao economista Alfred Marshall. Esse autor afirma ainda que, de maneira simplificada, o EVA é a diferença entre o retorno sobre o capital investido, após os impostos, e o custo desse capital investido. Bontis, Dragonetti, Jacobsen e Roos (1999) argumentam que a maximização da riqueza dos acionistas não é o mesmo que a maximização do valor total de mercado de uma companhia. Esta última pode ser atingida pelo máximo investimento de capital possível na empresa. A riqueza do acionista aumenta somente pela maximização da diferença entre o valor total de uma organização e o montante de capital que esses investidores depositaram nela. Esses autores, corroborados por Brasil (2002), definem o EVA por meio da seguinte equação:
  EVA = vendas líquidas – gastos operacionais – impostos – custo do capital.
- *Intellectual Capital (IC — Capital Intelectual)* — esse modelo já foi discutido anteriormente. Segundo Bontis, Dragonetti, Jacobsen e Roos (1999), o capital intelectual é simplesmente a coleção de recursos intangíveis e seus respectivos fluxos. Entende-se por recursos, segundo esses autores, quaisquer fatores que contribuam para os processos de geração de valor da companhia. O modelo aqui proposto é subdividido em capital humano — a coleção de recursos intangíveis corporificados nos membros da organização na forma de competências (habilidades e *know-how*), atitudes (motivação, liderança da alta gerência) e agilidade intelectual (inovação, capacidade empreendedora e adaptação) — e em capital estrutural — tudo aquilo que fica na organização após as "17 horas". Esse modelo é análogo ao modelo proposto por Edvinsson e Malone (1998). Stewart (1998) é o responsável pela inclusão de uma terceira dimensão, o capital do cliente, o qual também já foi discutido nesta obra. Bontis, Dragonetti, Jacobsen e Roos (1999) argumentam que os indicadores de capital intelectual devem ser escolhidos e guiados pela estratégia de longo prazo da organização, bem como por sua missão ou visão. Uma vez entendida a identidade e os objetivos estratégicos, a organização deve usar esses objetivos para identificar dois tipos de variáveis: a trilha de criação de valor

ou as áreas-foco que orientam essa criação; e os fatores-chave de sucesso e indicadores apropriados para a mensuração de performance.

A conclusão é a de que não existe uma única ou melhor ferramenta. O cerne do problema consiste na determinação de qual ferramenta é mais apropriada para determinados tipos de organizações e determinadas situações específicas. O Quadro 2.16, a seguir, traz um resumo das vantagens e desvantagens de cada ferramenta.

Quadro 2.16 Resumo das ferramentas do conhecimento

Ferramenta	Vantagens	Desvantagens
HRA	• Calculada em termos financeiros, sendo de valia para usuários externos como investidores e governos. • Amplo uso para *feedback* interno aos membros da organização no cumprimento dos objetivos estratégicos. • Ponto de partida para o desenvolvimento de planos anuais, de longo prazo e estratégicos, pois permite o reconhecimento das competências essenciais inerentes ao capital intelectual organizacional.	• Este modelo sofre de subjetividade e incerteza e ainda de ausência de confiabilidade, visto que as métricas não podem ser auditadas com segurança. • Discussão se é moralmente aceitável ou não tratar pessoas como ativos. • Métricas passíveis de manipulação.
EVA	• Bem correlacionado ao preço de ações e respectivos modelos de precificação de ativos financeiros. • Une orçamentação, planejamento financeiro, planejamento de objetivos etc.	• Procedimentos complicados de ajustamento, dada a natureza efêmera de recursos intangíveis: como estimar o valor de um programa de treinamento e capacitação? Como estimar a criação de um banco de dados de melhores práticas? • Valor de ativos líquidos *versus* valor de mercado dos ativos, visto que os primeiros são baseados em custos históricos, pouco indicativos do atual valor de reposição da mesma categoria de ativos.
BSC	• Lógica poderosa. • Clara correlação entre os indicadores propostos e a performance financeira. • Literatura consistente e bem desenvolvida.	• Rígido e estático, não considera o dinamismo e a mutabilidade. • Consideração não apropriada de ativos humanos e processos de criação de conhecimento. • Impossibilidade de comparação externa.
IC	• Modelo flexível e dinâmico. • Comparação parcial externa possível. • Também aplicável para organizações que não visam ao lucro.	• Literatura confusa. • Desenvolvimento de sistema métrico ainda em estágios iniciais. • Muita concentração nas ações em detrimento dos fluxos.

Fonte: BONTIS, N.; DRAGONETTI, N. C.; JACOBSEN, K.; ROOS, G. The knowledge toolbox: a review of the tools available to measure and manage intangible resources. *European Management Journal*, v. 17, n. 4, p. 400, 1999.

Efetuadas as discussões a respeito das "ferramentas do conhecimento", discutiremos as métricas oriundas de tais ferramentas. Hauser e Katz (1998) alertam para o fato de que, em relação às métricas, somos aquilo que medimos. Esses autores descreveram sete armadilhas que conduzem a métricas contraproducentes, bem como os sete passos que conduzem às boas métricas.

- *Recompensas atrasadas* — é inútil condicionar recompensas ao cumprimento de metas de longo prazo. A organização deve buscar metas que podem ser mensuradas hoje e que possam causar impacto nas rendas futuras. Os membros da organização devem ser recompensados no curto prazo quando tomam decisões e ações que maximizam a lucratividade de longo prazo da organização.
- *Utilização de recompensas de risco* — métricas dependentes de incertezas advindas de influências e que fogem ao alcance dos funcionários podem ser perigosas. Se os funcionários têm aversão ao risco, essas recompensas serão inúteis.
- *Tornando as métricas difíceis de controlar* — a organização deve identificar métricas que as equipes podem afetar no presente e que também afetem os objetivos de longo prazo da organização.
- *Perdendo a visão dos objetivos* — o objetivo é definido como a habilidade de ser competitivo e lucrativo a partir de idéias. É necessário que uma organização esteja constantemente refocando e reequilibrando os objetivos finais de satisfação do cliente e lucratividade de longo prazo.
- *Escolha de métricas erradas* — é fundamental que se meça o que realmente é mais importante, não o que é mais fácil. Hauser e Katz (1998) citam o exemplo de um centro de atendimento aos clientes que media o número de chamadas atendidas pelo número de chamadas recebidas, quando na verdade o correto seria medir o número de problemas resolvidos pelo número de chamadas recebidas. Os clientes queriam precisão e solução de problemas, não velocidade de atendimento.
- *Assumir que os gerentes e empregados não têm escolhas* — o objetivo da métrica não é fazer com que os empregados trabalhem mais, mas que eles trabalhem com mais inteligência. Quanto mais capacitado for o capital humano de uma organização, melhor ele será em termos de decisões e ações que maximizarão essas métricas. Além disso, se o sistema métrico necessitar que o capital humano continue trabalhando mais, a organização deve escolher entre pagar maiores salários ou perder parte desse capital humano. É importante lembrar

que a parcela mais brilhante do capital humano é a primeira a deixar a organização. As únicas pessoas que ficam, nesse caso, são as não demandadas pelos concorrentes.

- *Pensamento limitado* — a armadilha número cinco discorre a respeito do tipo de métrica necessária para um centro telefônico de atendimento aos clientes. Aqui se questiona a sua necessidade, uma vez que o pensamento sistêmico conduziria ao desenvolvimento de produtos que não necessitariam de suporte telefônico. Em um segundo momento, poder-se-ia vislumbrar um *call center* como um grande sistema de informações gerenciais, distribuindo informações valiosas e gratuitas, geradas pelo relacionamento com os clientes, para todos os setores da organização: P&D, marketing, vendas, RH, dentre outros.

Os sete passos que conduzem às boas métricas, segundo Hauser e Katz (1998), são:

- *Ouvir o cliente* — muitas métricas são centradas em necessidades internas da corporação, como a utilização dos ativos, a produtividade das equipes, a redução de custos e o ciclo de vida de produtos. Essas questões são reconhecidamente relevantes, porém têm pouco impacto direto na necessidade dos clientes. Kotler e Armstrong (1998) alertam para o fato de que, embora o conceito de marketing envolva descobrir desejos e necessidades dos mercados-alvo e a construção de relacionamentos duradouros, a essência do marketing é fazer tudo isso lucrativamente.
- *Compreensão do que é o trabalho* — envolve o entendimento do que os gerentes e colaboradores valorizam e como as decisões e ações afetam as métricas e suas respectivas rendas desejadas. Kotler e Armstrong (1998) enfatizam a necessidade de "cuidar daqueles que cuidam dos clientes" e priorizam o endomarketing ou marketing interno. Esse entendimento é, segundo Hauser e Katz (1998), crítico para a implementação de um sistema de mensuração.
- *Entendendo as inter-relações* — as inter-relações existentes entre funcionários, fornecedores e clientes devem ser entendidas com o propósito de desenvolver um bom sistema de mensuração. Caso essa etapa seja ignorada, cada parte passa a se orientar pelo seu próprio objetivo, em detrimento da otimização dos objetivos do sistema como um todo.
- *Entendendo os elos* — os autores propõem a combinação da voz do cliente com um amplo e profundo entendimento dos objetivos da organização. Isso conduziria à identificação das saídas que se quer melhorar por meio do sistema de mensuração.

- *Testar as correlações e a reação de gerentes e colaboradores* — a proposta apresentada é a de testar as correlações de várias categorias, como as habilidades da equipe, as habilidades técnicas, o ajuste com a estratégia, o ajuste com as necessidades do cliente, as rendas geradas, entre outros. Após estabelecidas as devidas correlações, o sistema deve ser testado *in situ* e a reação dos membros da organização deve ser observada.
- *Envolvimento dos gerentes e colaboradores* — a filosofia que orienta o processo é fiel ao fato de que aqueles que estão sujeitos às métricas também devem ser responsáveis pelo seu desenvolvimento. Métricas impostas pela alta administração estarão sempre sujeitas à resistência e até mesmo à sabotagem. Gerentes e colaboradores devem ser envolvidos no desenvolvimento das métricas.
- *Busca de novos paradigmas* — envolve a análise criteriosa das métricas e a busca de oportunidades que conduzam a novos paradigmas e possibilidades.

As conclusões de Hauser e Katz (1998) são as de que um bom sistema de mensuração confere *empowerment* aos membros da organização, e que esta se torna exatamente o que busca medir.

A próxima seção aborda a última arena de uso da informação e do conhecimento nas organizações, a partir do modelo proposto por Choo (1998): a tomada de decisão.

2.4 Processo decisório e tomada de decisão com base no princípio da racionalidade limitada

A teoria das decisões, de acordo com Chiavenato (2000), nasceu com Herbert Simon e foi utilizada para explicar o comportamento humano nas organizações. É importante lembrar que a teoria comportamental da administração concebe a organização como um sistema de decisões e que esta, portanto, está permeada de decisões e ações. Assim, a teoria comportamental é um complexo sistema de decisões no qual cada pessoa ou membro participa consciente e racionalmente quando escolhe e decide entre as muitas alternativas mais ou menos racionais que lhes são apresentadas. A decisão, segundo Chiavenato (2000), é o processo de análise e escolha entre as alternativas disponíveis de cursos de ação que a pessoa deverá seguir. Choo (1998) acrescenta que o processo formal de tomada de decisões em uma organização é estruturado por procedimentos e regras que especificam papéis, métodos e normas. Nesse contexto, Chiavenato (2000) aponta seis elementos envolvidos com a decisão:

- *Tomador de decisões* — é o membro da organização que faz uma escolha ou uma opção diante das várias alternativas futuras de ação.

- *Objetivos* — são os objetivos que o referido tomador de decisões organizacional almeja alcançar com suas respectivas ações.
- *Preferências* — são os critérios utilizados pelo tomador de decisões para fazer sua escolha.
- *Estratégia* — é o curso de ação que o tomador de decisões escolhe para alcançar seus objetivos. O curso de ação é um caminho escolhido e essa escolha é dependente dos recursos de que se pode dispor.
- *Situação* — são os aspectos do ambiente que envolvem o tomador de decisões. Note-se que alguns desses aspectos fogem ao controle, ao conhecimento e à compreensão e, por sua vez, também afetam a decisão.
- *Resultado* — é a conseqüência de uma dada estratégia.

As etapas do processo decisorial, de acordo com o autor, são sete, a saber:

- Percepção da situação que envolve algum problema.
- Análise e definição do problema.
- Definição dos objetivos.
- Busca de alternativas de solução ou de cursos de ação.
- Seleção da alternativa adequada ao alcance dos objetivos.
- Avaliação e comparação das alternativas.
- Implementação das alternativas escolhidas.

É importante perceber que cada etapa influencia todas as outras e todo o processo. Várias decorrências podem ser enumeradas da teoria das decisões, especialmente pelo alto grau de subjetividade a elas conferido. Choo (1998) e Chiavenato (2000) enumeram algumas:

- *Racionalidade limitada* — para tomar as melhores decisões racionais, caberia ao tomador de decisões a identificação de todas as alternativas disponíveis, bem como a previsão de todas as conseqüências produzidas por cada uma dessas alternativas e a avaliação de cada uma delas em relação aos objetivos e preferências. Choo (1998) afirma que a do tomador de decisões é limitada, uma vez que requer total conhecimento e antecipação das conseqüências que se seguirão a partir de cada escolha. Conclui-se que o conhecimento a respeito de conseqüências é sempre fragmentado. Ainda de acordo com Choo (1998), o processo decisório é dirigido pela busca de alternativas boas o bastante, em detrimento da busca pela melhor alternativa existente.

- *Imperfeição das decisões* — não existem decisões perfeitas, apenas algumas podem ou não ser melhores que outras no que diz respeito aos resultados produzidos. Com o intuito de proceder de maneira racional, o tomador de decisões deve escolher, entre as alternativas possíveis, a que se diferencie pelos seus resultados e cujos resultados estejam ligados aos objetivos organizacionais desejados. Desse modo, pretende-se ativar e ampliar a obtenção de resultados máximos a partir de recursos mínimos, o que torna a eficiência um critério norteador.
- *Relatividade das decisões* — a escolha de uma alternativa implica a renúncia das demais e a criação de uma seqüência de novas alternativas ao longo do tempo. Entende-se a relatividade como um custo de oportunidade, que aponta também para a avaliação das alternativas preteridas. Como já foi dito, o nível é satisfatório, nunca ótimo.
- *Racionalidade administrativa* — processos administrativos são basicamente processos decisórios, visto que consistem na definição de métodos rotineiros visando à seleção e à determinação dos cursos de ação mais adequados.
- *Influência organizacional* — a organização retira de seus participantes a faculdade de decidir sobre certos assuntos e a substitui por um processo decisório próprio, previamente estabelecido e rotinizado. Essas decisões que a organização toma pelo indivíduo consistem em divisão de tarefas (por meio dos cargos ocupados pelos indivíduos na organização); padrões de desempenho (os padrões de guia e orientação para o comportamento racional e para as atividades de controle); sistemas de autoridade (hierarquia formal); canais de comunicação (a organização proporciona as informações vitais ao processo decisório das pessoas); treinamento e doutrinação (o fornecimento de critérios de decisão que a organização pretende manter é fornecido aos membros da organização via treinamentos e condicionamentos).

Para a conclusão deste capítulo, seguem algumas recomendações propostas por Choo (1998):

- É importante lembrar que organizações são compostas por redes de decisões, tomadores de decisões e tomada de decisão.
- Decisões resultam no comprometimento com determinados cursos de ação.
- As decisões facilitam a ação pela definição e elaboração de propósitos e pela alocação dos recursos necessários.

- Uma decisão completamente racional requereria informações além da capacidade de coleta da empresa, bem como um processamento de informações além da capacidade de execução de seres humanos.

Para os objetivos deste livro, os recortes, abordagens e ferramentas apresentados neste capítulo são de especial interesse para a análise da GC em suas várias facetas e imbricações, ora via concepções estratégicas, ora via abordagens gerenciais e/ou ferramentas de gestão e/ou tecnologia. Justifica-se, uma vez mais, a abrangência desse referencial para a cobertura de várias visões sobre a GC: norte-americanas, européias e japonesas. Ressalta-se que a predominânica da produção acadêmica mundial sobre a GC e sua literatura são de origem anglo-saxã, e justifica-se a necessidade de um trabalho de pesquisa de campo meticuloso, exaustivo e abrangente para a compreensão da temática em organizações brasileiras. Para tanto, os procedimentos metodológicos serão discutidos no próximo capítulo.

parte II

PROCEDIMENTOS METODOLÓGICOS

3

Estudo de caso: planejamento e métodos

A metodologia proposta para a pesquisa estudada nesta obra necessita de cuidados especiais, a fim de que se procurem respostas para as indagações propostas de maneira consistente e fidedigna. Pontos importantes envolvem a compreensão do recorte necessário, a delimitação do campo, a escolha dos conceitos essenciais, o estabelecimento das relações entre eles e a perspectiva de aplicação do relacional ao real. Um objeto de pesquisa em ciência da informação que almeja a construção de um conceito para a expressão gestão do conhecimento deve ser construído por meio das relações, imbricações, contradições e problemáticas delineadas a partir da leitura do estado da arte na área.

Do ponto de vista da forma de abordagem do problema, a linha de pesquisa utilizada neste trabalho é a pesquisa qualitativa, apesar de existir liberdade para tratá-la também com indicadores quantitativos, caso seja necessário. Triviños (1987) considera que há uma relação dinâmica entre o mundo real e o sujeito, e que a interpretação dos fenômenos e a atribuição de significados são básicos no processo de pesquisa qualitativa. Esta pesquisa não requer necessariamente o uso de métodos e técnicas estatísticas e o ambiente natural é a fonte direta para a coleta de dados. Os procedimentos metodológicos conduzem aos chamados "estudos de caso".

Yin (2001) sugere que, como estratégia de pesquisa, deve-se utilizar os estudos de caso em várias situações, nas quais se incluem pesquisas em política, pesquisa em administração pública, sociologia, estudos organizacionais e gerenciais, pesquisa de planejamento regional e municipal, supervisão de dissertações e teses nas ciências sociais, entre outros. Nesta proposta de pesquisa, a estratégia de pesquisa recai em estudos de caso aplicados a estudos organizacionais e gerenciais.

Esse autor desmistifica a idéia de que estudos de caso sejam apenas uma ferramenta exploratória ao afirmar que alguns dos melhores e mais famosos estudos de caso foram descritivos e explanatórios. Tal assertiva deriva-se de uma interpretação equivocada de que as diversas estratégias de pesquisa devem ser dispostas hierarquicamente, numa seqüência tipificada em estudos de caso (fase exploratória), levantamentos (fase descritiva) e experimentos (fase explanatória e causal, relações de causa e efeito).

Ainda segundo esse autor, os estudos de caso representam a estratégia preferida quando se colocam questões do tipo "como" e "por que", quando o pesquisador tem pouco controle sobre os eventos e quando o foco está em fenômenos contemporâneos inseridos em algum contexto da vida real. O poder diferenciador dos estudos de caso revela-se pela sua capacidade de lidar com uma ampla variedade de evidências: documentos, arquivos, entrevistas e observações. O Quadro 3.1, a seguir, é ilustrativo das situações relevantes para as diferentes estratégias de pesquisa existentes.

Quadro 3.1 Situações relevantes para diferentes estratégias de pesquisa

Estratégia	Forma da questão de pesquisa	Exige controle sobre eventos comportamentais?	Focaliza acontecimentos contemporâneos?
Experimento	como, por que	sim	sim
Levantamento	quem, o que, onde, quantos, quanto	não	sim
Análise de arquivos	quem, o que, onde, quantos, quanto	não	sim/não
Pesquisa histórica	como, por que	não	não
Estudo de caso	como, por que	não	sim

Fonte: YIN, R. K. *Estudo de caso:* planejamento e métodos. Porto Alegre: Bookman, 2001. p. 24.

Eisenhardt (1989) propõe uma série de procedimentos metodológicos que servem aos propósitos de construção de teorias com base na pesquisa de estudos de caso. Algumas características de tais projetos, como definição do problema e validação do construto, são similares à pesquisa de teste de hipóteses. Outros, como análise intrínseca de cada caso e replicação lógica, são únicos aos processos indutivos, orientados a casos. De maneira geral, sua proposta é altamente repetitiva e firmemente ligada aos dados. A estratégia mencionada anteriormente é apropriada em áreas consideradas novas ou contemporâneas, e a possível teoria resultante é freqüentemente nova, testável e empiricamente válida.

Eisenhardt (1989) afirma, ainda, que o desenvolvimento de teorias é uma atividade central na pesquisa organizacional. Seu trabalho cristaliza-se como uma importante contribuição na forma de um mapa conceitual para a proposição de teorias a partir de pesquisa de estudo de casos, visto que sintetiza trabalhos anteriores sobre métodos qualitativos e análise de dados qualitativos (MILES; HUBERMAN, 1984), desenho e projeto da pesquisa em estudo de caso (YIN, 2001) e a construção da teoria fundamentada em dados — *grounded theory* (GLASER; STRAUSS, apud EISENHARDT, 1989), estendendo-se até trabalhos nas áreas de triangulação de dados, triangulação de múltiplos investigadores e análises entre casos cruzados, entre outros. Uma segunda contribuição importante revela-se pelo posicionamento da construção teórica a partir de estudos de caso em um contexto mais amplo da pesquisa em ciências sociais.

Vários autores lograram definir o termo estudo de caso. Segundo Yin (2001, p. 32-33), um estudo de caso é:

> "uma investigação empírica que investiga um fenômeno contemporâneo dentro de seu contexto de vida real, especialmente quando os limites entre o fenômeno e o contexto não estão claramente definidos. A investigação de estudo de caso enfrenta uma situação tecnicamente única em que haverá muito mais variáveis de interesse do que pontos de dados e, como resultado, baseia-se em várias fontes de evidências, com os dados precisando convergir em um formato de triângulo, e, como outro resultado, beneficia-se do desenvolvimento prévio de proposições teóricas para conduzir a coleta e análise de dados."

Triviños (1987) define o estudo de caso como uma categoria de pesquisa cujo objeto é uma unidade que se analisa profundamente, e cujas características são dadas por duas circunstâncias: a natureza e abrangência da unidade; e a complexidade determinada por suportes teóricos que servem de orientação para o trabalho do investigador. Já Gil (1991), a partir do ponto de vista de procedimentos técnicos, define que os estudos de caso envolvem o estudo exaustivo de um ou poucos objetos, a fim de que se obtenha seu amplo e detalhado conhecimento. Martins e Lintz (2000) apresentam a seguinte definição:

> "[...] o estudo de uma unidade que se analisa profunda e intensamente. Considera a unidade social estudada em sua totalidade, seja um indivíduo, uma família, uma instituição, uma empresa, ou uma comunidade, com o objetivo de compreendê-los em seus próprios termos."

Alguns autores de metodologia chegam a distinguir vários tipos de estudo de caso, como Triviños (1987):

- *Estudos de caso observacionais* — categoria típica da pesquisa qualitativa, na qual a técnica de coleta de informações mais importante é a *observação participante.*
- *Estudos de caso denominados história de vida* — nos quais a técnica utilizada para a investigação é a entrevista semi-estruturada realizada com pessoa de relevo social (escritor ou cientista famoso, próceres, políticos renomados etc.). A entrevista segue aprofundando-se cada vez mais na história de vida do indivíduo.
- *Estudos de caso histórico-organizacionais* — nesse tipo, o interesse do pesquisador recai sobre a vida de uma instituição e a unidade pode ser uma escola, universidade ou organização. O pesquisador deve então partir do conhecimento existente sobre a organização, e outra premissa é a existência de arquivos que registraram documentos referentes à vida da instituição, publicações, estudos pessoais, entre outros.

O tipo de estudo de caso analisado neste livro é o tipo histórico-organizacional e, por se tratar de pesquisa qualitativa, propõe-se a elaboração de referencial teórico a ser usado na análise de dados e na formação de categorias de análise. Optaremos pela criação de categorias de análise para que não se percam de vista os objetivos propostos, a saber:

- Categoria analítica 1 — motivadores para a GC.
- Categoria analítica 2 — compreensão e definição organizacional de GC.
- Categoria analítica 3 — aspectos ou abordagens consideradas pela GC; metáfora do "guarda-chuva conceitual de GC".
- Categoria analítica 4 — cenários e perspectivas — melhores práticas organizacionais de GC.
- Categoria analítica 5 — questões de *sensemaking* ou construção de sentido.
- Categoria analítica 6 — questões relativas à criação de conhecimento.
- Categoria analítica 7 — questões relativas à tomada de decisão.
- Categoria analítica 8 — questões relativas ao contexto capacitante.

A pesquisa quantitativa lida com variáveis, ao passo que a pesquisa qualitativa lida com categorias de análise. A palavra categoria refere-se, de maneira geral, a um conceito que abrange elementos com características comuns ou que se relacionam entre si e que são empregados para estabelecer classificações. A intenção, ao se estabelecer categorias, é agrupar elementos, idéias e expressões em torno de conceitos capazes de sintetizar a análise meticulosa dos estudos de caso selecionados.

Yin (2001) elucida algumas variações importantes a respeito dos estudos de caso como estratégia de pesquisa:

- A pesquisa pode incluir tanto estudos de caso único quanto de casos múltiplos. Triviños (1987) distingue estudos de casos comparativos de estudos multicasos — estes últimos são desprovidos de objetivos de natureza comparativa.
- Estudos de caso podem incluir evidências quantitativas, qualitativas ou quali-quantitativas.

Ao se projetar estudos de caso, é fundamental definir se tais projetos são de caso único ou de caso múltiplo. Após essa definição, é preciso estabelecer qual é a unidade de análise, que pode ser holística (uma única unidade de análise) ou incorporada (várias unidades de análise). Yin (2001) e Eisenhardt (1989) salientam a importância da qualidade do projeto e sugerem que o pesquisador deve maximizar quatro aspectos da qualidade de qualquer projeto: a validade do construto; a validade interna; a validade externa; e a confiabilidade:

- *Validade do construto* — significa estabelecer medidas operacionais corretas para os conceitos em estudo. Yin (2001) afirma que, entre as várias táticas para aumentar a validade do construto, as principais resumem-se à utilização de várias fontes de evidências — de modo a incentivar linhas convergentes de investigação — e ao estabelecimento do encadeamento dessas evidências;
- *Validade interna* — é mister ressaltar que a validade interna só é aplicável para estudos explanatórios ou causais, não se aplicando a estudos descritivos ou exploratórios, como é o caso da pesquisa estudada neste livro. Yin (2001) assevera que a validade interna é o estabelecimento de uma relação causal por meio da qual se demonstra que certas condições levam a outras. O objetivo é demonstrar que tais relações, fatos ou condições se diferenciam de relações espúrias.

- *Validade externa* — a questão aqui é saber se as descobertas de um estudo de caso são generalizáveis além do universo do próprio estudo de caso. Aplicaremos, para tanto, a lógica da replicação em suas facetas de replicação literal e teórica.
- *Confiabilidade* — diz respeito a demonstrar que as operações de um estudo podem ser repetidas, apresentando os mesmos resultados.

Segundo Yin (2001), um projeto de pesquisa é na verdade um plano de ação, uma seqüência lógica que conecta os dados empíricos às questões de pesquisa iniciais do estudo. Configura-se, na verdade, como um esquema de pesquisa que trata de, pelo menos, quatro problemas: quais questões estudar; quais dados são relevantes; quais dados coletar; e como analisar os resultados. Cinco[1] componentes são especialmente importantes quando se trata de um projeto de pesquisa orientado pela estratégia de estudos de caso:

- *As questões de estudo* — já apresentadas em seções anteriores desta obra.
- *Suas proposições ou pressupostos* — da mesma forma, já apresentados.
- *Unidade de análise* — áreas, programas, processos ou projetos de gestão do conhecimento; subunidades de análise e unidades de observação: documento e arquivos da organização; pessoas — colaboradores considerados em uma estrutura tripartite: membros da alta direção, gestores do projeto/processo de gestão do conhecimento e pessoas beneficiadas ou não por essa gestão; e a organização — o contexto e o espaço organizacional. Para a escolha da organização brasileira, optou-se pela formação de uma amostra não probabilística e intencional. Após a realização do referido estudo, espera-se que seja possível compilar e enunciar diretrizes básicas que poderão servir de suporte para a formulação de um modelo ou mapa conceitual de gestão do conhecimento.
- Lógica que une os dados às proposições.
- Critérios para a interpretação das descobertas.

Observando-se os vários critérios para o julgamento da qualidade dos projetos de pesquisa, como sugerido por Eisenhardt (1989) e Yin (2001), a pesquisa aqui analisada remete às seguintes questões:

---

[1] Yin (2001) afirma que o estado atual da ciência não fornece orientação detalhada acerca da lógica que une os dados à proposição e dos critérios para a interpretação das descobertas.

- Validade do construto, visto que se utilizará de múltiplas fontes de evidências — análise e pesquisa documental, arquivos, entrevistas e observação direta, além do estabelecimento do encadeamento de evidências.
- Confiabilidade, pela demonstração de que as operações de um estudo — como os procedimentos da coleta de dados — podem ser repetidas apresentando os mesmos resultados.

Em Yin (2001) verifica-se uma tipologia de estudos de caso apresentados em uma matriz dois por dois (2x2), na qual se presume que estudos de caso único e de caso múltiplos refletem situações de projetos diferentes. Dentro desses dois tipos deve-se levar em consideração a existência de uma única unidade de análise (holísticos) ou de múltiplas unidades de análise (incorporados). O Quadro 3.2 apresenta os tipos básicos de projetos para os estudos de caso.

Quadro 3.2 Tipos básicos de projetos para os estudos de caso

	Projetos de caso único	Projetos de casos múltiplos
Holísticos (unidade única de análise)	Tipo 1	Tipo 3
Incorporado (unidades múltiplas de análise)	Tipo 2	Tipo 4

Fonte: YIN, 2001, p. 61.

A justificativa para a escolha[2] de caso único é recomendada, segundo Yin (2001), em condições nas quais este representa um teste crucial da teoria existente, nas quais é um evento raro ou exclusivo, ou nas quais serve a um propósito revelador. Não obstante, as provas resultantes de casos múltiplos são consideradas mais convincentes, e o estudo global é considerado mais robusto. A lógica subjacente ao uso de estudos de caso múltiplos é aquela em que cada caso deve ser cuidadosamente selecionado para prever resultados semelhantes (uma replicação literal) ou produzir resultados contrastantes apenas por razões previsíveis (uma replicação teórica).

Yin (2001) afirma que um passo de suma importância em todos os procedimentos de replicação é o desenvolvimento de uma rica estrutura teórica, que deve expor as

[2] A seleção de casos a serem estudados não se remete a critérios estatísticos de amostragem, mas a critérios próprios da estratégia de pesquisa com estudos de caso: casos são escolhidos por razões teóricas.

condições nas quais é provável que exista um fenômeno em particular (uma replicação literal), bem como as condições em que não é provável a existência desse fenômeno (uma replicação teórica). Dessa ótica, a preocupação com o número de casos supostamente necessários ou suficientes para o estudo ganha novo contorno.

Uma vez que a lógica da amostragem é inadequada, seus critérios típicos adotados em relação ao tamanho da amostra tornam-se irrelevantes e a questão fundamental retorna ao número de replicações de caso - literais e teóricas — que são desejadas em um estudo. Estudos de caso múltiplos podem ser também holísticos ou incorporados, e essa proposta de pesquisa recai sobre o tipo 2, proposto no Quadro 3.2, anteriormente analisado.

Para a coleta de dados sugere-se a utilização de várias fontes de evidências, e especificamente para os estudos de caso, tais evidências podem vir de seis fontes: documentos, registros em arquivo, entrevistas, observação direta, observação participante e artefatos físicos. Yin (2001) é categórico ao afirmar que a utilização de evidências provenientes de duas ou mais fontes, que convergem em relação ao mesmo conjunto de fatos ou descobertas, aumenta substancialmente a qualidade de estudos de caso. Para a consecução dos objetivos deste trabalho, optou-se pelas seguintes fontes de evidências:

- *Documentação* — para estudos de caso, o uso mais importante de documentos é corroborar e valorizar as evidências oriundas de outras fontes. Yin (2001) sugere que, durante as visitas de campo, algum tempo deve ser dedicado para visitas a bibliotecas, centros de documentação e outros centros de referência. Alguns documentos devem ser considerados, tais como cartas, memorandos, avisos, minutas de reuniões, agendas, outros relatórios, documentos administrativos e internos, bem como estudos ou avaliações formais do mesmo "local" em estudo, além de recortes de jornais, outros artigos publicados na mídia etc.
- *Registros em arquivos* geralmente na forma computadorizada/eletrônica, como registros de serviços, registros organizacionais (tabelas, orçamentos, organogramas e outros), lista de nomes, registros pessoais, entre outros.
- *Entrevistas* — segundo vários autores (TRIVIÑOS, 1987; YIN, 2001; LAKATOS; MARCONI, 1991), essa é uma das mais importantes fontes de informação para um estudo de caso. As entrevistas podem assumir diversas formas, como a entrevista espontânea ou totalmente desestruturada, a entrevista

focal e a entrevista de grupo de enfoque, e até mesmo entrevistas estruturadas. A técnica de coleta de informações escolhida para as entrevistas realizadas para a pesquisa que aqui analisamos é a entrevista semi-estruturada, com gestores da informação e do conhecimento. Triviños (1987) afirma que a entrevista semi-estruturada, para alguns tipos de pesquisa qualitativa, é um dos principais meios disponíveis para que o investigador realize a coleta de dados. Esse autor privilegia a entrevista semi-estruturada porque acredita que esta, ao mesmo tempo que valoriza a presença do investigador, oferece todas as perspectivas possíveis para que o informante disponha da liberdade e da espontaneidade necessárias e que enriquecerão a investigação. O autor sugere que o entendimento do termo *entrevista semi-estruturada* é aquele que parte de certos questionamentos básicos, apoiados em teorias e hipóteses (que interessam à pesquisa) e que, em seguida, oferecem amplo campo para interrogativas, frutos de novas hipóteses que vão surgindo à medida que se recebem as respostas do informante. Para concluir, também afirma que as perguntas que constituem, em parte, a entrevista semi-estruturada no enfoque qualitativo, não nascem *a priori* e são resultados não apenas da teoria que alimenta a ação do investigador, mas também de toda a informação já por este recolhida sobre o fenômeno social que interessa.

- *Observação direta* — visitas de campo geram ricas oportunidades para observações diretas sobre comportamentos ou condições ambientais relevantes. Incluem-se aqui observações de reuniões, dos locais de trabalho, dos locais de encontro, fotografias do local de estudo e outras atividades semelhantes. De acordo com Yin (2001), as provas observacionais são úteis para fornecer informações adicionais sobre o objeto de estudo. Como a unidade de análise desta obra baseia-se no projeto/processo de gestão do conhecimento, a observação do contexto propiciado pelas iniciativas resultantes de sua adoção contribuirão, e muito, para se apreender questões cruciais de implementação nas organizações em análise.

O Quadro 3.3, a seguir, ilustra a comparação entre as fontes de evidências escolhidas para este livro, iluminados seus pontos fortes e fracos.

Quadro 3.3 Fontes de evidências: pontos fortes e fracos

Fonte de evidências	Pontos fortes	Pontos fracos
Documentação	• *Estável* — pode ser revisada inúmeras vezes • *Discreta* — não foi criada como resultado dos estudos de caso • *Exata* — contém nomes, referências e detalhes exatos de um evento • *Ampla cobertura* — longo espaço de tempo, muitos eventos e ambientes distintos	• Capacidade de recuperação pode ser baixa • Seletividade tendenciosa se a coleta não estiver completa • *Relato de visões tendenciosas* — reflete idéias pré-concebidas (desconhecidas) do autor • *Acesso* — pode ser deliberadamente negado
Registros em arquivos	• (Os mesmos pontos mencionados para a documentação) • Precisos e quantitativos	• (Os mesmos pontos mencionados para a documentação) • Acessibilidade aos locais graças a razões particulares
Entrevistas	• *Direcionadas* — enfocam diretamente o tópico dos estudos de caso • *Perceptivas* — fornecem inferências causais percebidas	• Visão tendenciosa em razão de questões mal elaboradas • Respostas tendenciosas • Ocorrem imprecisões por causa da memória fraca do entrevistado • *Reflexibilidade* — o entrevistado dá ao entrevistador o que ele quer ouvir
Observações diretas	• *Realidade* — tratam de acontecimentos em tempo real • *Contextuais* — tratam do contexto do evento	• Consomem muito tempo • *Seletividade* — salvo ampla cobertura • *Reflexibilidade* — o acontecimento pode ocorrer de forma diferenciada porque está sendo observado • *Custo* — horas necessárias pelos observadores humanos

Fonte: Adaptado de Yin (2001).

Eisenhardt (1989) afirma que a triangulação possibilitada pela coleta de dados e pelas múltiplas fontes provê construtos, pressupostos e hipóteses mais concretos.

Quanto à questão da análise dos dados coletados ou das evidências de fontes múltiplas, tal processo consiste na combinação e recombinação de evidências, com foco nas proposições iniciais do estudo. Yin (2001) e Eisenhardt (1989) sugerem três estratégias analíticas gerais consideradas para a análise da pesquisa analisada neste livro:

- *Baseando-se em proposições teóricas* — seguir as proposições teóricas que levaram aos estudos de caso. É mister a consideração da problematização proposta, das perguntas de pesquisa geradas — às quais pretende-se responder —, dos pressupostos ou hipóteses, do objetivo geral e dos objetivos específicos, devidamente desdobrados em categorias analíticas, e, por fim, do referencial teórico, considerado um meio, não um fim em si mesmo.

- *Desenvolvendo-se uma descrição de caso* — desenvolvimento de uma estrutura descritiva com o objetivo de organizar os estudos de caso.
- *Estabelecendo-se critérios de comparabilidade entre os casos* — análise de similitudes e dissonâncias entre os casos. De acordo com Eisenhardt (1989), uma tática é selecionar pares de casos e então listar as similaridades e diferenças entre eles. Uma extensão dessa tática é a reunião de casos em grupos de três ou quatro, e tal comparação pode conduzir a uma compreensão mais sofisticada. Outra possibilidade é a divisão dos dados pelas diferentes fontes utilizadas durante a coleta de dados, pois quando um padrão de dados de uma fonte é corroborado por evidências de outras, as descobertas são mais fortes e mais bem fundamentadas. Tais táticas, segundo Yin (2001), Eisenhardt (1989) e Miles e Huberman (1994), melhoram as possibilidades de teorias mais confiáveis e precisas.

Para o propósito de análise de dados da pesquisa analisada neste livro, optou-se pela proposta de Miles e Huberman (1984), que sugerem que a análise qualitativa consiste de três fluxos concomitantes de atividades: redução de dados (*data reduction*); *display*, exposição ou exibição de dados — mostruário, exibidor, *template* (*data display*); verificação/conclusões com base em inferência obtida a partir de evidências ou premissas (*conclusion drawing/verification*).

Miles e Huberman (1984) explicam, ainda, os três fluxos concomitantes de atividades:

> "[...] a redução de dados refere-se ao processo de seleção, concentração/convergência/focalização, simplificação, sumarização/redução e transformação dos dados brutos que aparecem nas anotações manuscritas da pesquisa de campo. [...] a redução de dados ocorre continuamente por toda a vida de qualquer projeto orientado qualitativamente. Na verdade, mesmo antes dos dados serem realmente coletados, uma redução de dados antecipatória está acontecendo na medida em que o pesquisador decide (freqüentemente sem total consciência) qual o modelo conceitual, quais sítios/locais, quais perguntas de pesquisa e quais avenidas de coleta de dados a escolher. Na medida em que a coleta de dados prossegue, há mais episódios de redução de dados [...] e a redução de dados/processo de transformação continua após o trabalho de campo, até que um relatório

final esteja completo. [...] a redução de dados não é algo separado da análise. Ela é parte da análise. [...] dados qualitativos podem ser reduzidos e transformados de várias maneiras: através de seleção completa, através de sumarização ou paráfrase, através da inclusão em um padrão maior e assim por diante."

"[...] nós definimos a exibição de dados como uma 'montagem' organizada de informações que permitam a tomada de ações e conclusões com base em inferências a partir de evidências ou premissas. [...] a forma mais freqüente para a exibição ou exposição de dados qualitativos no passado tem sido o texto narrado. Como notaremos mais tarde, o texto (na forma, por exemplo, de 3.600 páginas de anotações de campo) é terrivelmente incômodo/pesado/problemático. Ele é disperso, seqüencial ao invés de simultâneo, mal estruturado e extremamente corpulento. Sob essas circunstâncias, é fácil para um pesquisador qualitativo 'pular' para conclusões precipitadas, parciais e não fundamentadas. Os humanos não são muito poderosos como processadores de grandes quantidades de informação; a tendência cognitiva é a de reduzir informações complexas em gestalts seletivas e simplificadas ou configurações facilmente compreendidas. [...] o texto narrado, nesse sentido, sobrecarrega as habilidades de processamento de informações dos humanos (FAUST, 1982) e os apreende em suas tendências em encontrar padrões simplificados. No curso de nosso trabalho, nós nos convencemos que melhores *displays* constituem-se na mais considerável rota para a validação de análise qualitativa. Os *displays* discutidos neste livro incluem vários tipos de matrizes, gráficos, redes e mapas/diagramas. Todos são desenhados para a montagem de informações organizadas em uma forma imediatamente acessível e compacta, para que o analista possa ver o que está acontecendo [...] assim como na redução de dados, a criação e uso de *displays* não é algo separado da análise, ela é parte da análise. O desenho das linhas e colunas de uma matriz para dados qualitativos e a decisão de quais dados, em quais formas, devem ser incluídos nas células, são atividades analíticas. (Elas também são, observe, atividades de redução de dados.) [...] neste livro nós advogamos *displays* mais poderosos e muito mais sistemáticos, e estimulamos um postura mais inventiva, autoconsciente e iterativa quanto à sua geração e uso."

"[...] a terceira corrente da atividade de análise é a verificação e a conclusão com base em inferência a partir de evidências ou premissas. Desde o início da coleta de dados, o analista qualitativo começa a decidir quais coisas significam, está percebendo regularidades, padrões, explicações, possíveis configurações, fluxos casuais e proposições. O pesquisador competente mantém essas conclusões com indiferença, mantendo a abertura e o ceticismo, mas as conclusões já estão lá, sem forma e vagas em um primeiro momento, então crescentemente explícitas e fundamentadas, para usar o termo clássico de Glaser e Strauss (1967)."

Figura 3.1 Componentes da análise de dados: modelo de fluxo

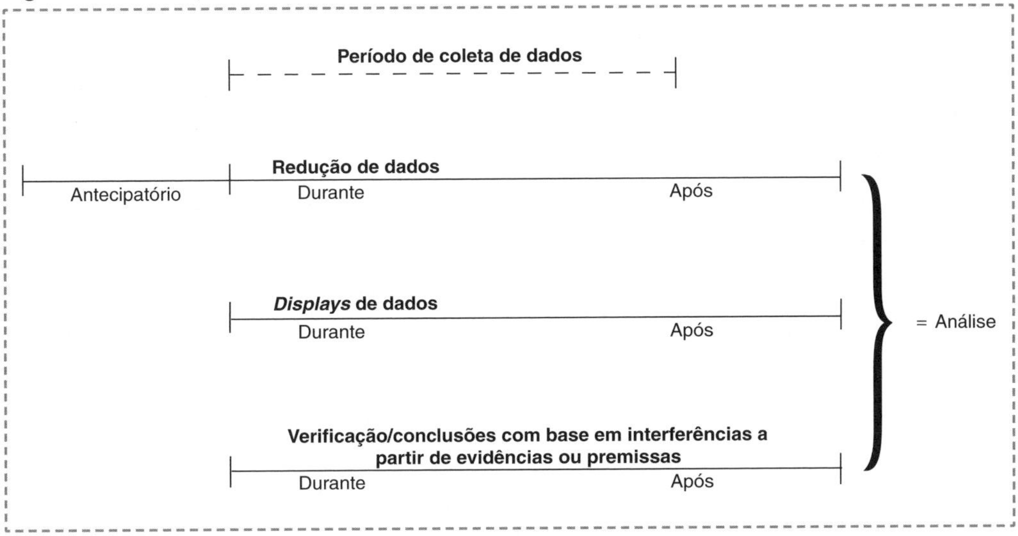

Fonte: MILES, M. B.; HUBERMAN, A. M. *Qualitative data analysis:* an expanded sourcebook. Thousand Oaks: Sage, 1994. p. 22.

Figura 3.2 Componentes da análise de dados: modelo interativo

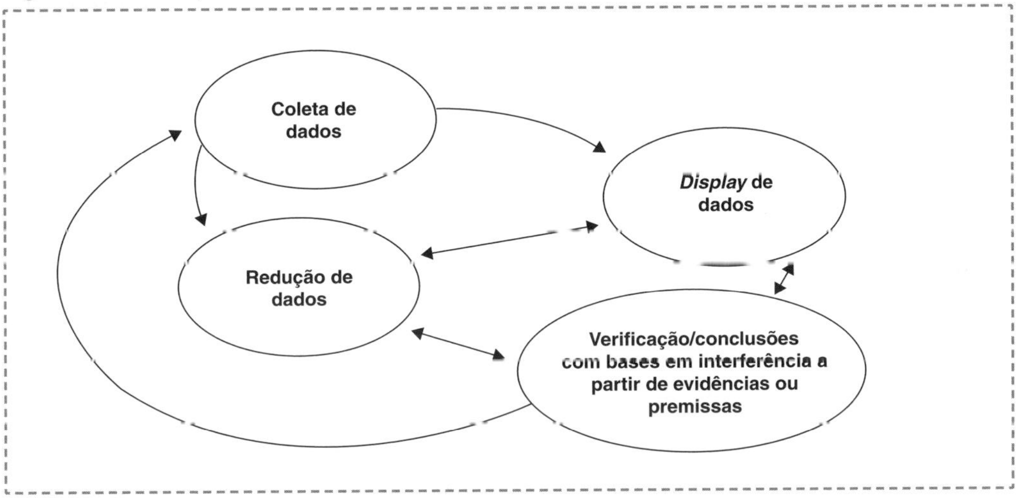

Fonte: MILES; HUBERMAN; 1984, p. 23.

Para a conclusão deste capítulo, apresentaremos os procedimentos e recortes metodológicos de maneira sintética e seqüencial:

- Pesquisa qualitativa.
- *Estratégia de pesquisa* — estudo de caso.

- *Componentes do projeto de pesquisa* — questões de estudo, pressupostos, unidades de análise, lógica que une os dados às proposições, critérios de interpretação das descobertas.
- *Critérios para julgamento da qualidade do projeto de pesquisa* — validade do constructo e confiabilidade.
- *Estudo de caso no* Centro de Tecnologia Canavieira (CTC).
- *Unidades de análise, subunidades de análise e unidades de observação* — a área, projeto ou processo de GC, organização, pessoas, documentos e arquivos (o modelo de análise proposto, bem como o roteiro para a entrevista semi-estruturada, estão dispostos nos anexos no fim do livro).
- *Fontes de coleta de dados* — pesquisa documental (documentação e arquivos eletrônicos), entrevistas semi-estruturadas e observação direta.
- *Análise de dados* — estratégias analíticas para cada caso e para casos cruzados, com base na proposta de Miles e Huberman (1984).
- Considerações finais, proposição e validação ou refutação do pressuposto, conclusões.

O próximo capítulo apresenta a pesquisa de campo e discute preliminarmente algumas questões inerentes às descobertas realizadas.

4

Pesquisa de campo

A pesquisa que aqui analisaremos foi realizada no Centro de Tecnologia Canavieira (CTC), no período compreendido entre 19 de março de 2005 e 12 de abril de 2005, na cidade de Piracicaba, SP.

Ao todo foram realizadas seis entrevistas, com média de duração de 1h45 cada. Estas foram gravadas com o consentimento dos entrevistados e para cada uma delas preparou-se também um caderno de anotações com o roteiro semi-estruturado, bem como o detalhamento das questões e *follow-ups*. As entrevistas adicionais foram realizadas durante a coleta de dados, por se acreditar que tal acréscimo traria ganhos marginais para esta pesquisa. Contudo, via de regra, verificou-se que após a segunda ou terceira entrevista em cada organização, o acréscimo marginal de novas informações durante a coleta de dados era decrescente ou tendia a zero. Não obstante, prosseguiu-se com todas as entrevistas previstas na fase de planejamento, observando-se o rigor metodológico. Corroborando a lógica de fontes múltiplas de evidências, utilizou-se, além das entrevistas semi-estruturadas e da técnica de observação direta, farta pesquisa documental. Analisaram-se documentos em papel e em formato eletrônico dos mais variados tipos e propósitos: documentos do pacote de *software* Microsoft Office, documentos do *software* Adobe Acrobat, telas de intranet, e-mails, *sites* na internet e *links* correlatos; materiais gravados em CD e documentos digitalizados; fotos e vídeos, além de relatórios anuais, propagandas, *folders* e demais materiais institucionais.

Dispunha-se, portanto, de um grande volume de páginas resultantes da pesquisa de campo que deveriam passar por processos de análise e redução até que se enquadrassem no corpo da pesquisa. Foram necessários quatro ciclos de processos de redução para a incorporação dos dados coletados na pesquisa de campo ao corpo da tese e tais processos seguiram a lógica de análise de dados em pesquisa qualitativa como a proposta por Miles e Hubermann (1984). Assim, foram produzidas oito matrizes ou tabelas de redução baseadas nas categorias de análise, conforme demonstrado no Anexo 2.

Quadro 4.1 Documentos físicos analisados (total de número de páginas)

Empresa	Documentos físicos	Entrevistas (transcrições)
CTC	306	186

Fonte: Elaborado pelo autor.

Uma curiosidade que merece destaque foi o fato de que a redundância propositadamente embutida no roteiro de entrevista semi-estruturada foi de muita valia para esclarecimentos de questões, aprofundamentos e até mesmo para que algumas contradições nas falas dos entrevistados surgissem. Além disso, o objetivo final foi alcançado: a maximização das respostas dos entrevistados e o cercamento das questões sob vários ângulos. Fez-se a mesma pergunta várias vezes, de formas diferentes e em locais diferentes do roteiro de entrevista semi-estruturada. Tal estratégia foi útil para confirmações e refutações, equilibrando a delicada dicotomia entre parcimônia e abrangência. Esclarece-se que tal roteiro foi aperfeiçoado à medida que se avançava na pesquisa de campo e a cada entrevista realizada. Infelizmente, o roteiro ficou plenamente satisfatório somente após o término da pesquisa de campo.

O rigor da postura do entrevistador deve ser objeto de reflexões profundas *a priori* à coleta de dados em campo. O objetivo é o policiamento contínuo da postura e das falas do entrevistador, para que este não influencie os entrevistados nem direcione suas respostas, resguardadas as questões de "objetivação subjetivada" e "subjetivação objetivada" aludidas por Bourdieu (1998).

Por fim, em algumas empresas, à medida que se caminhava pela estrutura e cargos da hierarquia organizacional, dos níveis mais altos aos mais intermediários e baixos, os resultados tornavam-se menos consistentes. A conclusão a que se chega é que os conceitos e estratégias de GC não chegam tão claramente assim aos níveis táticos e operacionais ou não são bem comunicados. No entanto, ressalta-se que a prática está presente nesses níveis. Alguns entrevistados não compreendiam os termos e expressões mais comuns na literatura das áreas de ciência da informação e administração, especialmente nos tópicos de gestão do conhecimento e correlatos. Isso posto, incluiu-se no roteiro de entrevistas explicações bastante didáticas dos termos, o que possibilitou avançar com tranqüilidade.

O Quadro 4.2, a seguir, apresenta, de forma sintética, as fontes de coleta de dados e as características da organização estudada.

Quadro 4.2 Fontes de coleta de dados e características da organização

1) Fontes de coleta de dados
   a. *Entrevistas semi-estruturadas* — cargo; posição na estrutura organizacional (média de duração: 1h45)
   b. *Pesquisa documental* — documentos e arquivos eletrônico; tipos; quantidade de documentos analisados
   c. *Observação direta* — eventos e itens observados
   d. *Locais da pesquisa de campo* — datas da coleta de dados

Organização	Síntese dos dados coletados (pesquisa de campo)
CTC	a. *Entrevistas semi-estruturadas* — cargo, posição na estrutura organizacional • Gestor do conhecimento — Liderança da gestão do conhecimento (LGC) • Analista de informações — Membro efetivo da gestão do conhecimento (MGC) • Diretor superintendente — Usuário nível estratégico (UNE) • Coordenador de transferência de tecnologia — Usuário nível tático (UNT1) • Coordenador de tecnologia[1] — Usuário nível tático — (UNT2) • Consultora de recursos humanos — Usuário nível operacional (UNO) b. *Pesquisa documental* — documentos e arquivos eletrônicos (Anexo 1) c. *Observação direta* — eventos e itens observados, tais como locais de trabalho, locais de encontro, *layout*, reuniões e encontros, contatos com clientes d. *Locais da pesquisa de campo* — datas da coleta de dados (Piracicaba, SP, 19 de março a 12 de abril de 2005)

2) Características da organização
   a. Nome — WWW
   b. Fundação e sede
   c. Áreas de atuação — portfólio
   d. Faturamento 2004
   e. Número de colaboradores
   f. Ano de início da GC (primeiras iniciativas formais de GC)
   g. Outros — peculiaridades, aspectos relevantes e/ou interessantes
   h. Estágio do programa atualmente — ativo, inativo, em consolidação, pausa para revisão
   i. Responsáveis pela GC na organização — equipe, líder, cargo, número de profissionais, áreas de conhecimento

continua

[1] Pesquisa biológica em melhoramento genético, fitopatologia e biotecnologia.

continuação

Organização	Síntese dos dados coletados (pesquisa de campo)
CTC	a. Centro de Tecnologia Canavieira (CTC) (www.ctc.com.br) b. Sede — Fazenda Santo Antônio, s/nº, Piracicaba, SP, 10/8/2004 c. Setor sucroalcooleiro brasileiro — pesquisa e desenvolvimento em toda a cadeia de produção de cana, açúcar e álcool d. 11,5 milhões de US$ e. 350 colaboradores — 23 com mestrado e 11 com doutorado f. Janeiro de 2003 com a contratação de um gestor do conhecimento — o CTC ainda pertencia à Copersucar g. Estrutura organizacional com a inclusão da gestão do conhecimento e mecânica de funcionamento do modelo organizacional — sinergia entre as coordenações dos programas, as coordenações de recursos com seus especialistas e a coordenação de transferência de tecnologia h. Ativo — 1ª fase concluída — implementação da área e equipe de GC, conteúdo, gestão e organização da informação, GED, memória organizacional, indexação de arquivos pessoais — criação de um repositório central (não tem fim, é processo); 2ª fase (em andamento): tratar do conhecimento tácito via encontros e trocas verbais (momento cultural — espaço para compartilhamento e troca, encontros informais), melhorar o compartilhamento, projeto Backup (projeto de acompanhamento das aposentadorias); próximos passos: ações gerenciais e comportamentais ao longo do tempo: incentivar autonomia e compartilhamentos, dar idéias, contestar i. Gestor do conhecimento, analista de informações, bibliotecária; área de TI faz parte da GC e conta ainda com dois analistas de sistemas e dois analistas de suporte; o curso de pós-graduação *lato sensu* do analista de informações é um MBA em Gestão do Conhecimento e Inteligência Empresarial; equipe multidisciplinar: engenheiro, pedagogo, biólogo, bibliotecária, pessoal de TI

Fonte: Elaborado pelo autor.

4.1 Centro de Tecnologia Canavieira (CTC)[2]

O Centro de Tecnologia Canavieira (CTC) é uma associação civil de direito privado, sem fins lucrativos, com sede e foro na cidade de Piracicaba, SP, Brasil. Foi criado em agosto de 2004 com o objetivo de contribuir para o desenvolvimento econômico sustentável do país, por meio de pesquisa, desenvolvimento e difusão de:

- Novas tecnologias para aplicação nas atividades agrícolas, logísticas e industriais dos setores canavieiro e sucroalcooleiro.
- Desenvolvimento de novas variedades de cana-de-açúcar (variedades e cultivares[3], especialmente o aprimoramento genético da cana-de-açúcar).
- Controle de pragas, com destaque para o controle biológico.

A análise de documentos mais recentes destaca ainda, entre suas principais atividades, o desenvolvimento de novos produtos, tais como o plástico biodegradável e a

[2] As informações das empresas estudadas foram retiradas da pesquisa documental (Anexo 1).

[3] Variedade híbrida de vegetal obtida mediante cultivo.

pesquisa de desenvolvimento tecnológico em convênio com universidades locais e estrangeiras[4]. Na parte introdutória de tais documentos, é mister ressaltar a declaração de que a importância e o valor do CTC cristalizam-se na geração e transferência de conhecimento para o setor sucroalcooleiro brasileiro.

Fato é que o CTC se transformou em uma das principais instituições de pesquisa e desenvolvimento de tecnologia da atividade canavieira ao longo dos anos, sendo internacionalmente reconhecido. A disseminação das tecnologias desenvolvidas pelo CTC vem permitindo à agroindústria canavieira obter ganhos de produtividade da ordem de 3% ao ano, com conseqüentes reduções nos custos reais de produção.

Para fornecer suporte às pesquisas agrícolas, o CTC conta com suas quatro estações experimentais localizadas respectivamente em Piracicaba (SP), Jaú (SP), Miracatu (SP) e Camamu (BA). Podem se associar ao CTC unidades industriais produtoras de cana, açúcar e álcool, plantadores de cana-de-açúcar e suas respectivas associações. Em seu estatuto está disposto que, para a consecução de seus objetivos, o CTC poderá atuar em todas as áreas da ciência e tecnologia capazes de gerar benefícios aos setores canavieiro e sucroalcooleiro. Suas principais fontes de recursos são:

- As contribuições de seus associados — unidades industriais produtoras de cana, açúcar, álcool, plantadores de cana-de-açúcar e suas respectivas associações —, a contribuição de ingresso e a contribuição de manutenção, com valores fixados pelo Conselho de Administração (os parâmetros da contribuição de manutenção baseiam-se em critérios como área de cana-de-açúcar plantada e tonelagem de cana-de-açúcar moída, entre outros).
- As receitas derivadas de publicações, produtos, materiais de difusão de informações técnicas e eventos, direitos autorais, patentes e receitas oriundas de convênios celebrados com pessoas e instituições de ensino e P&D — públicas ou privadas, nacionais ou estrangeiras.
- As doações, os legados, os auxílios, as subvenções, os direitos ou os créditos e outras aquisições.

Tais recursos devem ser integralmente aplicados na consecução e desenvolvimento dos objetivos sociais do CTC e os excedentes financeiros alcançados por suas atividades serão obrigatoriamente reinvestidos no desenvolvimento de suas próprias atividades. O patrimônio social do CTC, constante no artigo 14 do estatuto mencionado anteriormente, é o seguinte: bens móveis, imóveis e semoventes; instalações, equipamentos e máquinas; viveiros e lavouras de experimentação e produção; direitos de propriedade intelectual, industrial, autoral, marcas, patentes e cultivares; direitos e resultados de pesquisas e desenvolvimentos.

---

[4] Possui uma extensa relação de convênios com outras instituições, das quais se destacam FAPESP, universidades da Austrália, Estados Unidos, Europa, África, América do Sul e universidades brasileiras, como UNICAMP e Universidade Federal de Itajubá.

O CTC é sucessor do Centro de Tecnologia Copersucar, centro de pesquisa mantido pela Cooperativa dos Produtores de Cana, Açúcar e Álcool do Estado de São Paulo (Copersucar Ltda.). O Centro de Tecnologia Copersucar foi criado em 1979 e foi responsável por uma série de desenvolvimentos tecnológicos do setor, entre os quais se destaca a criação das variedades de cana-de-açúcar SP, que hoje ocupam aproximadamente 50% dos canaviais brasileiros. O Centro de Tecnologia Copersucar arrendou os imóveis — quatro estações experimentais e laboratórios — ao CTC e transferiu para a nova associação todos os seus pesquisadores. O Centro de Tecnologia Copersucar foi reestruturado para atuar como empresa independente de tecnologia para o setor sucroalcooleiro, dando origem ao atual Centro de Tecnologia Canavieira (CTC). Dessa forma, o novo CTC dá continuidade à pesquisa e ao desenvolvimento que vinha sendo conduzida pela Copersucar com um novo foco: não apenas nas 32 usinas da Copersucar, mas no novo quadro de associados, que abrange mais de cem usinas e associações de fornecedores.

O CTC conta hoje com 97 associadas, seu faturamento[5] anual é de US$ 11,5 milhões e aproximadamente 40% desse total são obtidos pelo próprio CTC via recebimento de *royalties* e prestação de serviços. Com o objetivo de garantir a propriedade intelectual dos projetos desenvolvidos, o CTC conta com 34 patentes registradas pelo INPI[6], 24 variedades de cana registradas no SNPC[7] e cerca de 140 projetos registrados no CREA/CONFEA[8]. Estima-se que o faturamento de seus associados chegue aos R$ 7 bilhões (ou US$ 2,5 bilhões). A área total plantada de todos os seus associados é de 1.550.000 hectares, e a produção conjunta desses associados resulta em um total de 140 milhões de toneladas de cana (dados de março de 2005).

Uma peculiaridade do CTC é que, entre seus 350 colaboradores, 69 possuem curso superior. Entre estes, 23 são mestres ou mestrandos, e 11 são doutores ou doutorandos. Tal estrutura de pessoal implica um desembolso anual ou custo em folha de pagamento/ano ao redor de R$ 21 milhões, e as especialidades técnicas são subdivididas em oito disciplinas: engenharia agrícola, engenharia agronômica, engenharia de alimentos, engenharia elétrica/automação, engenharia mecânica, engenharia química, química e projetistas/técnicos de nível médio. Algumas áreas contam com serviços terceirizados, totalizando 49 funcionários e custo anual em torno de R$ 2,2 milhões: restaurante, limpeza, jardinagem, manutenção, termodinâmica (ar condicionado), segurança e suporte administrativo.

---

[5] Na verdade, tal cifra decorre da arrecadação de contribuições associativas, sendo o termo faturamento inadequado.

[6] Instituto Nacional de Propriedade Intelectual (INPI).

[7] Serviço Nacional de Proteção de Cultivares (SNPC).

[8] Conselho Regional de Engenharia e Arquitetura/Conselho Federal de Engenharia, Arquitetura e Agronomia (CREA/CONFEA).

A estrutura organizacional do CTC é uma estrutura em linha e assessoria, e são 11 os seus programas de pesquisa e desenvolvimento:

- Hibridação e seleção
- Caracterização de clones
- Fitossanidade
- Biotecnologia
- Planejamento e controle agroindustrial
- Preparo do solo, plantio e tratos culturais
- Colheita, transporte e recepção de cana
- Produção de açúcar e álcool
- Energia
- Novos produtos
- Qualidade das matérias-primas e dos produtos

Os programas de pesquisa são organizados pela sua vinculação a duas coordenadorias distintas, denominadas programas de variedades e programas de P&D. A Figura 4.1, a seguir, é representativa da estrutura organizacional, das coordenadorias, dos programas de pesquisa vinculados e da própria gestão do conhecimento:

Figura 4.1 Estrutura organizacional

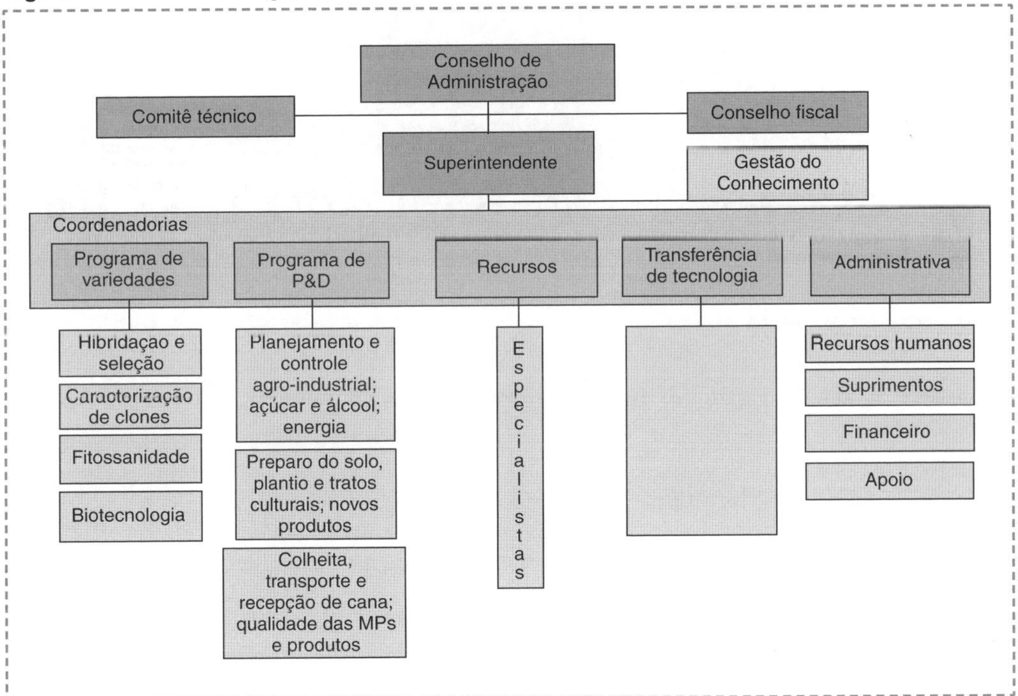

Fonte: Anexo 1, documento 16.

A mecânica de funcionamento de seu modelo organizacional mobiliza a ação conjunta, a integração e a sinergia entre as coordenações dos programas, as coordenações de recursos com seus especialistas e a coordenação de transferência de tecnologia. Os programas de pesquisa em andamento recrutam equipes multidisciplinares de especialistas pertencentes à coordenação de recursos em áreas de conhecimento como biologia, química, agronomia e mecânica. A coordenação de transferência de tecnologia é responsável pela transferência da tecnologia por meio de seminários técnicos, palestras e *workshops* para os associados. A transferência também costuma ser efetuada nas dependências do associado quando necessário. A Figura 4.2, a seguir, elucida a mecânica de funcionamento do modelo organizacional do CTC.

Figura 4.2 Mecânica de funcionamento do modelo organizacional

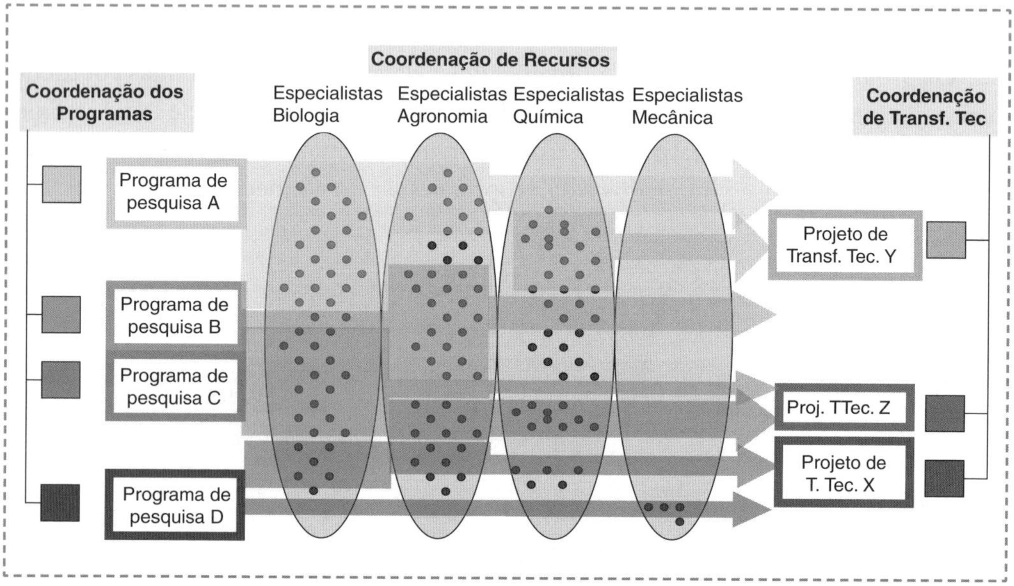

Fonte: Anexo 1, documento 16.

parte III

ANÁLISE E DISCUSSÃO DOS RESULTADOS

5 A gestão do conhecimento no Centro de Tecnologia Canavieira (CTC)

Optamos pela seguinte estrutura para a apresentação, análise e discussão dos resultados obtidos:

- Em um primeiro momento, apresentaremos a síntese dos principais resultados.
- Em seguida, apresentaremos na íntegra as principais práticas associadas à GC no Centro de Tecnologia Canavieira (CTC).

5.1 Síntese dos principais resultados

Esta parte será estruturada seqüencialmente, conforme a disposição das catego rias de análise apresentadas no modelo de análise (Anexo 4), a saber:

- Categoria Analítica 1 — motivadores para a GC.
- Categoria Analítica 2 — compreensão e definição organizacional de GC.
- Categoria Analítica 3 — aspectos ou abordagens consideradas pela GC: metáfora do "guarda-chuva conceitual de GC".
- Categoria Analítica 4 — cenários, perspectivas, melhores práticas organizacionais de GC.
- Categoria Analítica 5 — questões de *sensemaking* ou construção de sentido.
- Categoria Analítica 6 — questões relativas à criação de conhecimento.

- Categoria Analítica 7 — questões relativas à tomada de decisão.
- Categoria Analítica 8 — questões relativas ao contexto capacitante.
- Principais resultados alcançados com a GC.

5.1.1 Categoria Analítica 1 — Motivadores para a GC

Observou-se, com base na investigação, que os principais motivadores para a GC no CTC giram em torno de constatações dos seguintes aspectos: (i) reconhecimento de que a informação e o conhecimento são os principais fatores de competitividade dos tempos atuais para organizações e nações; (ii) necessidade de inovação contínua e de enfrentamento da ameaça externa de concorrentes nacionais e internacionais; (iii) problemas relativos à coleta, tratamento, organização, recuperação e disseminação de informações, denotando ausência de uma gestão estratégica da informação; (iv) inexistência de práticas de compartilhamento e de proteção de informações e conhecimentos estratégicos, levando à reinvenção da roda, à duplicação de esforços e ao retrabalho; (v) premência da criação de um contexto capacitante na organização, tendo em vista a necessidade de endereçar questões culturais e comportamentais (mudança de uma cultura individualista para uma cultura colaboradora) e (vi) promoção da aprendizagem organizacional e ampliação das competências dos colaboradores para o desenvolvimento de uma alta capacidade/potência de aprendizagem. A seguir, são transcritos depoimentos dos entrevistados, os quais confirmam tais constatações:

> "[...] cada área da empresa tinha métodos idiossincráticos de armazenamento, gestão e explicitação de conhecimentos. [...] a empresa está hoje preocupada com o conhecimento porque ele é hoje o principal fator de competitividade. [...] havia problemas na recuperação da informação." (Coordenador de transferência de tecnologia do CTC)

> "[...] eu acho que um pouco de ameaça: a entrada de concorrentes no mercado, principalmente mercado externo. [...] e a necessidade de se fazer pesquisas mais rápidas e enfrentar os novos entrantes: Austrália, Índia e África do Sul — principais concorrentes. [...] O CTC diminuiu muito e isso gerou perda de conhecimento, pessoas saindo sem registro, sem explicitação do conhecimento — *downsizing* e aposentadorias." (Gestor do Conhecimento do CTC)

> "[...] trinta anos gerando tecnologia e, ao longo do tempo, com o *turnover* ou aposentadoria, o conhecimento se perdia. [...] algumas áreas ficavam mutiladas e tinham que começar do zero — eram incapazes de reter o conhecimento e

reutilizá-lo em proveito próprio. [...] a perda de conhecimento gerado era crítica: ineficientes na captura, pessoas levavam seus arquivos próprios com elas [...]". (Diretor Superintendente do CTC)

"[...] hoje as mudanças são constantes e a velocidade em que elas ocorrem é cada vez mais rápida. [...] A decisão de uma empresa em querer gerenciar o seu conhecimento não é simplesmente uma escolha de um produto de TI. Exige uma mudança cultural e de comportamento de seus funcionários. As ferramentas utilizadas para este processo são necessárias, mas são apenas "ferramentas". Para que uma empresa tenha sucesso é necessário que a implantação seja acompanhada de programas que estimulem mudanças comportamentais [...]." (Anexo 1, documento 14)

5.1.2 Categoria Analítica 2 — Compreensão e definição organizacional de GC

Constatou-se a ausência de consenso em relação à definição de GC no CTC. Contudo, alguns termos eram comuns nas respostas dos entrevistados e foram delimitados por meio da análise de conteúdo: processo, informação, conhecimento, inovação, explicitação, registro, disponibilização, compartilhamento, acesso, utilização, reconhecimento do valor da GC para o sucesso dos negócios, colaboração, cultura, aprendizagem e rede, criação de contexto favorável, mudança de filosofia de gestão estratégica, gestão do capital intelectual, gestão de mudanças, exposição de idéias, criação, captura e direcionamento do conhecimento para geração de novos negócios e melhor atendimento ao cliente, ambiente em que há troca e disseminação de conhecimentos estratégicos para a organização, troca de experiências e cultura organizacional, valores, estilos e comportamentos compartilhados, entre outros. Eis alguns trechos de depoimentos que confirmam tal assertiva:

"[...] não há consenso sobre o que é ou deva ser GC na organização — é um desafio. [...] há uma delimitação das áreas de atuação: tratar a informação, o conhecimento tácito, facilitar o compartilhamento. [...] GC é um processo, tem fases, mas não tem fim. [...] processo que visa facilitar compartilhamento, proteção de ativos intangíveis, dentre os quais o conhecimento". (Gestor do conhecimento do CTC)

"[...] a organização não sabe o que é GC, um bando de chatos que querem mudar o meu trabalho (a forma que trabalhei durante vinte anos e deu certo) e mais papéis para preencher. [...] as pessoas não têm o entendimento do que elas podem ser beneficiárias dessa ação de gestão do conhecimento. [...] não é muito claro, mas é tudo aquilo que se gerencia para a obtenção do conhecimento, inovação". (Diretor Superintendente do CTC)

5.1.3 Categoria Analítica 3 — Aspectos ou abordagens consideradas pela GC: metáfora do "guarda-chuva conceitual de GC"

Com o objetivo de verificar a proposta intitulada "guarda-chuva conceitual de GC", buscou-se compreender em profundidade os aspectos, abordagens gerenciais e ferramentas consideradas sob a égide da área, programa ou projeto de GC do CTC. Eis a síntese das respostas: (a) monitoração ambiental, inteligência competitiva, pesquisa de mercado; (b) gestão estratégica da informação, gestão eletrônica de documentos, mapeamento de processos; (c) gestão do capital intelectual, competências, pessoas e ativos intangíveis; (d) comunidades de prática — reais e virtuais; (e) aprendizagem organizacional, inclusive *e-learning*; (f) apoio ao processo decisório e (f) criação do contexto capacitante:

> "[...] gestão estratégica da informação, criação do contexto adequado para troca e compartilhamento, como por exemplo, o 'Banco de Idéias' e o 'Momento Cultural.'" (Analista de informações do CTC)

> "[...] Os principais projetos da área de gestão do conhecimento do CTC são estruturados da seguinte maneira: Gestão de documentos — objetiva criar um repositório único para os documentos, compartilhar e facilitar o acesso ao conhecimento explícito; desenvolvimento de sistema de GED — gestão eletrônica de documentos; organização, padronização e compartilhamento dos documentos, taxonomia e processo de disseminação seletiva da informação — o passado foi digitalizado (hoje existem 15.000 documentos armazenados); média de 200 documentos incluídos por mês". (Anexo 1, documentos 8, 18, 30 e 31)

> "[...] a GC é área estratégica ligada à diretoria, levando informações que subsidiam o processo decisório, é assessoria à diretoria". (Gestor do conhecimento do CTC)

Eis os resultados ampliados e meticulosamente detalhados:

- *Monitoração ambiental, inteligência competitiva, pesquisa de mercado e atividades correlatas* — relata-se a existência de:
  - Processos formais e estruturados — *clippings* (produzidos interna ou externamente), pesquisas de mercado, buscas auxiliadas pela bibliotecária, participações em seminários, assinaturas de jornais e periódicos, inteligências do concorrente, competitiva e monitoração ambiental, *benchmarking*, sistemas de informações e bases de dados.
  - Processos informais e desestruturados — viagens internacionais, contatos com pessoas, boatos, "colaboradores pinçam algo no mercado", *networking*, trabalhos de campo dos colaboradores e internet.

- *Gestão Estratégica da Informação, Gestão Eletrônica de Documentos (GED), mapeamento de processos e Tecnologias da Informação (TI)* — confirma-se que o acesso à informação e ao conhecimento consolidam-se como o primeiro passo ou, em outras palavras, a gestão estratégica da informação é o ponto de partida para quaisquer iniciativas de GC. Optou-se por dividir os resultados aqui obtidos em:
  - Gestão estratégica da informação, GED e mapeamento de processos — GED, *workflow*, criação de repositórios únicos para a informação organizacional, taxonomias e processos de disseminação seletiva da informação, bibliotecas corporativas, centros de documentação e arquivística, bibliotecas digitais, tratamento e organização da informação, gestão de conteúdo, gestão de projetos, gestão de processos, organização de arquivos físicos e eletrônicos e mapeamento do acervo público das organizações.
  - Tecnologia da informação — redes, intranets, portais, *softwares* e ferramentas, digitalização, segurança de informações, bases de dados.
- *Gestão do capital intelectual, competências, pessoas e ativos intangíveis* — os resultados revelam a existência de atividades e/ou abordagens gerenciais relacionadas ao capital intelectual e estruturadas das seguintes maneiras:
  - Gestão do capital intelectual e ativos intangíveis — patentes, *royalties* e registros.
  - Gestão de competências.
  - Programas de idéias e sugestões — idéias que fortaleçam as competências essenciais da organização e seu portfólio de conhecimentos.
  - Sistemas localizadores de *expertise* (*yellow pages*, páginas amarelas corporativas ou "Banco de Capital Inteletual").
  - Necessidade de vinculação entre a gestão do capital intelectual e a gestão de competências, com as iniciativas de aprendizagem organizacional, suas prioridades e conteúdos.
- *Comunidades de prática* — reais e virtuais, a partir das quais constatou-se a existência de:
  - Comunidades reais de prática — reuniões, sessões de atualização técnica, rodas de bate-papo.
  - Comunidades virtuais de prática — participação em comunidades virtuais externas à organização; utilização de tecnologias de colaboração síncronas (*chats, conference call*, videoconferência) e assíncronas (*news*, fóruns de discussão); compartilhamento de melhores práticas e aprendizagem.

- *Aprendizagem organizacional e e-learning* — os resultados revelam a existência de atividades e/ou abordagens gerenciais relacionadas à aprendizagem organizacional e fortemente correlacionadas à gestão do capital intelectual e à gestão de competências. Tais atividades e/ou abordagens são estruturadas das seguintes maneiras:
  - Apoio à formação continuada — especialização, MBA[1], mestrado, doutorado, idiomas.
  - Profissional com *expertise* deve explicar assunto para outros interessados.
  - Grupos presenciais de estudo e sessões de atualização técnica.
  - Parcerias com universidades em geral.
  - Vinculação de aprendizagem com hiatos *(gaps)* de competências (vinculação do capital intelectual com a aprendizagem organizacional).
  - Programas internos de treinamento e desenvolvimento com as áreas de recursos humanos, comercial e de tecnologia da informação.
- *Apoio ao processo decisório* — os resultados revelam que a GC apóia o processo decisório organizacional:
  - A GC e seus resultados — área estratégica vinculada à alta administração, propiciando informações que subsidiam o processo decisório em nível estratégico.
  - Resultados positivos de práticas de compartilhamento fornecem maior embasamento e segurança no processo decisório.
  - Maior riqueza, disponibilidade, atualidade e qualidade de informações — mais rápidas, tempestivas, organizadas, seguras e em maior número —, levando à melhoria da decisão.
  - *Empowerment* (concessão de autonomia aos colaboradores) significa aceleração do processo decisório.
- *Criação do contexto capacitante* — os resultados apontam para significativos esforços em relação à compreensão e criação de um contexto organizacional favorável. Além disso, o CTC está consciente de que é responsável pela criação e manutenção do contexto capacitante. Eis os principais aspectos analisados:
  - *Layout* (físico e virtual) — salienta-se que a escolha do *layout* organizacional deve considerar os aspectos atinentes à cultura organizacional.
  - Criação de locais de encontro, troca e compartilhamento.
  - Cultura organizacional, valores.

---

1 Master of Business Administration (MBA): denominação do mestrado profissional em administração ofertado por instituições de ensino superior norte-americanas. No Brasil, MBA é um "nome fantasia", reconhecido pelo MEC como pós-graduação *lato sensu.*

- Caos criativo, liberdade de expressão e autonomia.
- Gestão participativa.
- Incentivo à aprendizagem e busca de conhecimentos, tolerância com "erros honestos".

Além disso, os entrevistados foram inquiridos acerca da ênfase ou aspectos prioritários da GC no CTC. Observou-se que a fase inicial e ponto de partida para quaisquer iniciativas de GC — a gestão estratégica da informação — estava em estágios de quase maturidade, com a consciência de que é um processo permanente. O CTC procura avançar para aspectos relativos ao compartilhamento, à cultura organizacional e à criação de um contexto favorável ou capacitante. Ressalta-se a existência de várias iniciativas genuinamente brasileiras adotadas pelo CTC, como o "Momento Cultural", que será detalhado ainda neste capítulo.

5.1.4 Categoria Analítica 4 — Cenários — perspectivas — melhores práticas organizacionais de GC

Um dos objetivos foi também compreender a implementação da GC no CTC. Assim, buscou-se investigar as dificuldades, os problemas e os obstáculos enfrentados, visando, em última instância, a compreensão dos processos de implementação, bem como a delimitação de um possível foco da mudança. Delimitou-se também as melhores práticas organizacionais de GC e questionou-se o compartilhamento da GC com atores do ambiente organizacional externo, como clientes e fornecedores, entre outros. Os resultados obtidos demonstram que os principais problemas e obstáculos enfrentados são concernentes a questões culturais e comportamentais. Aspectos secundários também foram citados, como se segue:

- *Os principais* — questões culturais, comportamentais e atitudinais. Ressalta-se também a idéia estreita de trabalho produtivo e a idéia de que "informação e/ou conhecimento é poder". Assim, verifica-se ausência de práticas de compartilhamento.
- *Os secundários* — restrições orçamentárias para compras de *softwares*, sistemas, processos de digitalização, cursos, treinamento e desenvolvimento; altos índices de *turnover* da organização; e "falta de tempo" para registro e compartilhamento.

Complementarmente, o foco da mudança recai sobre dois aspectos principais e a eles todos os esforços e pensamentos são dedicados: conscientização e desenvolvimento da cultura organizacional; e compartilhamento.

As melhores práticas delimitadas estão diretamente relacionadas às práticas citadas na literatura:

- *Gestão estratégica da informação e tecnologia da informação* — o ponto de partida se dá pelo tratamento da informação, atendimento ao usuário, gestão eletrônica de documentos, memória organizacional e resgate do passado, entre outros.
- *Gestão do capital intelectual* — banco de idéias; projetos de acompanhamento das aposentadorias; bancos de melhores práticas — disseminação do conhecimento, compartilhamento e apoio ao processo decisório.
- *Criação das condições favoráveis ou contexto capacitante* — compartilhamento; criação de locais e espaços de troca (reais e virtuais) para compartilhamento e aprendizagem.
- Colocação das pessoas no cento dos debates.
- Comunidades de prática.
- Inteligência competitiva e prospecção do ambiente organizacional externo.
- Compartilhamento de práticas com atores do ambiente organizacional externo.
- *Aprendizagem organizacional* — reuniões, *workshops* e sessões de atualização técnica, treinamento e desenvolvimento, centros de auto-instrução.
- *Atacar a idéia ou o ideal do compartilhamento romântico* — vinculação de práticas de compartilhamento e aprendizagem a métricas de desempenho e modelos de competências, com reflexos no processo de recrutamento, seleção e avaliação de pessoas.

5.1.5 Categoria Analítica 5 — Questões de *sensemaking* ou construção de sentido

Objetivou-se um maior aprofundamento nas questões estratégicas atinentes à construção de sentido organizacional, visto que o conceito e algumas práticas já foram parcialmente delimitados em categorias de análise anteriores. Para tanto, optou-se por ampliar a investigação por meio de questionamentos relacionados aos seguintes aspectos: estratégia de GC e vínculo com a estratégia organizacional — missão, visão e valores da organização; existência de política de informação e condução de um diagnóstico de necessidades de informação; levantamento das principais fontes de informação da organização e informações vitais para a sobrevivência e competitividade da empresa; compreensão de como a organização monitora ou acompanha os acontecimentos no ambiente organizacional externo (atividades de inteligência, pesquisa de mercado, entre outros) e se tal processo é formal e/ou se existe uma política; e existência de uma tipologia ou mapeamento do ambiente organizacional externo ou das informações vitais. Eis os resultados obtidos:

- *Estratégia de GC e vínculo com a estratégia organizacional (missão, visão, valores)* — a estratégia de GC está obrigatoriamente vinculada à estratégia organizacional e há clara confirmação do alinhamento das iniciativas de GC à estratégia da empresa. Complementarmente, houve afirmações de que a GC é uma ferramenta de implantação da estratégia e/ou que significa uma mudança de filosofia da gestão estratégica da organização.
- *Existência de política de informação e condução de um diagnóstico de necessidades de informação* — não se pode afirmar que exista uma política formal e explícita de informação no CTC. Isso também foi percebido em relação ao diagnóstico de necessidades de informação, mas infere-se que tal iniciativa esteja presente a partir de premissas adotadas em relação ao planejamento estratégico e/ou estratégia organizacional.
- *Levantamento das principais fontes de informação da organização e informações vitais para a sobrevivência e competitividade da organização:*
    - Entre as principais fontes de informação citadas estão internet, sistemas de informação e registros internos, bem como pesquisas, bancos públicos de pesquisa, provedores de informações externas, além de biblioteca, revistas e periódicos, contatos com clientes, contatos pessoais, universidades e congressos. Constatou-se equilíbrio entre informações internas e externas — e também entre informações pessoais e impessoais —, bem como uma certa priorização de informações do ambiente organizacional externo.
    - Informações vitais para a sobrevivência e competitividade das organizações: informações sobre o ambiente organizacional externo — pesquisas, políticas, legislações, entre outros.
- *Compreensão de como a organização monitora ou acompanha os acontecimentos no ambiente organizacional externo (atividades de inteligência, pesquisa de mercado, entre outros) e se tal processo é formal e/ou se existe uma política* — conforme demonstrado anteriormente, o grau de intrusão organizacional no ambiente externo é altíssimo. As respostas recaíram em processos formais — serviços de *clipping*, pesquisas de mercado, inteligência do concorrente, competitiva, e monitoração ambiental; processos informais — conversas e relacionamentos, contatos pessoais, entre outros; e metodologias de construção de cenários futuros.
- *Existência de uma tipologia ou mapeamento do ambiente organizacional externo ou das informações vitais* — a resposta unânime dos entrevistados foi negativa e a pesquisa documental também não apresentou indícios.

5.1.6 Categoria Analítica 6 — Questões relativas à criação de conhecimento

Almejou-se um entendimento em profundidade das questões relativas à criação de conhecimento no CTC, visto que o conceito e algumas práticas já haviam sido parcialmente delimitados em categorias de análise anteriores. O questionamento extensivo sobre aspectos, estratégias, abordagens e ferramentas para a criação do conhecimento cobria desde a gestão estratégica da informação (arquitetura informacional, coleta, organização, tratamento, compartilhamento, proteção, entre outros), passando por inquirições acerca do capital intelectual, comunidades de prática, aprendizagem organizacional e processos de geração de conhecimento, para então desembocar na perspectiva dos resultados alcançados e nas métricas para a GC.

Não obstante constatação inicial do tema e de suas diversas abordagens e ferramentas na categoria de análise intitulada "aspectos ou abordagens consideradas pela GC: metáfora do guarda-chuva conceitual de GC", acreditou-se que a redundância e o aprofundamento poderiam trazer à tona novos dados para a pesquisa deste livro, além de potencialmente possibilitar o aparecimento de contradições. Eis a listagem dos itens usados para aprofundamento e os principais resultados obtidos:

- **Arquitetura informacional — gestão estratégica da informação:**
  - *Arquitetura informacional* — organização preocupada com a arquitetura informacional e seu dimensionamento. Constatou-se que tal conceito é compreendido pelo CTC. Há uma compreensão de que se trata de processo que nunca termina e que deve ser sempre alvo de melhorias.
  - *Gestão estratégica da informação* — no CTC, este tipo de gestão é considerado dentro da área de gestão do conhecimento; a exemplo da arquitetura informacional, trata-se também de processo contínuo e de aperfeiçoamento constante.
  - *Questões citadas* — gestão de conteúdo, ciclo de vida da informação tecnologia da informação e segurança da informação, utilização adequada de e-mail e dos recursos de colaboração eletrônica, ferramentas de *groupware,* armazenamento, *workflow,* fóruns de documentos compartilhados, *mailing lists,* centro de documentação, biblioteca, arquivística, entre outros.
- **Coleta, Organização, Tratamento e Uso (Utilização) das Informações** — verificou-se também a preocupação organizacional com as seguintes questões:
  - *Coleta* — fontes múltiplas (formais e informais) *clippings,* pesquisas, observações de colaboradores, atividades de inteligência, monitoração ambiental, sistemas de informação, entre outros.

- *Organização e tratamento* — definição de taxonomias, vocabulários controlados, CDU[2] e normas ABNT[3].
- *Uso* — gerar negócios, atender o cliente, adquirir novos conhecimentos, inovação, sobrevivência e competitividade. Outro fator relevante é a presença de profissionais com formação em biblioteconomia e ciência da informação nas equipes de GC e em outras áreas.

- **Disseminação de informações na organização**
  - *Disseminação* — suporte/meio eletrônico, com dominância para o e-mail e a intranet.
  - *Outros citados* — sistema de informações, *newsletters*, boletins da biblioteca e *clippings*, informações de reuniões — apresentações e atas, boletins, bases de dados, ferramentas de *groupware*, *softwares* de colaboração em tempo real, treinamentos e outras ferramentas de comunicação.
- **Produtos e serviços de informação — públicos servidos**
  - Constatou-se a existência de *produtos e serviços de informação* no CTC e que o suporte eletrônico é dominante: relatórios de P&D (Pesquisa e Desenvolvimento), relatórios de visitas técnicas, resultados de Transferência de Tecnologia (TT), *mailing lists* internos, e-mails, comunicados corporativos, entre outros, além de demandas específicas por parte de usuários.
- **Política organizacional para compartilhamento de informações e conhecimentos — principais barreiras**
  - *Existência de políticas tácitas.*
  - *Principais barreiras ao compartilhamento* — cultura organizacional, aspectos pessoais e atitudinais dos colaboradores, idéia de que o "conhecimento é poder", ausência de espaços físicos para o compartilhamento, restrições orçamentárias, competições internas entre unidades de negócios, contratos de confidencialidade, entre outros.
  - *Premência de idéia de premiação* — pode contribuir para um reforço no princípio do contexto capacitante, dependendo do conceito e metodologia utilizados.
- **Questões de compartilhamento *versus* proteção e segurança da informação**
  - *Compartilhamento* versus *proteção* — predomina o compartilhamento, preocupações e discussões sobre patentes e registros.

---

[2] Classificação Decimal Universal (CDU).

[3] Associação Brasileira de Normas Técnicas (ABNT).

- *Segurança da informação* — constatou-se grande preocupação com as questões de segurança da informação. Colaboradores são apontados como causadores de problemas nesse sentido.
- **Capital intelectual**
  - *Gestão estratégica do capital intelectual* — entre as várias iniciativas referenciadas como iniciativas desta gestão, encontrou-se ressonância em alguns projetos, a saber: projeto de acompanhamento das aposentadorias; iniciativas de mapeamento do capital intelectual com vistas à consolidação das *yellow pages,* páginas amarelas do conhecimento, banco de capital intelectual ou sistemas localizadores de *expertise;* bancos e programas de idéias e sugestões; modelos de gestão por competências. Nenhum outro dado novo foi acrescentado em relação ao que já se havia apurado.
- **Comunidades de prática (reais e/ou virtuais)** — nenhuma informação nova foi acrescentada às já apresentadas na categoria de análise 3.
- **Aprendizagem organizacional e *e-learning***
  - *Várias abordagens nesse sentido* — parcerias com universidades e escolas, sessões de atualização técnica, reuniões e *workshops* com colaboradores e clientes, entre outros.
  - *Programa de idéias e sugestões* — a iniciativa relativa ao programa é também imbricada com a abordagem de capital intelectual.
- **Processos de geração de conhecimento**
  - *Principais processos de geração de conhecimento* — contratação de especialistas externos, pesquisas (internas e externas, básica e aplicada), bibliotecas (interna e externas), redes de conhecimento e redes de trocas de conhecimento, internet, redes de relacionamentos com outras universidades, programas de idéias e sugestões, processo de inovação compartilhada com universidades, centros de pesquisa, bancos de melhores práticas, aluguel, associações com universidades e centros de estudos, bases de recursos informacionais, visitas a campo — clientes, mercado, setor, contratações de profissionais, recursos dirigidos, treinamentos, entre outros.
  - *Como a criação de conhecimento é recompensada?* — avaliação de carreiras e promoções, além de recompensas focadas em questões mais comportamentais: reconhecimento de detenção de *expertise* pelos pares, reconhecimento público dos líderes, entre outros.

- **Processos de codificação e coordenação do conhecimento**
  - *Codificação e coordenação* — controle, tratamento, disseminação, disponibilização, geração de relatórios dos pesquisadores, bases de informação, arquivística, utilização de sistemas de informação, intranet, gestão de documentos, patentes e registros.
  - *Existência de tipologia de conhecimentos (tácito, explícito e cultural)* — verificou-se a não existência de uma tipologia formal de conhecimentos. Contudo, existe clara percepção e diferenciação entre os tipos conhecimentos tácito e explícito nas organizações pesquisadas, e grande atenção e importância são direcionados ao conhecimento tácito. Para o CTC, a codificação do conhecimento tácito limita-se simplesmente à localização do indivíduo possuidor daquele conhecimento.
- **Processos de transferência do conhecimento**
  - *Processos de transferência de conhecimento mais citados pelos entrevistados* — destaque para as transferências informais, que são freqüentes, fragmentadas, locais (fisicamente no mesmo local) e cotidianas: cafezinhos, bebedouro, corredores, almoços, encontros pessoais.
  - *Outros processos formais citados* — reuniões, seminários, simpósios, *workshops, layout,* infra-estrutura de TI, salas de aula e treinamentos, apresentações para clientes e comunidades de prática. Ressalta-se a inclusão de *layouts* organizacionais como opção/possibilidade de transferência de conhecimento e práticas de compartilhamento.
  - *Transferência de conhecimento explícito e tácito* — os entrevistados diferenciaram as questões aludíveis à transferência de conhecimento explícito (via sistemas de informação, intranet e gestão eletrônica de documentos, entre outros) e conhecimento tácito (via contexto capacitante — criação de locais de encontro e compartilhamento).
  - *Atritos nos processos de transferência de conhecimentos* — uma vez mais, constatou-se nas respostas obtidas a idéia de que "informação é poder", bem como a existência de "jogos de poder" entre os membros da organização. Outros fatores citados remetem à cultura organizacional e à falta de preparo de clientes para a recepção do conhecimento ou da inovação.
- **Resultados alcançados — métricas e indicadores de desempenho**
  - *Os resultados alcançados foram apontados em termos qualiquantitativos* — percepções, via pesquisas informais e conversas, na melhora do

compartilhamento, no acesso ao conhecimento, na velocidade de acesso e na facilidade de recuperação da informação; recuperação da memória organizacional via documentos preservados e digitalizados; número de *logs* de acesso ao sistema e documentos; acesso rápido em repositório único; catalogação de casos de sucesso; retornos em investimentos; estudos estatísticos de redução de custo de mão-de-obra; aumento da lucratividade e de portfólio com o cliente; ganhos de *market share* (fatia de mercado); liderança de mercado, reconhecimento e visibilidade.

- *Ferramentas e modelos complementares de gestão* — uma afirmação da alta administração demonstrou uma postura absolutamente qualitativa e em consonância com o escopo do projeto:

> "[...] deve-se avaliar de forma macro por que as pessoas estão mudando de comportamento; não me arriscaria a ter padrão numérico". (Diretor Superintendente do CTC)

5.1.7 Categoria Analítica 7 — Questões relativas à tomada de decisão

Procurou-se compreender em profundidade as relações existentes entre a GC e as questões relativas à tomada de decisão, por meio dos seguintes questionamentos: que tipos de produtos ou serviços de informação a alta direção recebe para apoiar o processo decisório no âmbito estratégico? Quais os impactos da GC no processo decisório da organização? As práticas de GC auxiliam e/ou melhoram a tomada de decisão?

Apurou-se a existência de produtos e/ou serviços de informação destinados à alta direção para o suporte ao processo decisório no âmbito estratégico, conforme lista: mapeamento de usabilidade de GC — utilização e compartilhamento; relatórios de GC que subsidiam o planejamento estratégico e a tomada de decisões relativas à gestão de pessoas; *clippings* diários de empresas externas e *clippings* diários produzidos internamente.

Os entrevistados afirmam que a GC contribui positivamente para a melhoria no processo decisório, conforme já havíamos apurado. Contudo, eram esperadas maiores contribuições, que permitissem um maior aprofundamento. Além disso, nenhuma novidade ou aspecto significativo foi acrescentado.

5.1.8 Categoria Analítica 8 — Questões relativas ao contexto capacitante

O principal objetivo desta última categoria de análise é o aprofundamento nos elementos do denominado "contexto capacitante". Para tanto, buscou-se investigar os seguintes aspectos: (i) visão organizacional do conhecimento — intenção; (ii) cultura, comportamento, atitude — impacto da GC nas pessoas; (iii) crenças e valores — competências, recrutamento e seleção; (iv) mobilização dos ativistas do conhecimento; (v) *layout* e locais de trabalho — reais e virtuais; (vi) locais de encontro — reais e virtuais; (vii) política de compartilhamento — principais barreiras; (viii) autonomia, flutuação, *empowerment*, diversidade, caos criativo, redundância e variedade de requisitos; (ix) atividades para promoção da GC e do conhecimento na organização — feiras, simpósios, seminários, encontros, jantares, bebedouros, entre outros. Seguem-se os principais resutados:

- **Visão organizacional do conhecimento — intenção** — os resultados sugerem a existência de dois tipos diferenciados de visão ou intenção:
  - *Existência tácita ou implícita* — informações, conhecimentos e tecnologias relacionados a produtos, serviços e à cadeia produtiva; contida nos programas de desenvolvimento pessoal, parcerias com universidades e políticas de apoio à educação continuada;
  - *Existência explicitada* — vinculada ao planejamento estratégico e à estratégia de negócios.
- **Cultura, comportamento, atitude — impacto da GC nas pessoas** — os resultados demonstraram grande ênfase e esforços direcionados à cultura organizacional. Uma vez equacionadas as questões de acesso às informações e gerenciamento estratégico destas, o passo seguinte é o enfrentamento do maior desafio da GC: a cultura organizacional. No que tange à problemática da gestão de mudanças, o objetivo aqui é a ruptura com o modelo mental do paradigma industrial, a fim de ampliar e compartilhar novos modelos mentais. O foco principal diz respeito às mudanças de comportamentos e atitudes. Os resultados apurados são:
  - *Mudança de foco de GC ou uma "segunda geração de GC"* — forte trabalho e orientação para esse propósito, com idéias e iniciativas de "quebrar paredes" e fomentar sinergia ao longo da cadeia produtiva e das unidades de negócio. Verificou-se também que a organização assume novas responsabilidades inerentes à criação do contexto capacitante: desenvolver e fortalecer culturas de compartilhamento e aprendizagem, além da vinculação dessas competências aos modelos de carreira.

- *Impacto da GC nas pessoas* — questionados sobre tal impacto, os termos utilizados e aqui compilados são reveladores da típica problemática relatada quando o assunto é mudança de cultura organizacional, a saber: conflito, feudos informacionais, corporativismo, invasão de privacidade, aumento da carga de trabalho e, principalmente, o consenso de que a mudança de cultura na organização não prescinde de uma longa caminhada.
- **Crenças e valores — competências, recrutamento e seleção** — N/D.
- **Mobilização dos ativistas do conhecimento** — membros das equipes de GC (analistas de informações e gestores do conhecimento, entre outros) atuam como ativistas do conhecimento ao advogar e divulgar a GC e suas práticas nas organizações estudadas. Tal assertiva deriva-se de evidências coletadas nas entrevistas, em pesquisa documental e por meio da observação direta.
- ***Layout* e locais de trabalho — reais e virtuais** — os resultados revelaram a existência de *layouts* formados por células e núcleos de especialidade. As posturas dos entrevistados em relação ao *layout* foram bastante contraditórias. Houve afirmações de que um *layout* sem paredes melhora o compartilhamento, a troca, a freqüência e a possibilidade de rapidamente encontrar a melhor informação e o melhor conhecimento disponíveis (localização de *expertise,* trocas rápidas), com a ressalva acerca da necessidade de reaprender e se reeducar para trabalhar em um ambiente desse tipo. Antagonicamente, posturas negativas foram apuradas, entre as quais: resistências culturais, dificuldades de concentração, volume alto das conversas, fiscalização por parte de outros, necessidade de privacidade, dificuldades para a realização de estudos etc. É pertinente ressaltar, também, a constatação de que um *layout* aberto pode ser especialmente útil em centros de treinamento e demais espaços compartilhados de aprendizagem. Outro fato relevante recai sobre a ingenuidade em afirmar que um *layout* aberto seja necessariamente bom ou ruim. Tal constatação deve originar-se de reflexões sobre o contexto e a cultura organizacionais, além de ser necessário todo um processo de reeducação para que se aprenda novas regras de convívio em torno de um *layout* coletivamente construído. Deve-se frisar, que a discussão do *layout* pode se dar também em termos de *layout* virtual, por meio da utilização de intranets, portais corporativos, bases de dados e comunidades de prática.

- **Locais de encontro — reais e virtuais** — descobriu-se a existência de locais de encontro reais e virtuais, a saber:
    - *Espaços e locais de encontro para a troca de informações, conhecimentos, experiências e aprendizagem coletiva* — cafezinho, refeitório (almoço), copa, eventos como o Momento Cultural, bem como eventos externos, seminários técnicos e *workshops,* grêmio recreativo, salas de treinamento e reuniões, bibliotecas.
    - *Espaços e locais virtuais* — intranet, comunidades de prática, *chats* e fóruns, entre outros.
- **Política de compartilhamento — principais barreiras** — a novidade introduzida nessa questão traduz-se na descoberta das estratégias de sensibilização utilizadas pelas organizações:
    - *Principais barreiras ao compartilhamento* — questões culturais e comportamentais — idéia estreita de trabalho produtivo e modelo mental de que "informação e conhecimento" significam poder.
    - *Estratégias de sensibilização* — são utilizadas reuniões, criação de espaços e locais de compartilhamento, práticas de liderança, inclusão do compartilhamento nos valores e princípios da organização, relatos de casos de sucesso, modelos de carreiras e competências.
- **Autonomia, flutuação, *empowerment,* diversidade, caos criativo, redundância e variedade de requisitos** — alguns dos elementos dessa categoria de análise aparecem explicitamente nos valores organizacionais e já foram discutidos aqui. No entanto, salienta-se, uma vez mais, a constatação de que *empowerment* significa melhoria no processo decisório.
- **Atividades para promoção da GC e do conhecimento na organização** — feiras, simpósios, seminários, encontros, jantares, bebedouros, entre outros — os resultados desses enfoque foram positivos, visto que o CTC estimula e apóia, de maneira ostensiva, a promoção do conhecimento e da própria GC. Eis os resultados obtidos: seminários internos; eventos, como o Momento Cultural; reuniões, palestras, treinamentos e apresentações da equipe de GC; participação em eventos externos — seminários técnicos, feiras, simpósios, *workshops* e congressos; treinamentos específicos, cursos internos e externos, intercâmbio entre profissionais. Percebeu-se a consciência das organizações no desenvolvimento do denominado "contexto capacitante".

5.1.9 Principais resultados

Por fim, eis a síntese dos principais resultados alcançados com a GC pelo CTC: (a) redução do ciclo de inovações e a aceleração do tempo de entrega de soluções ao mercado; (b) ampliação da fatia de mercado, aumento do portfólio de negócios e aumento da carteira de clientes; (c) melhoria na colaboração entre as pessoas e equipes, facilidade de se localizar *expertise;* (d) diminuição do retrabalho e redução de custos; (e) preservação da memória organizacional; (f) aumento da potência de aprendizagem organizacional e (g) antecipação de movimentos estratégicos da concorrência, entre outros.

5.2 Práticas de GC no Centro de Tecnologia Canavieira (CTC)

O escopo de atuação da área da GC no CTC envolve não somente a gestão da própria área, mas também as áreas de Tecnologia da Informação (TI) e Comunicação e Relações Institucionais. A equipe da área é formada por bibliotecárias, analistas de sistemas, analistas de suporte e jornalistas, permitindo uma abordagem multidisciplinar do processo de GC. A premissa aqui presente é o fortalecimento dos elementos do contexto capacitante, como a diversidade de formações e informações que possibilitam a iluminação das questões e desafios que se impõem à área de diferentes ângulos e perspectivas. Eis o escopo de atuação da GC no CTC:

Figura 5.1 Escopo de atuação da GC no CTC

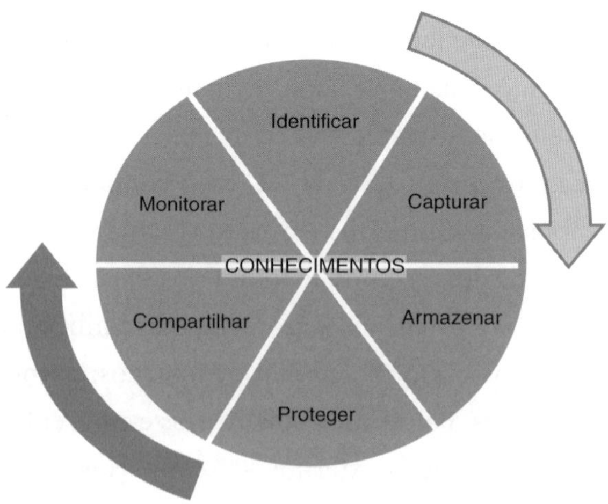

Fonte: Anexo 1, documento 17.

Figura 5.2 Escopo delineado na análise da proposta do CTGC

CONHECIMENTO

IDENTIFICAR MAPEAR
- Elaboração de lista de conhecimentos
- Mapeamento de competências
- Identificação e mapeamento das fontes externas de geração de conhecimento
- Mapeamento de processos

CAPTURAR ORGANIZAR
- Padronizar a elaboração de formulários e entrevistas
- Padronizar e otimizar a disponibilização de documentos eletrônicos
- Padronizar a coleta de fontes externas
- Digitalização de documentos em papel: do passado e relevantes
- Organização do fluxo de documentos
- Indicação de programas de capacitação — captura do conhecimento tácito

ARMAZENAR PROTEGER
- Bancos de idéias
- Apoio aos programas de retenção e valorização de especialistas
- Definir políticas e ferramentas para a proteção do conhecimento armazenado
- Definir mídias de armazenagem
- Definição de bancos de dados e de estruturas de diretórios

DISPONIBILIZAR COMPARTILHAR
- Criar ponto único de acesso ao conhecimento
- Incentivar a criação de eventos de transmissão de conhecimento tácito
- Promover a reutilização do conhecimento disponibilizado
- Selecionar ferramenta, implantar, orientar e acompanhar fóruns virtuais de discussão

MONITORAR ACOMPANHAR
- Monitoramento da utilização dos padrões de captura de conhecimento
- Monitoramento da utilização dos meios de consulta
- Sugestão de mudanças nos processos de captura, armazenagem e disponibilização
- Acompanhamento dos eventos de transmissão de conhecimento
- Acompanhamento de indicadores e performance e acompanhamento de tendências e tecnologias de mercado
- Acompanhamento dos processos de novas aquisições e renovações dos periódicos pela biblioteca

Fonte: Anexo 1, Documento 14.

5.2.1 Gestão estratégica da informação, gestão eletrônica de documentos (GED), mapeamento de processos

Constatou-se a existência de abordagens e práticas bem estruturadas e organizadas, a saber:

- Iniciativas de gestão eletrônica de documentos (GED), *workflow,* redesenho de processos organizacionais, *intranet,* tecnologia de informação, monitoração de usabilidade de sistemas de informação, gestão de projetos (a empresa está em fase de definições de taxonomia com o intuito de melhorar a recuperação de informações); gestão de biblioteca (centro de documentação), biblioteca digital e digitalização.
- Organização de arquivos físicos e eletrônicos — captura de acervo documental relevante e mapeamento do acervo público.
- Segurança de informações. A pesquisa documental encontrou farta documentação sobre as questões de gestão da informação e de documentos, bem como depoimentos dos entrevistados, como se segue:

> "[...] os principais projetos da área de gestão do conhecimento do CTC são estruturados da seguinte maneira: **Gestão de documentos:** objetiva criar um repositório único para os documentos, compartilhar e facilitar o acesso ao conhecimento explícito; desenvolvimento de sistema de GED — gestão eletrônica de documentos; organização, padronização e compartilhamento dos documentos, taxonomia e processo de disseminação seletiva da informação — o passado foi digitalizado (hoje: 15.000 documentos armazenados); média de 200 documentos incluídos por mês". (Anexo 1, documentos 8, 18, 30 e 31)

Figura 5.3 Gestão Estratégica da Informação no CTC — Tela da Intranet

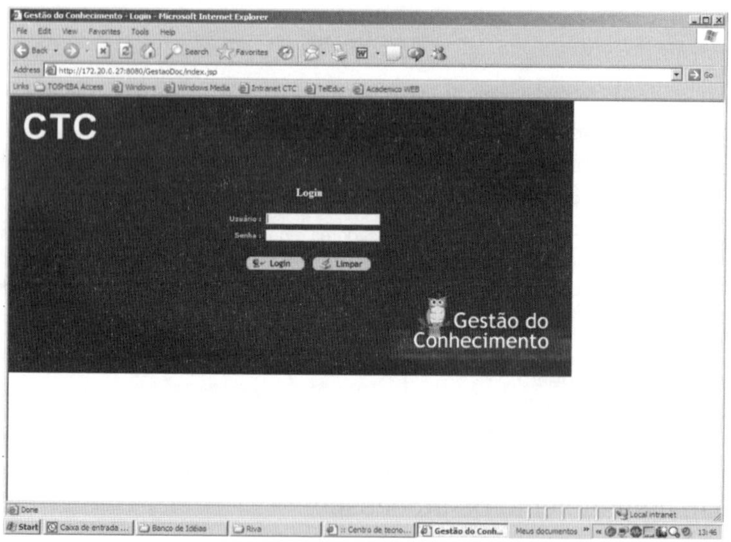

Fonte: Anexo 1, documento 32.

Figura 5.4 Gestão Estratégica da Informação no CTC — Fluxo de pesquisa de informações depois do sistema GED

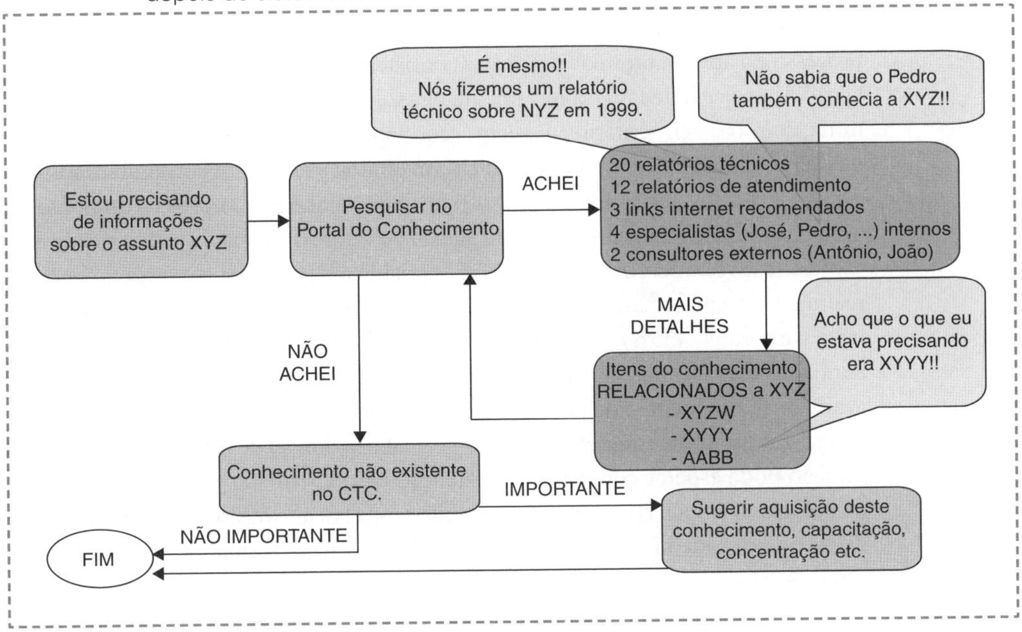

Fonte: Anexo 1, documento 29.

5.2.2 Gestão do capital intelectual, competências, pessoas e ativos intangíveis

Constatou-se a existência de abordagens e práticas bem estruturadas e organizadas:

- Gestão do capital intelectual (Projeto *Backup* — projeto que objetiva garantir a transição das pessoas e conhecimentos da melhor forma possível) e ativos intangíveis (patentes, *royalties* e registros no CREA[4]); proteção de conhecimento e contratos de licenciamento; transferência de conhecimento e tecnologia.
- Gestão de competências e criação de sistemas localizadores de *expertise*, *yellow pages* ou banco de capital intelectual — projeto incipiente.
- Banco de Idéias — a pesquisa documental não só aponta o Projeto *Backup* e o Banco de Idéias como estratégias direcionadas para o capital intelectual, como também elucida seus escopos:

> "[...] **Projeto Backup:** identificar, organizar, armazenar e disponibilizar o conhecimento dos profissionais com aposentadoria próxima visando reter na empresa parte do conhecimento destes profissionais; planejamento de aposentadorias junto com o RH; indicação e treinamento de sucessores no conhecimento; foco no conhecimento existente e não compartilhado; *workshops*". (Anexo 1, documentos 8, 15, 21, 30 e 31)

---

4 CREA — Conselho Regional de Engenharia, Arquitetura e Agronomia.

"[...] **Banco de idéias** — Processo de avaliação de idéias: o objetivo é promover a continuidade de criação de novos projetos relevantes de P&D e seus pontos principais envolvem a redução da avaliação subjetiva, o envolvimento do autor em todo o processo e a apresentação de propostas consistentes ao conselho; ferramenta de avaliação de projetos de P&D: a ferramenta de avaliação de anteprojetos de P&D determina, com base em critérios técnicos, econômicos e estratégicos, quais os projetos que têm maior interesse para que sejam investidos os recursos disponibilizados ao CTC; filtros: a) valor agregado (25%) — avalia a qualidade do projeto do ponto de vista econômico-financeiro, o quanto agrega de valor ao capital investido e o retorno sobre este investimento; b) risco (10%) — qualifica o projeto sob a ótica do risco de realmente se confirmarem as premissas assumidas originalmente; c) foco da estratégia corporativa (25%) — representa o quanto aquele anteprojeto ou projeto estão alinhados com a estratégia da corporação; d) homogeneidade de absorção (10%) — avalia qual a tendência de absorção de uma determinada tecnologia por parte das usinas; e) vantagem competitiva (15%) — qualifica o nível de segurança que a organização pode esperar com relação à retenção e exclusividade de uma determinada tecnologia; f) impacto tecnológico — avalia o nível de inovação de um projeto. Se já existe no mercado algo semelhante ou não. Idéias que se tornaram projetos: produção de enzimas em cana-de-açúcar importantes para o processo industrial, limpeza química de evaporadores, secador de bagaço a vapor (sistemas de regeneração de energia e novas tecnologias para uso do etanol como combustível)". (Anexo 1, documentos 8, 21, 31 e 36)

Figura 5.5 Gestão do Capital Intelectual no CTC — Fluxo de avaliação de idéias

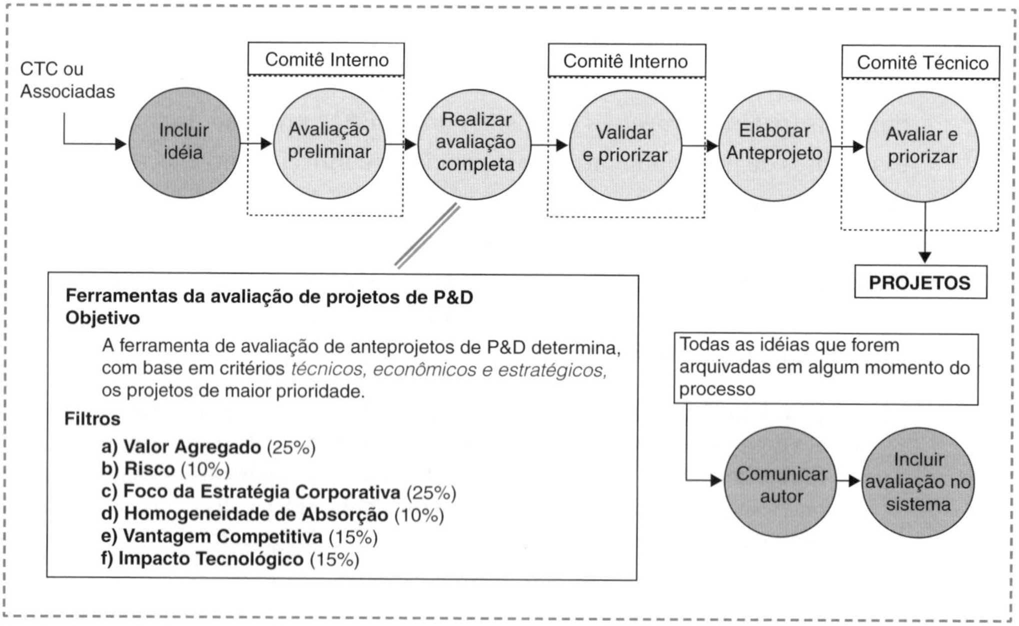

Fonte: Anexo 1, documento 31.

5.2.3 Monitoração ambiental, inteligência competitiva, pesquisa de mercado

Constatou-se a existência de práticas informais e desestruturadas e práticas formais e estruturadas, com maior ênfase nas primeiras:

- *Clippings* produzidos externamente (que incluem pesquisas de mercado — os principais são o Brasil@agro, Agrocana, Jornal da Cana, entre outros).
- Utilização de fotos de satélite e geoprocessamento com o objetivo de estabelecer padrões de comportamento espectral que permitam a identificação e quantificação de áreas cultivadas com variedades registradas usando imagens de satélites.
- Outros — buscas auxiliadas pela bibliotecária, assinaturas de jornais e periódicos, viagens internacionais, participações em seminários, contatos com pessoas, internet.

Figura 5.6 Utilização de imagens de satélite e geoprocessamento — Landsat

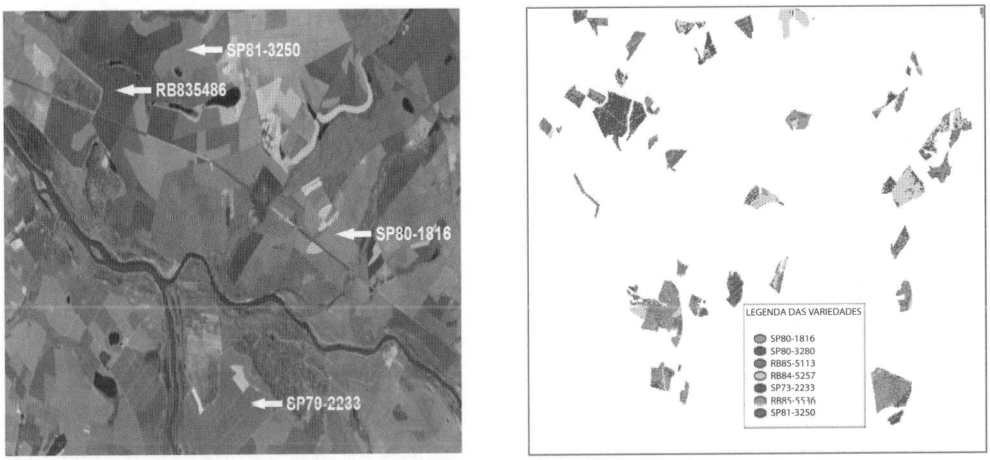

Fonte: Anexo 1, documento 10.

5.2.4 Criação do contexto capacitante

A organização concentra seus esforços na criação do contexto capacitante. Infere-se que após a resolução de toda a problemática no entorno da gestão estratégica da informação, a organização passa a privilegiar a criação das condições organizacionais favoráveis à troca e compartilhamento de informações e conhecimentos e endereça questões claras de cultura organizacional e comportamento humano, além de aspectos atinentes à gestão de mudanças. Eis a relação dos elementos considerados pelo CTC em relação ao denominado contexto capacitante:

- *Layout* formado por células e núcleos de especialidade.
- O Momento Cultural — projeto de transmissão de conhecimentos tácitos, local adequado para trocas, aprendizagem e compartilhamentos de conhecimentos relevantes estruturados ao redor dos fatores críticos de sucesso do CTC.
- A criação de um Banco de Idéias (que é também *per se* uma abordagem imbricada à aprendizagem organizacional e ao capital intelectual).
- A conformação de equipes flexíveis e multitarefas. Ressalta-se a existência de várias iniciativas genuinamente brasileiras adotadas pelo CTC nesse sentido, como o Momento Cultural. Além dos objetivos apresentados na figura a seguir, o Momento Cultural constitui-se também como espaço de trocas, compartilhamento e aprendizagem.

Figura 5.7 Convite para o Momento Cultural

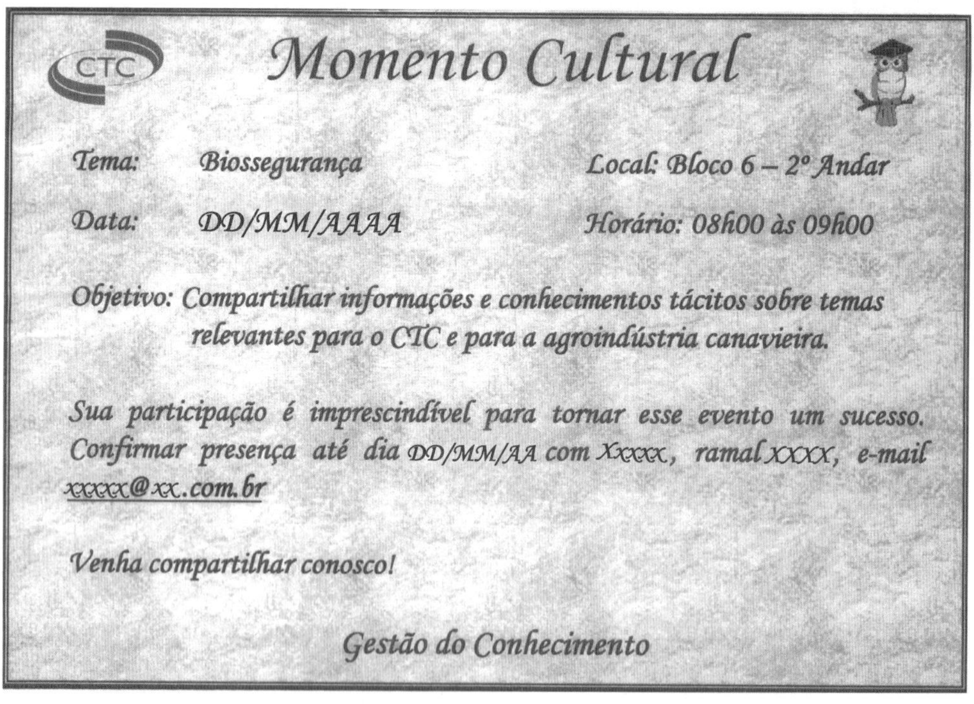

Fonte: Anexo 1, documento 4.

5.2.5 Principais resultados

Por fim, os resultados alcançados foram apontados em termos quali-quantitativos:

- Percepções, via pesquisas informais e conversas, na melhora do compartilhamento, no acesso ao conhecimento, na velocidade de acesso e na facilidade de recuperação da informação.
- Recuperação da memória organizacional via documentos preservados e digitalizados e número de *logs* de acesso ao sistema e documentos.
- Acesso rápido em repositório único, documentação e disponibilização. Alguns dos entrevistados afirmaram que pretendem levar benefícios da GC para os associados e revelaram interesse pela metodologia BSC — *Balanced Scorecard* ou marcador balanceado.

Considerações finais

Esta obra investigou a temática denominada Gestão do Conhecimento (GC) em uma organização genuinamente brasileira, procurando discutir seu conceito, elementos constituintes, áreas fronteiriças e interfaces, origens, abordagens gerenciais e ferramentas, dinâmica e demais aspectos, *pari passu* ao distanciamento da discussão puramente terminológica, de viés ingênuo, ensimesmado e inócuo. Objetivou-se investigar e analisar, com base em uma perspectiva sistêmica, as concepções, estratégias, motivações, abordagens, práticas, efeitos e resultados de áreas, programas ou projetos de gestão do conhecimento efetivamente implementados e utilizados em uma organização brasileira adotante da gestão do conhecimento, com vistas à proposição de um modelo ou mapa conceitual integrativo.

Ressalta-se que a proposição de tal mapa ou modelo apresenta-se exclusivamente como um ponto de partida que objetiva iluminar o debate, sem a pretensão ao hermetismo ou de se estabelecer verdades absolutas. Espera-se que tal modelo seja definido e redefinido à exaustão, com o propósito de se contribuir para o avanço do conhecimento na área no Brasil.

Buscou-se também responder como essa organização entende, define, implementa, pratica e avalia a gestão do conhecimento, além de investigar os principais motivadores para a implementação de GC e seus principais desafios. No transcorrer do trabalho, foram analisados ainda os aspectos ou facetas da GC priorizadas e compilou-se também conteúdo sobre os métodos de implementação de GC. Por fim, examinou-se os indicadores de desempenho propostos e relatados, bem como a utilização de ferramentas, métricas e modelos complementares de gestão.

Conclui-se que os principais motivadores para a GC têm como ponto de partida o entendimento de que a informação e o conhecimento são os principais fatores de competitividade dos tempos atuais para organizações e nações. Assim, pode-se inferir que a informação e o conhecimento passam a integrar a agenda estratégica da organização pesquisada. A partir desse reconhecimento, a mudança de filosofia é notória: de informação e conhecimento como recurso para informação e conhecimento como ativo. Outra conclusão refere-se a um motivador recorrente vinculado à importância e à necessidade peremptória da gestão estratégica da informação. Confirmou-se, uma vez mais, que o ponto de partida para quaisquer iniciativas de GC é a resolução de problemas atinentes à coleta, tratamento, organização, recuperação e disseminação de informações, implicando uma perspectiva do gerenciamento estratégico da informação.

Uma conclusão de suma importância a que chegamos é que a gestão da informação equaciona apenas o problema da organização e acesso à informação, não endereçando as questões de criação, uso e compartilhamento de conhecimentos. Salienta-se que a gestão da informação é o ponto de partida para quaisquer outras iniciativas de GC, conforme mencionam Alvarenga Neto (2002) e Alvarenga Neto e Neves (2003), mas, ainda assim, é apenas um dos componentes da GC. Outros motivadores para a GC giram em torno da necessidade de inovação contínua e enfrentamento da ameaça externa de concorrentes nacionais e internacionais, além da premência da criação do denominado contexto capacitante para endereçar questões de compartilhamento, cultura e comportamento nas organizações.

Por fim, a empresa estudada iniciou a implementação da GC para aumentar sua potência de aprendizagem e ampliar as competências de seus colaboradores. Com base nessas conclusões iniciais já é possível inferir que a GC abrange não só a gestão estratégica da informação, mas também questões de monitoração ambiental e inteligência competitiva, gestão da inovação, da aprendizagem organizacional e gestão do capital intelectual, além de preocupar-se com a criação do contexto capacitante. Tal assertiva confirma um dos pressupostos apresentados nesta obra.

Entre os principais desafios colocados para a GC na organização estudada, as conclusões apontam para questões relativas à cultura organizacional, comportamento humano e criação do contexto capacitante, além da necessidade da criação de um conjunto de indicadores para medir retornos e benefícios da GC.

Cumpre ressaltar que não existe consenso em relação a uma definição de GC, o que confirma toda a controvérsia e indefinição conceitual gerada ao redor da terminologia. Contudo, apurou-se que alguns termos são comuns nas tentativas de formulação de tal conceito ou definição: processo; informação; conhecimento; inovação; explicitação; registro; disponibilização; compartilhamento; acesso; utilização; reconhecimento do valor do conhecimento para o sucesso dos negócios; colaboração; cultura; aprendizagem e rede; criação de contexto favorável; mudança de filosofia de gestão estratégica; gestão do capital intelectual; gestão de mudanças; exposição de idéias; criação, captura e direcionamento do conhecimento para a geração de novos negócios e melhor atendimento ao cliente; ambiente em que há troca e disseminação de conhecimentos estratégicos para a organização; troca de experiências e cultura organizacional; valores; estilos e comportamentos compartilhados, entre outros.

Uma vez constatada tal indefinição, procurou-se mapear as atividades, abordagens gerenciais e ferramentas abarcadas sob a égide da GC na organização. Confirmou-se que a GC incorpora em sua amplitude e escopo uma miríade de abordagens gerenciais e ferramentas destinadas ao enfrentamento e solução de problemas relacionados a questões da informação e do conhecimento nas organizações. Conforme enunciado em seções anteriores deste livro, acredita-se que a gestão do conhecimento seja uma grande área "guarda-chuva", capaz de envolver e incorporar diferentes abordagens comunicantes que dialogam entre si. É justamente a inter-relação, a interpolação e a permeabilidade entre esses vários temas que possibilitam e delimitam a formação de um possível referencial teórico de sustentação, ao qual intitularemos gestão do conhecimento. Tal confirmação permite concluir que GC é uma área que pode ser metaforicamente denominada de "área guarda-chuva", e indícios dessa conclusão e das várias abordagens gerenciais e ferramentas sob a égide da área de GC nas organizações já surgiram em pesquisa conduzida por Alvarenga Neto (2002). Assim, é mister ressaltar a evolução da pesquisa desse autor para a pesquisa analisada nesta obra: a mudança de ênfase da gestão estratégica da informação — já em estágios mais avançados e incorporada como processo — para as preocupações com as questões de criação, uso, compartilhamento de informações e conhecimentos, além da criação de contexto capacitante. Apresentamos a "metáfora do guarda-chuva conceitual de GC" na Figura 1, a seguir, com base nos resultados obtidos com a pesquisa de campo.

Figura 1 Metáfora do guarda-chuva conceitual de GC

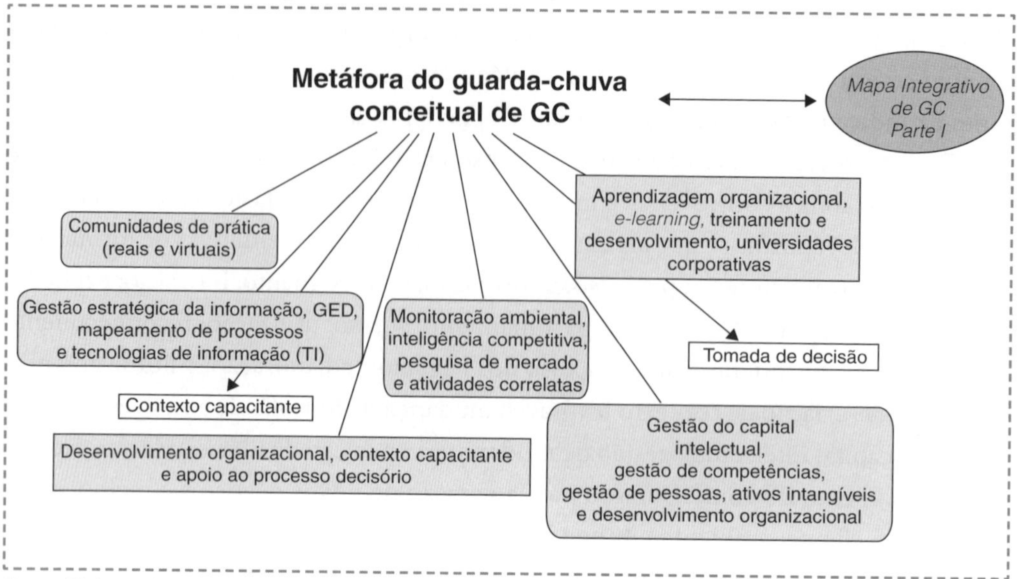

Fonte: Elaborada pelo autor.

Partindo-se do princípio de que essa metáfora incorpora as várias abordagens gerenciais e ferramentas destinadas à resolução das questões do gerenciamento da informação e do conhecimento no dia-a-dia das organizações, a inclusão dos itens contexto capacitante e tomada de decisão no guarda-chuva é questionável. As abordagens e ferramentas do guarda-chuva destinam-se à ação no âmbito operacional. As concepções de contexto capacitante e tomada de decisão transitam nas esferas táticas e estratégicas da organização, conforme ainda será demonstrado.

As conclusões confirmam os indícios de que a ênfase da GC no CTC concentra-se na cultura organizacional, principal elemento do denominado contexto capacitante. Percebe-se uma evolução de tal ênfase, visto que o CTC migrou da organização e tratamento da informação (gestão estratégica da informação) para o desenvolvimento do contexto capacitante. Conclui-se que a cultura organizacional e a problemática da gestão de mudanças são o cerne do denominado contexto capacitante na organização.

Desse modo, as questões relativas ao compartilhamento abriram uma conexão direta para que se constatasse a premência da criação de um contexto capacitante na organização, *vis-à-vis* à necessidade de se endereçar questões culturais e comportamentais. A GC de segunda geração — focada em pessoas e no contexo capacitante — já é preocupação de organizações brasileiras há muito tempo. A Figura 2, a seguir, apresenta as conclusões que confirmam o contexto capacitante e seus respectivos componentes na organização estudada.

Figura 2 Elementos do contexto capacitante

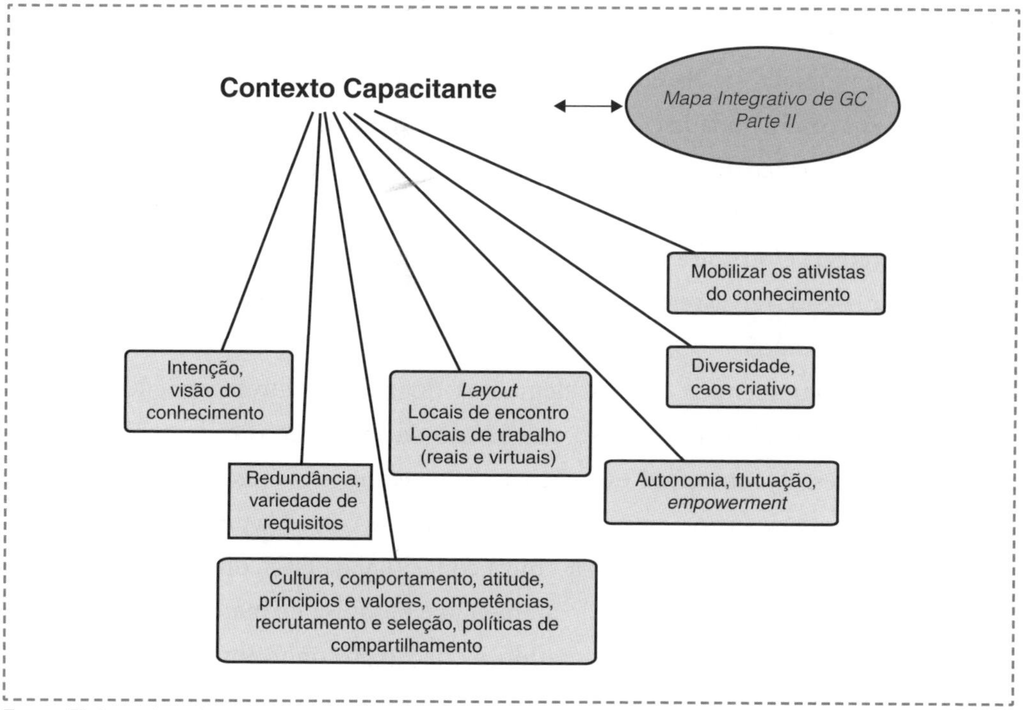

Fonte: Elaborada pelo autor.

Ressalta-se que o aval e o comprometimento da alta administração e das principais lideranças são condições *sine qua non* para a implementação e avaliação contínua dos diversos elementos do contexto capacitante. Contudo, sua implementação é eminentemente tática e responsabilidade de gerentes, coordenadores e supervisores no dia-a-dia das organizações. A comprovação da existência dos "ativistas do conhecimento" confirma a posição do contexto capacitante no nível tático da organização.

Por fim, conclui-se o total alinhamento da GC com a estratégia organizacional, impingindo à organização a adoção de posturas conceituais e filosóficas em relação ao uso estratégico da informação e do conhecimento. Tal constatação é facilmente confirmada pelo fato de vários líderes e membros da equipe de GC também serem membros dos níveis estratégico e tático das organizações, o que revela a importância dada à GC pelo CTC. A idéia subjacente envolve a dicotomia eficiência operacional (Era Industrial) e posicionamento estratégico (Era do Conhecimento), e a adoção desta última leva à evolução do conceito de liderança para liderança situacional — baseada em conhecimento e modelos de competências. Há a mais plena evidência da inevitabilidade da construção de um portfólio de competências distintivas de conhecimento para a garantia da sustentabilidade organizacional de longo prazo. Nos aspectos concernentes à estratégia organizacional, ressalta-se que a GC também desempenha papel fundamental na melhoria da comunicação da visão e da estratégia do conhecimento, estando em conformidade com as prerrogativas teóricas de construção de sentido, como arena estratégica de uso da informação e do conhecimento nas organizações.

Complementarmente, houve afirmações de que a GC é uma ferramenta de implantação da estratégia e/ou que a GC significa uma mudança de filosofia da gestão estratégica da organização. Tais assertivas implicam uma completa revisão de modelos organizacionais e de gestão.

É mister compreender que os elementos do guarda-chuva conceitual de GC são derivados de concepções de uso estratégico da informação e do conhecimento nas organizações. A concepção estratégica *sensemaking* (ou construção de sentido), amplamente comprovada na discussão de resultados, é colocada em ação pela utilização de elementos dispostos no guarda-chuva conceitual da GC, como as atividades de inteligência competitiva, monitoração ambiental e pesquisa de mercado, entre outras. Em outras palavras, a construção de sentido, a criação do conhecimento e a tomada de decisão são conceitos e concepções estratégicas. A inteligência competitiva, a gestão do capital intelectual e as comunidades de prática, entre outros, são ações ou abordagens gerenciais e/ou ferramentas de tecnologia da informação utilizadas para colocar a estratégia em ação (são abordagens práticas). A Figura 3, a seguir, corrobora a apresentação da terceira e última parte da investigação estudada neste livro.

Figura 3 Uso estratégico da informação e do conhecimento em organizações

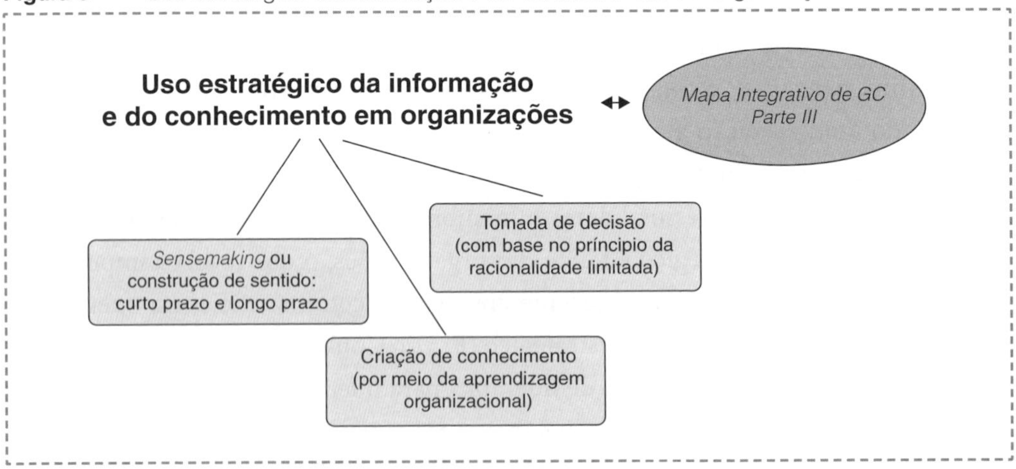

Fonte: Adaptada de Choo (1998).

Já a Figura 4 apresenta o mapa conceitual integrativo de GC em sua plenitude e confirma o último pressuposto apresentado.

Figura 4 Uma proposta de mapeamento conceitual integrativo de GC

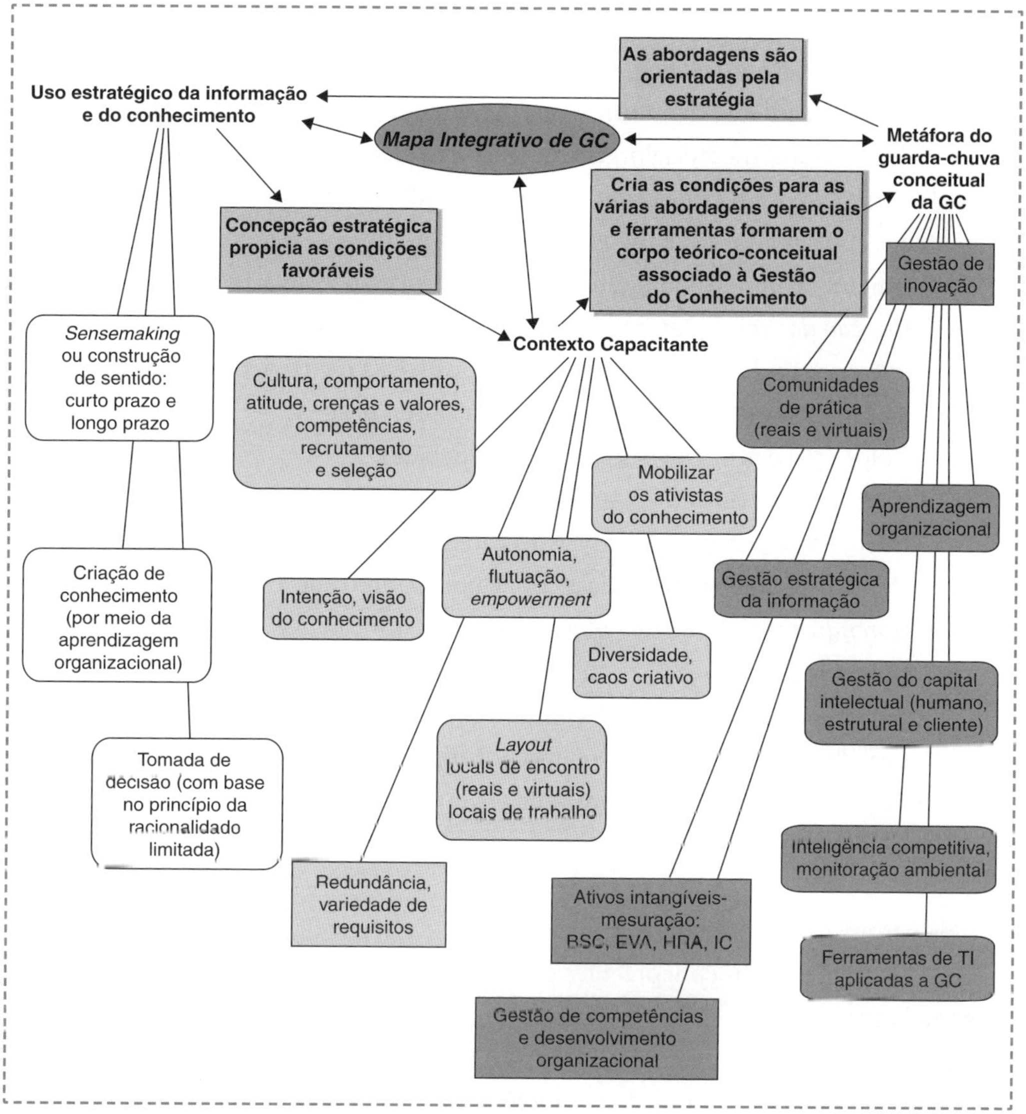

Fonte: Elaborada pelo autor.

Conclui-se que as dificuldades, problemas e obstáculos relatados na implementação da GC no CTC têm seu epicentro nas questões culturais, comportamentais e atitudinais, implicando, assim, a ausência de práticas de compartilhamento e a existência de feudos informacionais. Aspectos secundários referem-se a restrições orçamentárias e ao *turnover*, bem como a aposentadorias.

As melhores práticas delimitadas estão de acordo com as práticas citadas na literatura da área e são excelentes guias para interessados em implementar a GC em suas organizações:

- *Gestão estratégica da informação e da tecnologia da informação (o ponto de partida)* — tratamento da informação, atendimento ao usuário, gestão eletrônica de documentos, memória organizacional e resgate do passado, entre outros.
- *Gestão do capital intelectual* — banco de idéias, projeto de acompanhamento das aposentadorias, bancos de melhores práticas — disseminação do conhecimento, compartilhamento e apoio ao processo decisório.
- *Criação das condições favoráveis ou contexto capacitante* — compartilhamento e criação de locais e espaços de troca (reais e virtuais) para compartilhamento, troca e busca de informações e aprendizagem.
- Colocação das pessoas no centro dos debates.
- *Comunidades de prática* — reais e virtuais.
- Inteligência competitiva e prospecção do ambiente organizacional externo.
- Compartilhamento de práticas com atores do ambiente organizacional externo.
- *Aprendizagem organizacional* — reuniões, *workshops* e sessões de atualização, treinamento e desenvolvimento, parcerias com universidades.
- Atacar a idéia ou o ideal do compartilhamento romântico, vinculação de práticas de compartilhamento e aprendizagem a métricas de desempenho e modelos de competências, com reflexos no processo de recrutamento, seleção e avaliação de pessoas.

Na pesquisa que realizamos, constatamos que a capacidade de aprender sempre e mais rapidamente que os concorrentes é um diferencial competitivo, estratégico e fundamental para a sobrevivência da organização. Outra constatação relevante é a existência de um vínculo entre capital intelectual e aprendizagem organizacional, visto que a organização identifica hiatos de competências em seu capital intelectual diante das contingências externas e, a partir disso, formulam políticas e ações de aprendizagem para suprir tais hiatos.

Caso a discussão proposta ao longo desta obra tivesse sido colocada estritamente na acepção terminológica, as conclusões finais seriam que a GC é um oxímoro, uma impossibilidade. Contudo, buscou-se, por meio do pensamento relacional proposto por Bourdieu (1998), o rompimento com a passividade empirista e a possibilidade de enxergar além do objeto pré-construído. A GC é uma realidade nos meios acadêmico e organizacional e um setor que movimenta bilhões de dólares mundialmente (ALVARENGA NETO, 2002).

A empresa pesquisada adotante da gestão do conhecimento não gerencia o conhecimento na acepção estrita e terminológica — apenas capacita-se para o conhecimento —, visto que reconhece sua existência somente na mente humana e no espaço imaginário entre as fronteiras de mentes criativas em sinergia de propósitos. O conhecimento pode ser apenas promovido ou estimulado e, assim, o que se gerencia são as condições favoráveis à emergência do novo — inovação, criatividade, aprendizagem e compartilhamento de informações e conhecimentos relevantes —, ao que se atribui o nome de contexto capacitante. Em outras palavras, apenas se promove ou se estimula o conhecimento por intermédio da criação de contextos organizacionais favoráveis.

O termo gestão do conhecimento tem significado similar ao termo gestão para as organizações da Era Industrial (ou podemos afirmar, também, que a GC revela-se como um repensar a gestão para as organizações da Era do Conhecimento). GC significa gestão na Era do Conhecimento. Tal ênfase deriva-se do entendimento de que a informação e o conhecimento são os principais fatores de competitividade dos tempos atuais para organizações e nações. Acrescenta-se, ainda, que a palavra gestão, quando associada ao termo conhecimento, deve ser apreendida como promoção do conhecimento ou estímulo ao conhecimento, e que a GC assume o significado de uma gestão de e para o conhecimento.

Das análises de práticas organizacionais infere-se também que não se solucionam questões culturais, comportamentais e atitudinais em relação às premissas da GC (compartilhamento de informações e conhecimentos, idéia de que "informação é poder" etc.) por meio de punições, ameaças ou ações localizadas. Só se mudam comportamentos por intermédio de profundas reflexões, possivelmente seguidas de mudanças em relação às crenças e valores organizacionais, questões essas aludidas na abordagem de *sensemaking* e que terão grande impacto nas práticas de recrutamento, seleção e gestão de competências. Salienta-se, ainda, que no processo de construção de sentido, os valores, a missão e a visão de futuro são especialmente úteis para auxiliar as pessoas a construírem significado e importância em suas vidas e carreiras. A idéia subjacente é a de que é mister nortear, orientar e definir e redefinir propósitos à luz de significados coletivamente construídos e compartilhados. Ressalta-se também que a GC é altamente política, requer gestores do conhecimento e é um processo sem fim.

A visão ingênua do compartilhamento romântico ou a visão romântica do compartilhamento não se coaduna com a GC avaliada na organização selecionada para a pesquisa aqui analisada. A GC requer alinhamento estratégico, comprometimento *top-down* (de cima para baixo na hierarquia organizacional) e *botom-up* (de baixo para cima), aval das lideranças e, principalmente, ser pensada ao redor dos pontos ou fatores críticos de sucesso da organização.

Profissionais e organizações interessados ou comprometidos com a GC devem ter plena consciência de que esse tipo de gestão é um processo que não tem fim — e que leva tempo para ser consolidado, principalmente porque a mudança de cultura e de comportamento humano não acontece do dia para a noite. Falar em GC é falar em gestão de mudanças e desenvolvimento organizacional, e por conta disso é imprescindível o preparo para a mudança de paradigmas, de modelos mentais, atitudes, comportamento e cultura organizacional.

O conceito de GC não pode ser igualado à tecnologia da informação, contudo, a GC pode ser vista como um conjunto de práticas sustentadas pela tecnologia da informação. Tal assertiva não alija as micro e pequenas empresas de adotarem essas práticas, uma vez que as concepções estratégicas de informação e conhecimento podem ser aplicadas em tais organizações a um custo bastante reduzido — ou mesmo sem custo nenhum. Uma das ações de construção de sentido, a pesquisa de mercado e a inteligência do concorrente, pode ser utilizada via pesquisa exploratória — cujo método é a observação — para a prospecção do ambiente organizacional externo em busca de informações sobre os concorrentes. Fato é que nem todas as iniciativas de GC envolvem tecnologias, como ficou comprovado por meio de iniciativas genuinamente brasileiras, como o Momento Cultural, do CTC. A idéia implícita na divulgação de casos de sucesso e até mesmo de "contar casos" reforça os ideais e as práticas de GC.

Não existe um pretenso "ideal do conhecimento codificado" na Era da Informação. A organização estudada percebe que grande parte da idéia de codificação de conhecimentos tácitos resume-se à localização do indivíduo detentor daquele conhecimento. Contudo, salienta-se que a preocupação com a manutenção do conhecimento e do controle por parte das organizações é histórica e legítima. Além disso, seu questionamento não é novo: basta que se invoque a história do pensamento econômico, de Adam Smith à crítica marxista sobre a expropriação dos meios de produção e da mais-valia capitalista.

Toda a discussão teórica sobre uma segunda geração de GC, voltada ao capital humano e à criação do contexto capacitante, já é realidade na organização brasileira estudada para a realização deste livro. Tal confirmação revelou-se na seriedade e nos esforços investidos pelo CTC na construção e consolidação do contexto capacitante. Constatou-se que as pessoas não darão idéias, opiniões e sugestões se não existir autonomia e delegação de poderes, elementos constituintes do contexto capacitante. A inovação não acontece sem que se entenda que gerenciar não significa desejar a ausência de conflitos, mas a existência de conflitos, diversidade, divergências e opiniões de opositores. É fundamental exercitar a incerteza, a dúvida, a apreensão e estimular a capacidade de fazer perguntas e propor idéias. A autonomia e a delegação de poderes já contribuem, em si, para a melhoria na tomada de decisões.

É desnecessária a existência de uma política de informações se a estratégia, a visão ou a intenção do conhecimento, bem como os valores e princípios organizacionais, forem fruto de consenso coletivamente construído e amplamente comunicado. Não se desenvolve a competência sem que antes se desenvolva a consciência, e é aí que se encontra o nó górdio do contexto capacitante: o desenvolvimento da consciência e a ruptura com modelos mentais que refletem o paradigma organizacional da Era Industrial. Observou-se que o *layout* era fator fundamental no conceito do contexto capacitante, e que era intencionalmente articulado como uma forma de transferência de conhecimento. Diante disso, cumpre ressaltar que algumas das iniciativas tangentes ao contexto capacitante devem respeitar a cultura local e, nesse sentido, práticas como o Momento Cultural do CTC levam enorme vantagem e relatam resultados de sucesso.

A pesquisa analisada ao longo desta obra também revelou que a GC é um campo que deve ser considerado com seriedade por profissionais das áreas de biblioteconomia e ciência da informação. Ressalta-se, também, a gama de atividades concernentes à esfera de atuação desses profissionais: gestão da informação, documentação, taxonomias, gestão de conteúdo, produtos e serviços de informação, entre outros.

Em relação aos indicadores de desempenho, métricas e modelos complementares de gestão propostos, conclui-se que a avaliação de práticas de GC e seus indicadores ainda acontecem em termos quali-quantitativos. O CTC acredita que não se pode avaliar a GC somente da perspectiva quantitativa, uma vez que se está gerenciado mudanças culturais, comportamentais e atitudinais. A adoção de indicadores quali-quantitativos é condição *sine qua non*.

Entre os principais resultados apurados pela GC no CTC, destacam-se a redução do ciclo de inovações e a aceleração do tempo de entrega de soluções ao mercado, bem como ampliação da fatia de mercado, aumento do portfólio de negócios e da carteira de clientes, melhoria na colaboração entre pessoas e equipes, facilidade de localizar *expertise*, diminuição do retrabalho e redução de custos, preservação da memória organizacional, aumento da potência de aprendizagem organizacional, antecipação de movimentos estratégicos da concorrência, entre outros. Tais resultados também foram apurados por Alvarenga Neto (2002).

Recomenda-se que estudos futuros sejam realizados para:

- A ampliação da pesquisa com vistas ao aprofundamento em indicadores de desempenho concernentes à avaliação de ativos intangíveis e patrimônios de conhecimento.
- O detalhamento do papel, das atividades e das novas funções do profissional da informação em organizações brasileiras.
- Pesquisar acerca de políticas de informação em organizações brasileiras e suas respectivas propostas metodológicas quanto ao diagnóstico de necessidades de informação.
- O aprofundamento sobre a relação entre a GC e seus impactos no processo decisório.
- A investigação de uma possível predisposição da cultura brasileira para o compartilhamento.
- Investigar e analisar os processos de gestão da informação e do conhecimento nas organizações e seus respectivos impactos nas pessoas — estudos meticulosos sobre questões comportamentais e atitudinais.
- Ampliar a discussão da gestão de competências e da gestão de inovações vinculada à temática da GC, investigando-se também as práticas de GC presentes em modelos de competências, recrutamento e seleção.
- Identificar os ativistas do conhecimento em organizações brasileiras e seu escopo de atuação.

Referências

AGUILAR, F. J. *Scanning the business environment*. New York: The Macmillan Company, 1967.

ALVARENGA NETO, R. C. D. de . *Gestão do conhecimento em organizações: proposta de mapeamento conceitual integrativo.* 2005. 400 f. Tese (Doutorado em Ciência da Informação) — PPGCI, Escola de Ciência da Informação da UFMG, Belo Horizonte .

______. Inteligência competitiva como função da gestão do conhecimento: teoria e prática revisitada. WORKSHOP BRASILEIRO DE INTELIGÊNCIA COMPETITIVA E GESTÃO DO CONHECIMENTO, IV, 2003, *Anais...*, Salvador.

ALVARENGA NETO, R. C. D. *Gestão da informação e do conhecimento nas organizações*: análise de casos relatados em organizações públicas e privadas. 2002. Dissertação (Mestrado em Ciência da Informação) — PPGCI, Escola de Ciência da Informação da Universidade Federal de Minas Gerais, Belo Horizonte.

ALVARENGA NETO, R. C. D.; BARBOSA, R. R. Inteligência competitiva como função da gestão do conhecimento: gerentes como usuários de informação. *Revista de Economia da UNA (REUNA)*, v. 8, n. 3, p. 9-32, jul./set., 2003.

ALVARENGA NETO, R. C. D.; CARVALHO, R. B.; FERREIRA, M. A. T. Gestão do conhecimento e aprendizagem organizacional: uma abordagem integrativa das comunidades de prática. ENANCIB 2003 — ENCONTRO DA ASSOCIAÇÃO NACIONAL DE PESQUISA E PÓS-GRADUAÇÃO EM CIÊNCIA DA INFORMAÇÃO, V, 2003, *Anais...*, Belo Horizonte.

ALVARENGA NETO, R. C. D.; FRADE, A. C. M. N.; NASCIMENTO, D. M.; TOMÁEL, M. I. Gestão estratégica da informação: a distribuição da informação e do conhecimento. *Informação & Sociedade,* v. 13, n. 2, jul./dez., 2003. Disponível em: <http://www.informacaoesociedade.ufpb.br/>.

ALVARENGA NETO, R. C. D.; NEVES, J. T. R. Gestão da informação e do conhecimento nas organizações: resultados de análise de casos relatados em organizações públicas e privadas. *Revista de Economia e Administração do IBMEC Educacional,* v. 2, n. 3, p. 43-62, jul./set., 2003.

ARGYRIS, C.; SCHÖN, D. A. *Organizational learning*: a theory of action perspective. Reading: Addison-Wesley, 1978.

BARBOSA, R. R. Inteligência empresarial: uma avaliação das fontes de informação sobre o ambiente organizacional externo. *Data Grama Zero,* v. 3, n. 6, dez., 2002. Disponível em: <http:/www.dgz.org.Br/dez02/F_I_art.htm>. Acesso em: junho 2003.

BARBOSA, R. R. Monitoração ambiental: uma visão interdisciplinar. *Revista de Administração,* v. 32, n. 4, p. 42-53, out./dez., 1997.

BARBOSA, R. R.; PAIM, I. Da GRI à gestão do conhecimento. In: PAIM, I. (Org.) *A gestão da informação e do conhecimento.* Belo Horizonte: Escola de Ciência da Informação da UFMG, 2003.

BERGERON, P. Information resources management. *ARIST,* v. 31, p. 263-300, 1996.

BERGERON, P.; HILLER, C. A. Competitive intelligence. *Intelligence and Strategy. Annual Review of Information Science and technology,* v. 36, p. 311-389, 2002.

BOISOT, M. H. *Information space*: a framework for learning in organizations. Institutions and Culture. London: Routledge, 1995.

BONTIS, N.; DRAGONETTI, N. C.; JACOBSEN, K.; ROOS, G. The knowledge toolbox: a review of the tools available to measure and manage intangible resources. *European Management Journal,* v. 17, n. 4, p. 391-402, 1999.

BORKO, H. Information science: what is it? *American Documentation,* v. 19, n. 1, p. 3-5, jan., 1968.

BOURDIEU, P. Introdução a uma sociologia reflexiva. In: BOURDIEU, P. *O poder simbólico.* 2. ed. Rio de Janeiro: Bertrand Brasil, 1998. p. 17-58.

BOURDIEU, P. *O campo econômico*: a dimensão simbólica da dominação. Campinas: Papirus, 2000.

BRASIL, H. G. *Avaliação moderna de investimentos.* Rio de Janeiro: Qualitymark, 2002.

BUCKLAND, M. K. Information as thing. *JASIS,* v. 42, n. 5, p. 351-360, jun., 1991.

BUKOWITZ, W. R.; WILLIAMS, R. L. *Manual de gestão do conhecimento:* ferramentas e técnicas que criam valor para a empresa. Porto Alegre: Bookman, 2002.

BULMER, M. *Social policy research.* London: The Macmillan Press Ltd., 1978.

BURNS, T.; STALKER, G. M. *The management of innovation.* London: Tavistock Public, 1961.

CASTELLS, M. *A sociedade em rede.* São Paulo: Paz e Terra, 2000. V. 1.

CENTRO DE TECNOLOGIA CANAVIEIRA — CTC. *A empresa.* Disponível em: <http://www.ctc.com.br>. Acesso em: 09 maio 2005.

CHANDLER JR., A. *Strategy and structure:* chapters in the history of American industrial enterprises, MIT Press, 1976.

CHIAVENATO, I. *Introdução à teoria geral da administração:* edição compacta. Rio de Janeiro: Campus, 2000.

CHOO, C. W. *A organização do conhecimento:* como as organizações usam a informação para criar significado, construir conhecimento e tomar decisões. São Paulo: Editora Senac, 2003.

CHOO, C. W. *Information management for the intelligent organization:* the art of scanning the environment. 3rd ed. Medford: Information Today, 2002.

CHOO, C. W. Perception and use of information sources in environmental scanning. *Library & Information Science Research,* v. 16, n. 1, p. 23-40, 1994.

CHOO, C. W. *The knowing organization:* how organizations use information for construct meaning, create knowledge and make decisions. New York: Oxford Press, 1998.

CHOO, C. W.; AUSTER, E. Environmental scanning: acquisition and use of information by managers. *Annual Review of Information Science and Technology,* v. 28, p. 279-314, 1993.

CRONIN, B. Esquemas conceituais e estratégicos para a gerência da informação. *Revista da Escola de Biblioteconomia da UFMG,* Belo Horizonte, v. 19, n. 2, p. 195-220, set., 1990.

CRONIN, B.; DAVENPORT, E. Intelligence and strategy. *Annual Review of Information Science and Technology,* v. 36, p. 311-389, 2002.

CRONIN, B; DAVENPORT, E. *Elements of information management.* Metuchen: Scarecrow Press, 1991. 213p.

CZINKOTA, M. R. et al. *Marketing:* as melhores práticas. Porto Alegre: Bookman, 2001.

DAFT, R. L.; WEICK, K. E. Toward a model of organizations as interpretation systems. *Academy of Management Review,* v. 9, n. 2, p. 284-295, 1984.

DAVENPORT, E.; CRONIN, B. Knowledge management: semantic drift or conceptual shift? *Journal of Education for Library and Information Science,* v. 41, n. 4, p. 294-306, 2000.

DAVENPORT, T. H. *Ecologia da informação:* por que só a tecnologia não basta para o sucesso na era da informação. São Paulo: Futura, 1998a.

DAVENPORT, T. H. *Some principles of knowledge management.* Austin: University of Texas, Graduate School of Business, 1998b. Disponível em: <http://www.bus.utexas.edu/kman/kmprin.htm>. Acesso em: outubro 2004.

DAVENPORT, T. H.; BECK, J. C. *A economia da atenção.* Rio de Janeiro: Campus, 2001.

DAVENPORT, T. H.; PRUSAK, L. *Conhecimento empresarial:* como as organizações gerenciam o seu capital intelectual. Rio de Janeiro: Campus, 1998.

DELONG, D.; SEEMAN, P. Confronting conceptual confusion and conflict in knowledge management. *Organizational Dynamics,* v. 29, n. 1, p. 33-44, 2000.

DELPHI GROUP. *The language of knowledge,* 2001. Disponível em: <http://www.delphigroup.com/coverage/language_of_km_request.htm>. Acesso em: maio 2002.

DEMO, P. *Introdução à metodologia da ciência.* São Paulo: Atlas, 1985. Capítulo 1. p. 13-28.

DEMO, P. *Pesquisa e construção de conhecimento.* Rio de Janeiro: Tempo Brasileiro, 1996.

DERVIN, B.; NILAN, M. Information needs and uses. *Annual Review of Information Science and Technology,* v. 21, p. 3-32, 1986.

DILL, W. R. The impact of environment on organizational development. In: MAILICK, S.; VAN NESS, E. H. (eds.) *Concept and issues in administrative behavior.* Englewood Cliffs: Prentice Hall, 1962. p. 94-109.

DIXON, N. M. *Common knowledge:* how companies thrive by sharing what they know. Harvard Business Press, 2000 .

DOBB, M. *A evolução do capitalismo.* Rio de Janeiro: Guanabara, 1987.

DRETSKE, F. *Knowledge and the flow of information.* Cambridge: MIT Press, 1981.

DRUCKER, P. F. *Post-capitalist society.* New York: HarperCollins, 1993.

DRUCKER, P. F. The coming of the new organization. *Harvard Business Review,* n. 66, p. 45-53, jan./fev., 1988.

DUGUID, P.; BROWN, J. S. Estrutura e espontaneidade: conhecimento e organização. In: FLEURY, M. T. L.; OLIVEIRA JR., M. M. (Orgs.) *Gestão estratégica do conhecimento:* integrando aprendizagem, conhecimento e competências. São Paulo: Atlas, 2001.

DUGUID, P.; BROWN, J. S. Organizational learning and communities-of-practice: toward a unified view of working, learning, and innovation. In: CROS, R.; ISRAELIT, S. (eds.) *Strategic learning in a knowledge economy:* individual, collective, and organizational learning process. Butterworth-Heinemann, 2000.

EDVINSSON, L.; MALONE, M. S. *Capital intelectual:* descobrindo o valor real de sua empresa pela identificação de seus valores internos. São Paulo: Makron Books, 1998.

EISENHARDHT, K. M. Building theories from case study research. *Academy of Management Review,* v. 14, n. 4, p. 532-550, 1989.

FAHEY, L.; PRUSAK, L. The eleven deadliest sins of knowledge management. *California Management Review,* v. 40, n. 3, p. 265-276, 1998.

FELDMAN, M. S; MARCH, J. G. Information in organizations as signal and symbol. *Administrative Science Quarterly,* n. 26, p. 171-186, 1981.

FERAUD, G. Um século de gestão da informação. In: MARCHAND, D. A.; DAVENPORT, T. H. *Dominando a gestão da informação.* Porto Alegre: Bookman, 2004.

FERREIRA, A. B. H. *Novo Aurélio século XXI:* o dicionário da língua portuguesa. 3. ed. Rio de Janeiro: Nova Fronteira, 1999.

FLEURY, M. T. L.; OLIVEIRA JR., M. M. (Orgs.) *Gestão estratégica do conhecimento:* integrando aprendizado, conhecimento e competências. São Paulo: Atlas, 2001.

FRANÇA, J. L. *Manual para normalização de publicações técnico-científicas.* 7. ed. Belo Horizonte: UFMG, 2004.

FRAPAOLO, C. *Knowledge management.* New York: Capstone Publishing, John Wiley, 2002.

GALBRAITH, J. *Designing complex organizations.* Reading: Addison-Wesley, 1973.

GARVIN, D. A. Building a learning organization. *Harvard Business Review,* v. 71, n. 4, p. 78-91, jul./aug. 1993.

GIL, A. C. *Métodos e técnicas de pesquisa social.* São Paulo: Atlas, 1991.

GORDON, M. D. It's 10 a.m. Do you know where your documents are? The nature and scope of information retrieval problem in business. *Information Processing & Management,* v. 33, n. 1, p. 107-121, 1997.

HABERMAS, J. *Técnica e ciência como ideologia.* Lisboa: Edições 70, 1987.

HAMEL, G.; PRAHALAD, C. K. Corporation imagination and expeditionary marketing. *Harvard Business Review,* n. 69, p. 81-92, jul./ago. 1991.

HAMEL, G.; PRAHALAD, C. K. The core competence of the corporation. In: CROS, R.; ISRAELIT, S. (eds.) *Strategic learning in a knowledge economy:* individual, collective, and organizational learning process. Butterworth-Heinemann, 2000 .

HAUSER, J.; KATZ, G. Metrics: you are what you measure! *European Management Journal,* v. 16, n. 5, p. 517-528, 1998.

HAYES, R. M.; ERICKSON, T. Added value as a function of purchases of information services. *The Information Society,* v. 1, n. 4, p. 307-338, 1982.

HILDEBRAND, C. Knowledge fusion. *CIO Magazine,* 2000. Disponível em: <http://www.cio.com/archive/060100/fusion.html>. Acesso em: out. 2002.

INFORMATION STRATEGY ONLINE — THE ECONOMIST GROUP. Disponível em: <http://www.info-strategy-com>. Acesso em: jul. 2003. (Link inativo em 28 de maio de 2004.)

KAPLAN, R. S.; NORTON, D. P. *A estratégia em ação:* balanced scorecard. Rio de Janeiro: Campus, 1997.

KIM, D. H. O elo entre a aprendizagem individual e a aprendizagem organizacional. In: KLEIN, D. A. (Org.) *A gestão estratégica do capital intelectual.* Rio de Janeiro: Qualitymark, 1998.

KOTLER, P.; ARMSTRONG, G. *Princípios de marketing.* 7. ed. Rio de Janeiro: Prentice-Hall do Brasil, 1998.

KUHLTHAU, C. C. Inside the search process: information seeking from the user's perspective. *Journal of the American Society for Information Science,* v. 42, n. 5, p. 361-371, 1991.

KUHN, T. S. A *Estrutura das revoluções científicas.* São Paulo: Perspectiva, 1962.

LAKATOS, E. M.; MARCONI, M. A. *Metodologia científica.* São Paulo: Atlas, 1991.

LASTRES, H. M. M.; ALBAGLI, S. *Informação e globalização na era do conhecimento.* Rio de Janeiro: Campus, 1999.

LAUDON, K.; LAUDON, J. *Sistemas de informação (com Internet).* 4. ed. Rio de Janeiro: LTC, 1999.

LAWRENCE, P. R.; LORSCH, J. W. *As empresas e o ambiente:* diferenciação e integração administrativas. Petrópolis: Vozes, 1973.

LEAL, W. L. M. *Explorando a influência da gestão do conhecimento na capacidade de inovação das empresas:* estudo de casos da Siemens no Brasil. 2004. Tese (Mestrado em Administração) — Faculdades Integradas de Pedro Leopoldo, Pedro Leopoldo.

LEMOS, C. Inovação na era do conhecimento. In: LASTRES, H. M. M.; ALBAGLI, S. (Orgs.) *Informação e globalização na era do conhecimento.* Rio de Janeiro: Campus, 1999.

LEONARD-BARTON, D. *Nascentes do saber:* criando e sustentando as fontes de inovação. Rio de Janeiro: Editora Fundação Getúlio Vargas, 1998.

LÉVY, P. *As tecnologias da inteligência.* São Paulo: Editora 34, 2000.

LYMAN, P.; VARIAN, H. R. How much information? Disponível em: <http://www.sims.berkeley.edu/research/projects/how-much-info-2003>. Acesso em: set. 2004.

MACHLUP, F. Semantic quirks in studies of information. In: MACHLUP, F.; MANSFIELD, U. (Org.) *The study of information*. New York: John Wiley & Sons, 1983. p. 641-671.

MACMULLIN, S. E.; TAYLOR, R. S. Problem dimension and information traits. *The Information Society*, 1984.

MARCH, J. G.; SIMON, H. A. Limites cognitivos da racionalidade. In: *Teoria das organizações*. Rio de Janeiro: Fundação Getúlio Vargas, 1975.

MARCHAND, D. A.; DAVENPORT, T. H. *Dominando a gestão da informação*. Porto Alegre: Bookman, 2004.

MARTINS, G. A.; LINTZ, A. *Guia para elaboração de monografias e trabalhos de conclusão de curso*. São Paulo: Atlas, 2000.

McGEE, J.; PRUSAK, L. *Gerenciamento estratégico da informação*. Rio de Janeiro: Campus, 1995.

MILES, M. B.; HUBERMAN, A. M. *Qualitative data analysis:* a sourcebook of new methods. Newbury Park: Sage Publications, 1984.

MILES, M. B.; HUBERMAN, A. M. *Qualitative data analysis:* an expanded sourcebook. Thousand Oaks: Sage, 1994.

MILES, R. E.; SNOW, C. C. *Organizational strategy, structure and process*. New York: McGraw-Hill, 1978.

MILLER, J. P. *O milênio da inteligência competitiva*. Porto Alegre: Bookman, 2002.

MINAYO, M. C. S. *O desafio do conhecimento:* pesquisa qualitativa em saúde. São Paulo, Rio de Janeiro: Hucitec/Abrasco, 1992.

MINAYO, M. C. S.; DESLANDES, S. *O caminho do pensamento:* epistemologia e método. Rio de Janeiro: Fiocruz, 2002.

MOURITSEN, J.; LARSEN, H. T.; BUKH, P. N. D. Intelectual capital and the capable firm: narrating, visualising and numbering for managing knowledge. *Accounting, organizations and society*, v. 26, p. 735-762, 2001.

NABUCO, M. R. *Transformações na divisão inter-regional do trabalho no Brasil*. Belo Horizonte: Anpec, Cedeplar, 1996.

NEVIS, E. C.; DiBELLA, A. J.; GOULD, J. M. Como entender organizações como sistemas de aprendizagem. In: KLEIN, D. A. (Org.) *A gestão estratégica do capital intelectual*. Rio de Janeiro: Qualitymark, 1998.

NONAKA, I.; TAKEUCHI, H. *Criação de conhecimento na empresa:* como as empresas japonesas geram a dinâmica da inovação. Rio de Janeiro: Campus, 1997.

PEREIRA, H. J. Bases conceituais de um modelo de gestão para organizações baseadas no conhecimento. XXII SIMPÓSIO DE GESTÃO DA INOVAÇÃO TECNOLÓGICA — FIA/USP, Nov. 2002, *Anais...*, Salvador.

PFEFFER, J.; SUTTON, R. I. *The knowing-doing gap.* Boston: Harvard Business School Press, 2000.

POLANYI, M. *The tacit dimension.* London: Routledge & Kegan Paul, 1967.

PORTER, M. *Estratégia competitiva:* técnicas para análise de indústrias e da concorrência. Rio de Janeiro: Campus, 1986.

PORTER, M. *Vantagem competitiva.* Rio de Janeiro: Campus, 1990.

PRICEWATERHOUSECOOPERS — PwC BRASIL. *A empresa.* Disponível em: <http://www.PwC.com.br.> Acesso em: mar. 2005.

SANDMAN, M. A. Técnicas e modelos analíticos In: MILLER, J. P. *O milênio da inteligência competitiva.* Porto Alegre: Bookman, 2002.

SANDRONI, P. *Dicionário de administração e finanças.* São Paulo: Best Seller, 1996.

SANTOS, B. S. *Um discurso sobre as ciências.* Porto: Edições Afrontamento, 1987.

SANTOS, M. *Por uma outra globalização.* São Paulo: Atlas, 2000.

SARACEVIC, T. Information science: origins, evolution and relations. In: VAKKARI, P.; CRONIN, B. (ed.) *Conceptions of library and information science.* London, Los Angeles: Graham Taylor, 1992. p. 5-27.

SCHUMPETER, J. A. *Capitalism, socialism and democracy.* New York: Harper and Brothers, 1942.

SEMENIK, R. J.; BAMOSSY, G. J. *Princípios de marketing:* uma perspectiva global. São Paulo: Makron Books, 1996.

SENGE, P. M. *A quinta disciplina:* arte, teoria e prática da organização da aprendizagem. São Paulo: Best Seller, 1990.

SHANNON, C. E.; WEAVER, W. *The mathematical theory of communication.* Urbana: University of Illinois Press, 1949.

SHAPIRO, C.; VARIAN, H. R. *A economia da informação:* como os princípios econômicos se aplicam à era da internet. Rio de Janeiro: Campus, 1999.

SIEMENS LTDA. *A empresa.* Disponível em: <http://www.siemens.com>. Acesso em: mar. 2005.

SIMON, H. A. *Administrative behavior:* a study of decision-making processes in administrative organization. 3rd ed. New York: Free Press, 1976.

SOCIEDADE BRASILEIRA DE GESTÃO DO CONHECIMENTO — SBGC. Disponível em: <www.sbgc.org.br>. Acesso em: nov. 2003.

SOUZA, R. R.; ALVARENGA NETO, R. C. D. A construção do conceito de gestão do conhecimento: práticas organizacionais, garantias literárias e o fenômeno social. KM BRASIL 2003 — ENCONTRO DA SOCIEDADE BRASILEIRA DE GESTÃO DO CONHECIMENTO, 2003, *Anais...*, São Paulo.

STEWART, T. A. *A riqueza do conhecimento:* o capital intelectual e a organização do século XXI. Rio de Janeiro: Campus, 2002.

STEWART, T. A. *Capital intelectual.* Rio de Janeiro: Campus, 1998.

STRATEGY RESEARCH CENTER. A gestão do conhecimento na prática. *HSM Management,* São Paulo, v. 1, n. 42, jan./fev., 2004, p. 53-59.

SVEIBY, K. E. *A nova riqueza das organizações:* gerenciando e avaliando patrimônios do conhecimento. Rio de Janeiro: Campus, 1998.

TAPSCOTT, D. *The digital economy:* promise and peril in the age of networked intelligence. New York: McGraw-Hill, 1997.

TARAPANOFF, K. (Org.) *Inteligência organizacional e competitiva.* Brasília: UnB, 2001.

TAYLOR, R. S. *Value-added processes in information systems.* Norwood: Ablex, 1986. 257 p.

TEIXEIRA FILHO, J. *Gerenciando conhecimento:* como a empresa pode usar a memória organizacional e a inteligência competitiva no desenvolvimento de negócios. Rio de Janeiro: Senac, 2000.

TERRA, J. C. C. *Gestão do conhecimento:* o grande desafio empresarial. São Paulo: Negócio Editora, 2001.

TOFFLER, A. *O choque do futuro.* Rio de Janeiro: Artenova, 1972.

TRIVIÑOS, A. N. S. *Introdução à pesquisa em ciências sociais:* a pesquisa qualitativa em educação. São Paulo: Atlas, 1987.

VENKATRAMAN, N. It enabled business transformation: from automation to business scope redefinition. *Sloan Management Review,* v. 35, n. 2, p. 72-87, 1994.

VON KROGH, G.; ICHIJO, K.; NONAKA, I. *Facilitando a criação de conhecimento.* Rio de Janeiro: Campus, 2001.

WEBSTER'S ENCYCLOPEDIC UNABRIDGED DICTIONARY OF THE ENGLISH LANGUAGE. New York: Dilithium Press, 1989.

WEICK, K. E. *Sensemaking in organizations.* Thousand Oaks, California: Sage Publications, Inc. 1995.

WEICK, K. *The social psychology of organizing.* New York: Random House, 1979.

WENGER, E. C.; SNYDER, W. M. Comunidades de prática: a fronteira organizacional. *Harvard Business Review (Aprendizagem Organizacional).* Rio de Janeiro: Campus, 2001.

WIKSTRÖM, S.; NORMANN, R. *Knowledge and value:* a new perspective on corporate transformation. London: Routledge, 1994.

WILSON, T. D. The nonsense of knowledge management. *Information Research,* v. 8, n. 1, oct. 2002.

WITTGENSTEIN, L. *Tractatus logico-philosophicus.* Estocolmo: Orion, 1962.

WOODWARD, J. *Management and technology.* London: Her Majesty's Stationery Office, 1958.

YIN, R. K. *Estudo de caso:* planejamento e métodos. Porto Alegre: Bookman, 2001.

ANEXOS

Anexo I

Relação de documentos analisados — Pesquisa documental

Centro de Tecnologia Canavieira — CTC

1. Papéis e responsabilidades de todos. Centro de Tecnologia Canavieira. Piracicaba, 2001. Microsoft Powerpoint 2000.
2. LOUREIRO, R. S. (RLoureiro@ctc.com.br) *Clipping Brasilagro 23/03/2005* [mensagem pessoal]. Mensagem recebida por rivadavia.neto@una.br em 23 mar. 2005.
3. CTC — Centro de Tecnologia Canavieira. A empresa. Disponível em: <http://www.ctc.com.br>. Acesso em: maio 2005.
4. Momento cultural. Centro de Tecnologia Canavieira. Piracicaba, 2005. Microsoft Powerpoint 2000.
5. Tela intranet CTC Principal. Centro de Tecnologia Canavieira. Piracicaba, 2005. Microsoft Powerpoint 2000.
6. CTC. Centro de Tecnologia Canavieira. Piracicaba, 2005. Microsoft Powerpoint 2000.
7. CTC vídeo. Centro de Tecnologia Canavieira. Piraciba, 2004.
8. LOUREIRO, R. S. Congresso IBC — A GC apoiando o processo de inovação. Centro de Tecnologia Canavieira. Piracicaba, 2004. Microsoft Powerpoint 2000.
9. Imagem satélite. Centro de Tecnologia Canavieira. Piracicaba, 2005. Microsoft Powerpoint 2000.

10. Uso de imagens de satélite na cultura de cana-de-açúcar. Centro de Tecnologia Canavieira. Piracicaba, 2004. Adobe Acrobat 5.0.
11. Simulação computacional de sistemas de corte, carregamento e transporte de cana. Centro de Tecnologia Canavieira. Piracicaba, 2004. Adobe Acrobat 5.0.
12. CTC. Centro de Tecnologia Canavieira. Piracicaba, 2005. 83 fotos.
13. CTC. Centro de Tecnologia Canavieira. Piracicaba, 2005. 3 vídeos.
14. LOUREIRO, R. S. Proposta CTGC julho de 2004. Centro de Tecnologia Canavieira. Piracicaba, 2004. Microsoft Word 2000.
15. Acompanhamento *backup* Régis fevereiro de 2004. Centro de Tecnologia Canavieira. Piracicaba, 2004. Microsoft Powerpoint 2000.
16. Apresentação CTC — 220305. Centro de Tecnologia Canavieira. Piracicaba, 2005. Microsoft Powerpoint 2000.
17. LOUREIRO, R.S. Apresentação geral CTCG — Revisão. Centro de Tecnologia Canavieira. Piracicaba, 2003. Microsoft Powerpoint 2000.
18. Apresentação gestão conhecimento 1 *slide*. Centro de Tecnologia Canavieira. Piracicaba, 2005. Microsoft Powerpoint 2000.
19. *Brainstorm* CTGC 2005. Centro de Tecnologia Canavieira. Piracicaba, 2005. Microsoft Word 2000.
20. Corpo técnico CTC. Centro de Tecnologia Canavieira. Piracicaba, 2005. Microsoft Word 2000.
21. LOUREIRO, R.S. CTC — Banco de idéias e GC para associados. Centro de Tecnologia Canavieira. Piracicaba, 2005. Microsoft Powerpoint 2000.
22. Estatuto social do CTC. Centro de Tecnologia Canavieira. Piracicaba, 2004. Adobe Acrobat 5.0.
23. Levantamento idéias 040205. Centro de Tecnologia Canavieira. Piracicaba, 2005. Microsoft Excel 2000.
24. Macrovisão da CTGC. Centro de Tecnologia Canavieira. Piracicaba, 2003. Microsoft Powerpoint 2000.
25. Modelo_Funcionamento_CTC_Set_04. Centro de Tecnologia Canavieira. Piracicaba, 2004. Microsoft Powerpoint 2000.
26. LOUREIRO, R.S. Perfil profissional Rogerio. Centro de Tecnologia Canavieira. Piracicaba, 2005. Microsoft Word 2000.
27. Plano de trabalho — Memória organizacional. Centro de Tecnologia Canavieira. Piracicaba, 2005. Microsoft Excel 2000.
28. LOUREIRO, R.S. Projeto GC para associadas. Centro de Tecnologia Canavieira. Piracicaba, 2005. Microsoft Powerpoint 2000.
29. Projeto GED. Centro de Tecnologia Canavieira. Piracicaba, 2005. Microsoft Powerpoint 2000.

30. LOUREIRO, R.S. Realizado 2003 — Planejado 2004 — CTGC. Centro de Tecnologia Canavieira. Piracicaba, 2004. Microsoft Powerpoint 2000.
31. LOUREIRO, R.S. Implantação de gestão do conhecimento em um centro de pesquisas — KM Brasil 2004. São Paulo, novembro de 2004. Microsoft Powerpoint 2000.
32. Telas intranet. Centro de Tecnologia Canavieira. Piracicaba, 2005. Microsoft Powerpoint 2000.
33. Relatório anual 2002 — 2003. Copersucar.
34. Relatório anual 2000 — 2001. Centro de Tecnologia Copersucar — CTC.
35. Momento cultural informa. Centro de Tecnologia Canavieira. Piracicaba, março de 2005.
36. LOUREIRO, R.S. CTGC Gestão do conhecimento: proposta de planejamento. Centro de Tecnologia Canavieira. Piracicaba, agosto de 2004.
37. Folder institucional. CTC. Centro de Tecnologia Canavieira. Piracicaba, março de 2005.
38. Matérias institucionais. Informativos e propagandas. Centro de Tecnologia Canavieira.

Anexo 2

Raw Data: dados analisados por categoria de análise em modelo matriz

Categoria 6) Cenários — Perspectivas — Melhores práticas organizacionais de GC

a. Dificuldades, problemas e obstáculos enfrentados na implementação da GC e atualmente. Como se deu a implementação?

b. Foco da mudança.

c. GC é compartilhada com algum círculo fechado de atores do ambiente organizacional externo? (clientes, fornecedores)

d. Melhores práticas organizacionais de GC.

Organização	Síntese dos dados coletados: pesquisa de campo
CTC	a. (i) Questões culturais, comportamentais e atitudinais: a maior parte dos pesquisadores possui muito "'tempo de casa' e faixa etária elevada — idéia de que conhecimento é poder; (ii) restrições orçamentárias: para compra de *softwares,* sistemas, digitalização, cursos, treinamento e desenvolvimento; (iii) dispersão geográfica dos associados (que são os acionistas); (iv) *"[...] o começo teve fator favorável: força política dentro da organização, trabalho da consultoria PwC ligado à alta administração e a demora de um ano para contratar um gestor do conhecimento. O lado negativo foi que se criou uma expectativa muito grande em relação à GC, de que ela faria tudo e resolveria todos os problemas."* (Gestor do conhecimento) b. (i) *"[...] atacar as questões de compartilhamento, quebrar a idéia de que conhecimento é poder, dar foco em quem compartilha e tirar foco de quem não compartilha."* (Gestor do conhecimento); (ii) cultura e comportamento; (iii) *"[...] conscientização, ninguém vai perder o lugar porque compartilha."* (Analista de informações)

CTC	c. (i) Não, porém existe um projeto piloto com alguns poucos associados; (ii) "[...] projeto Gestão do Conhecimento para associadas do CTC — objetivos: permitir as associadas acesso fácil ao acervo documental registrado no sistema de GC do CTC, abrir um canal de intercâmbio de informações com as associadas e possibilitar que as associadas troquem conhecimento entre elas através do CTC." (Pesquisa documental, CTC, 2005) d. (i) O ponto de partida: gestão estratégica da informação e tratamento da informação; o sistema GED — Gestão Eletrônica de Documentos (sistema de GC) e os processos de atendimento ao usuário; (ii) Banco de idéias — de 12 idéias/ano para 180 idéias/ano; (iii) Projeto Backup — de acompanhamento das aposentadorias; (iv) compartilhamento e criação de espaços de troca (por exemplo, o Momento Cultural); (v) "[...] *memória organizacional e resgate do passado. [...] envolvimento das pessoas nos centros dos debates — troca, encontro, compartilhamento, dar opiniões, ser contra, questionar, se posicionar [...]*" (Diretor superintendente)

Anexo 3
Protocolo de estudo de caso

Entrevistas semi-estruturadas, pesquisa documental (arquivos e documentos) e observação direta.

1) Entrevista semi-estruturada
   - Empresa
   - Entrevistado

Informações preliminares:

Você está participando de uma pesquisa acadêmica — uma tese de doutoramento — do Programa de Pós-Graduação em Ciência da Informação da Universidade Federal de Minas Gerais. O objetivo desta pesquisa é investigar e analisar as práticas e estratégias de gestão da informação e do conhecimento que já foram e/ou estão sendo implementadas e utilizadas em organizações brasileiras. O interesse desta pesquisa recai exclusivamente nos processos e modelos relacionados à gestão do conhecimento, assim como foram concebidos e colocados em prática na empresa analisada, não tendo o pesquisador nenhum interesse em quaisquer outras áreas, setores, práticas ou conhecimentos proprietários dessa empresa. Para os propósitos desta investigação, a anuência da alta administração e os acertos quanto às questões confidenciais foram previamente negociados. Seu nome pode ser omitido, caso deseje, e as informações fornecidas serão utilizadas unicamente nesta pesquisa. Tais medidas visam ao estabelecimento de uma relação séria, ética, profissional e transparente. Os resultados e dados primários advindos da tese serão disponibilizados em primeira mão para esta organização e uma cópia será destinada a você mediante solicitação. Antecipamos nossos agradecimentos pelo seu tempo, atenção e valiosa colaboração para a pesquisa universitária brasileira.

Roteiro de entrevista semi-estruturada

Bloco 1. Questões introdutórias e de compreensão geral

1. Características da organização: nome, endereço na *web*, fundação, sede, faturamento, número de colaboradores, ano de início da GC (primeiras iniciativas formais de GC), entre outros.
2. Quais foram os elementos motivadores da implementação da GC, ou seja, o que levou a organização à GC? Por que fazer GC? O que a organização espera alcançar com a GC? (*follow-up*: problemas, oportunidades, ameaças ou todos?) Quais os desafios da GC? (em suma: quais as propostas e objetivos da GC?)
3. Existem documentos a respeito da GC na empresa? Que tipos de documentos são esses e a qual propósitos eles servem?
4. Qual é o estágio do programa atualmente?
5. Como a sua organização entende e define a GC? (*follow-up*: a GC pode ser vista como um processo organizacional? Em caso positivo, como é o processo da GC?) (análise dos processos empresariais)
6. Quais são as atividades relacionadas à GC? Quais aspectos ou facetas da GC são priorizados? Quais são as características da GC?
7. A gestão do conhecimento de sua organização leva em conta os seguintes aspectos: sim ou não (em caso positivo, breve descrição).
   a. Monitoração e coleta de informações vitais para a organização no ambiente de negócios? (*follow-up*: exemplos são as práticas de inteligência competitiva, inteligência do concorrente, pesquisa de mercado, inteligência empresarial e monitoração ambiental)
   b. Gestão de recursos informacionais, gestão da informação ou gestão estratégica da informação, gestão (eletrônica) de documentos, mapeamento de processos?
   c. Gestão do capital intelectual, ativos intangíveis, gestão de pessoas, gestão de competências?
   d. Comunidades de prática? (reais ou virtuais)
   e. Aprendizagem organizacional?
   f. Apoio ao processo decisório?
   g. Criação de um contexto favorável à política, processo ou projeto de GC? (condições favoráveis que devem ser propiciadas pela organização para que ela sempre utilize a melhor informação e o melhor conhecimento disponíveis)

h. Outros aspectos não considerados nesta questão?
i. Existe algo que você gostaria de acrescentar?
j. Dos aspectos anteriormente mencionados, quais são os pontos prioritários ou a ênfase da GC?

8. Quem são os responsáveis pela GC na organização? Descrever/dimensionar equipe e liderança. Quais as áreas de conhecimento e de formação das pessoas? Quem lidera? Qual o número de profissionais da equipe?
9. Quais as dificuldades, problemas e obstáculos enfrentados? Qual o foco da mudança? O que se pretende fazer a respeito das dificuldades? A GC é compartilhada com algum círculo fechado de atores do ambiente organizacional externo? (clientes, fornecedores etc.?)
10. Quais os principais obstáculos, dificuldades e problemas enfrentados na implementação da GC? Como se deu a implementação da GC?
11. Quais as melhores práticas de GC? (as que deram melhores resultados) Analisar e delimitar as melhores práticas de GC.

Bloco 2. Questões de construção de sentido ou *sensemaking*

12. Qual a estratégia de GC e como ela se vincula à estratégia da organização?
13. Existe uma política explícita de informação na empresa? (*follow-up*: essa política é clara, concisa, compartilhada e bem entendida por todos? O que a organização precisa saber?) A empresa já fez algum diagnóstico ou um levantamento de necessidades de informação? Em caso positivo, como e quando esse estudo foi feito? Quais são os processos e fontes utilizados para obter dados, informações e conhecimentos? (registros internos, sistemas de informação, pesquisas, contatos pessoais) Quais são as principais fontes de informação organizacionais? (externas, internas, pessoais, impessoais)
14. Para que a empresa utiliza a informação? (*follow-up*: obter essa resposta de forma indireta)
15. Como a organização monitora ou acompanha o que acontece no ambiente organizacional externo? (concorrentes, fornecedores, clientes, economia, política, demografia, tecnologia, entre outros) Existe um processo formalizado? Existe uma política ou processo para essa monitoração? (*follow-up*: exemplos são as práticas de inteligência competitiva, inteligência do concorrente, pesquisa mercadológica, inteligência empresarial e monitoração ambiental) Em caso positivo, descreva-o. Quais seriam essas informações consideradas vitais para a sobrevivência e competitividade da organização? Existe uma tipologia ou mapeamento do ambiente organizacional externo e seus diversos atores/componentes?

Bloco 3. Questões relativas à criação de conhecimento

16. A arquitetura informacional é bem dimensionada? Entende-se que a arquitetura informacional define as informações mais importantes para a organização e combina meios e tecnologias que efetivamente facilitam o acesso e o uso. (*follow-up*: fazer a pergunta de maneira diferente, a expressão "arquitetura informacional" pode mais confundir que explicar)
17. Existe uma área ou setor de gestão da informação, gestão estratégica da informação ou gestão de recursos informacionais? (incluindo-se aí também o mapeamento de processos) Quais as áreas da organização eventualmente responsáveis e comprometidas?
18. Quanto à gestão da informação, como a informação é coletada? (escaneamento ambiental, sistemas de informação, pesquisas) (*follow-up*: acho que esta pergunta já pode ter sido respondida antes; questão sobre fontes)
19. Como a informação é organizada? Como a informação é tratada? Há algum tipo ou sistema de classificação/indexação adotado na empresa? Em caso positivo, qual?
20. Como a informação é disseminada ou distribuída internamente? (*follow-up*: sistemas de informação, boletins, *e-mails*, *newsletters*, intranet etc.)
21. Em geral, você diria que as pessoas na empresa encontram as informações necessárias em tempo hábil? Existem reclamações de usuários? Em caso positivo, são freqüentes? Descreva-as.
22. Que tipos de produtos ou serviços de informação existem e a que público eles servem?
23. Existe uma política organizacional para compartilhamento da informação? Quais as principais barreiras ao compartilhamento da informação? A cultura organizacional favorece ou não o compartilhamento de informações e conhecimentos? Explique.
24. E a questão informacional compartilhamento *versus* proteção? (*follow-up*: existe uma política organizacional relacionada ao sigilo/proteção ou segurança da informação?)
25. A solução de problemas e a gestão de projetos são amplamente documentadas, disseminadas e acessíveis? Existe alguma iniciativa de gestão de documentos, arquivística, *workflow* e TI? Existem ferramentas utilizadas na GC? Por exemplo, ferramentas de tecnologia da informação? Quais? Existem outros tipos de ferramentas?
26. Existe uma profusão de conhecimentos na organização, mas a existência em si não assegura seu uso. Existe alguma iniciativa de mapeamento de capital intelectual, banco de talentos ou páginas amarelas corporativas? Como encontrar o melhor conhecimento organizacional disponível? Em caso positivo, quais as imbricações com as políticas de gestão de pessoas, gestão de competências e desenvolvimento organizacional?
27. A organização estimula o surgimento e a manutenção de comunidades de prática (reais ou virtuais) ou comunidades de compartilhamento e troca?

28. Existe algum processo formal e/ou estruturado que tem como objetivo estimular a aprendizagem organizacional? (*follow-up*: a organização conhece, nutre, estimula e acredita na aprendizagem organizacional? Em caso positivo, descreva a aprendizagem organizacional em termos de práticas, processos, políticas, entre outros)
29. Como se dá a inovação (tecnológica) e a criação do conhecimento? (aquisição, aluguel, recursos dirigidos, redes de conhecimento, entre outros) E os processos de geração, codificação[1] e coordenação e transferência[2] de conhecimento? Como a criação de conhecimento é estimulada e recompensada? Como e para que o conhecimento organizacional é usado? Existem atritos na transferência? Em caso positivo, quais? Existe uma tipologia de conhecimento adotada pela organização? (tácito, explícito, cultural, público, proprietário, pessoal, senso comum)
30. Quais os resultados alcançados até agora? Como eles são aferidos ou medidos? (indicadores de desempenho) São quantitativos, qualitativos ou quali-quantitativos? Que indicadores fundamentam e justificam a criação e manutenção da GC na empresa? São adotados modelos complementares de gestão? (como BSC, EVA, IC e HRA) O que se vislumbra à frente?

Bloco 4. Questões relativas à tomada de decisão

31. Que tipos de produtos ou serviços de informação a diretoria recebe para dar suporte ao processo decisório no âmbito estratégico?
32. Qual o impacto da GC no processo decisório da organização?

Bloco 5. Questões relativas ao contexto capacitante

33. Qual a visão organizacional do conhecimento? Quais são os principais efeitos da GC? Qual o impacto da GC nas pessoas?
34. Existem locais adequados para que as pessoas troquem e compartilhem informações? (reais e virtuais) Existe uma política para compartilhamento de informações? Quais as principais barreiras a essa política? Como sobrepujá-las?
35. Questões como o *layout*, a cultura, o comportamento e locais de encontro são consideradas quando há estruturação de uma iniciativa de GC? Em caso positivo, descreva-as.

---

[1] Apresentar o conhecimento em uma forma acessível para aqueles que dele precisem; mapear fontes do conhecimento corporativo, tácito e explícito (patentes).

[2] Como transferir? Reuniões, cafeterias, jantares, boates, feiras, fóruns, comunidades de prática.

36. O compartilhamento de informações e conhecimentos é tido como algo não natural. Como a organização lida com tal questão?
37. Existem atividades como feiras, *workshops*, simpósios e seminários destinados a promover a GC? A empresa estimula a participação em eventos internos ou externos?

Obrigado.

Anexo 4
Modelo de análise

Categorias de análise	Síntese
1) Motivadores para a GC	
2) Compreensão e definição organizacional de GC	
3) Aspectos ou abordagens considerados pela GC: metáfora do "guarda-chuva conceitual de GC"	
4) Cenários — Perspectivas — Melhores práticas organizacionais de GC	
5) Questões de *sensemaking* ou construção de sentido	• Monitoração ambiental, inteligência competitiva, inteligência do concorrente, tipologias ambientais, entre outros.
6) Questões relativas à criação de conhecimento	• *Gestão estratégica da informação* — informações de registros internos, sistemas de informação e arquiteturas de informação. • *Questões relativas à organização e tratamento da informação* — coleta, indexação, armazenamento, recuperação, disseminação seletiva e taxonomias, entre outros. • *Aprendizagem organizacional e comunidades de prática* — reais e virtuais. • *Conhecimento organizacional* — geração, codificação/coordenação e transferência de conhecimento. • *Gestão do capital intelectual* — capital humano, capital estrutural e capital do cliente.

continua

continuação

7) Questões relativas à tomada de decisão	
8) Questões relativas ao contexto capacitante	• *Compartilhamento da informação* — políticas, práticas, barreiras, comportamento e cultura organizacional; estratégias, *layout* e locais de encontro para a promoção do conhecimento e o compartilhamento de informações; estilos gerenciais e políticas de alinhamento entre a gestão do conhecimento e a estratégia empresarial: (modelos e arquiteturas de gestão, competências essenciais, ambiente e condições capacitadoras, intenção ou visão do conhecimento); usos e usuários de informação nas organizações.